社会图像丛书

乡土变迁与重塑

——文化农民与民族地区和谐乡村建设研究

秦红增 著

商务印书馆
创于1897 The Commercial Press

2012年·北京

图书在版编目(CIP)数据

乡土变迁与重塑：文化农民与民族地区和谐乡村建设研究/秦红增著. —北京：商务印书馆，2012
(社会图像丛书)
ISBN 978 - 7 - 100 - 09077 - 3

Ⅰ. ①乡… Ⅱ. ①秦… Ⅲ. ①民族地区—农村—社会主义建设—研究—中国 Ⅳ. ①F327

中国版本图书馆 CIP 数据核字(2012)第 072267 号

社会图像丛书
乡土变迁与重塑
——文化农民与民族地区和谐乡村建设研究
秦红增 著

商 务 印 书 馆 出 版
(北京王府井大街36号 邮政编码 100710)
商 务 印 书 馆 发 行
北京瑞古冠中印刷厂印刷
ISBN 978 - 7 - 100 - 09077 - 3

2012 年 6 月第 1 版　　开本 880 × 1230 1/32
2012 年 6 月北京第 1 次印刷　　印张 12⅜
定价：26.00 元

序：人类学、乡村社会及人类未来

周大鸣

一、人类学与中国乡村社会认知

万物皆理。认识世界、为人所悟是所有学科的共同目标，人类学也不例外。但是在"如何"这两个字眼上，则各有千秋。以中国乡村社会研究为例，中国是一个有着几千年耕作历史的文明古国，万年以前，就有了定居村落的雏形；耕作文化肇始于春秋，定型于两汉，及至唐宋，即至顶点。与此相匹配，则有乡规民约、门第观念、纲常道德。两者一起构成了源远流长的中华"精耕细作"文明。其一开始，便伴随帝国的"书同文、车同轨、行同伦"而传遍四海。故乡村社会、乡土研究便是中国学术研究的一项基点，加之民族、异文化视角，人类学在这方面的研究更有独到之处。

美国人葛学溥(D. H. Kulp)是最早以田野工作方法对中国乡村社区进行人类学研究的学者。他于1918～1923年在中国华南沿海地区一个名叫凤凰村的地方，进行了人类学、社会学调查，并于1925年出版了《华南农村生活》一书。该书详细地记录了凤凰村的经济、家庭、宗教、教育、人口及社区组织的情况。及至20世纪20年代末、30年代初，乡村社区研究即蓬勃开展起来，涉及整个中国，出版了一批有影响的研究著作，如费孝通的《江村经济》，林耀华的《金翼》，杨懋春的《一个中国的村庄：山东台头》等，以及后来许烺光的《祖荫下：中国乡村的亲属、人格与社会流动》，抗战时期费孝通、张之毅在云南大学"魁阁"写下的《云南三村》，田汝康《芒市边民的摆》等。

更值得一讲的是中国少数民族研究，如容肇祖、杨成志、颜复礼、商承祖等人的云南、广西调查，林惠祥的台湾高山族调查，凌纯声的东北满—通古斯语民族调查，等等。历史上，经历代王朝的"教化"，及游牧民族的不断南侵，农耕文化早已传播四海，即便生产与生活方式各地有异，风俗习惯也各有特质，但是基本的纲常伦理则相差无几。因此，尽管有农耕、游牧、山地、疍家等族群之分，我仍以为大多中国少数民族的研究应构成中国乡村社会研究的一部分。

所有这些20世纪前半期人类学或民族学关于中国乡村社会的研究，试图从村庄研究来呈现中国社会的整体面貌，并寻找社会学与人类学在社区研究中的方法论结合，得到了国际学术界的广泛承认，为中国人类学的发展奠定了坚实的学科基础与研究范式，直到今天依然散发出学术的光芒。

20世纪上半期对中国农村的研究中，日本南满洲铁道株式会社所做的"中国农村惯行调查"也值得一提。虽然这一调查的目的是为日本的殖民地统治服务，但是，它所积累的丰富的田野调查资料，有着珍贵的学术价值，为以后学术界对中国村庄研究提供了翔实的材料。

20世纪50年代初期，由于受极"左"思潮的影响，社会学、人类学在中国被视为资产阶级反动学科而被迫取消，原先从事村落研究的学者转向对中国少数民族的调查。除个别情况外，从事中国农村研究的学者不再有进入村庄——特别是汉族村庄进行田野工作的机会和条件。在随后的30年里，国外学者也几乎完全失去了在中国大陆从事田野调查的机会，一些从事“汉学”研究的人类学家和社会学家，便以台、港地区甚至新加坡的华人社区为观察点，或者依据以前的调查资料来继续研究中国农村社会。这一时期主要的学术成果如弗里德曼《中国东南的宗族组织》，马若孟《中国农民经济：1890～1949年河北和山东的农业发展》，黄宗智《华北的小农经济与社会变迁》，杜赞奇《文化、权力与国家：1900～1942年的华北农村》，施坚雅《中国农村的市场和社会结构》，陈佩华、赵文词、安戈《陈村：毛泽东时代一个中国农村社区的近代历史》，赵文词《一个中国村庄的道德与权力》等。这些著作对后来中国学术界关于乡村社会研究的影响较大，但其所形成的一些学术范式，又使得一些“对话”或“对接”式的研究过于讲究乡村社会的结构，以致没能充分关注现时代中国乡村社会的巨大变迁。

20世纪80年代后，中国人类学学科恢复建设，学术禁锢被打破，学者们开始对乡村社会进行追踪性调查研究，比如费孝通等人的江村重访，庄孔韶的“银翅”，笔者的“凤凰村追踪”，麻国庆的“家”，孙庆忠的“今日南景”，兰林友的“后夏寨村”，潘守永的“重访台头”，段伟菊的“云南西镇”，阮云星的“福建义序”，等等。这些研究涉及中国乡村社会的方方面面，包括生产、生育、生活、制度、组织、信仰等，不只是认知了中国乡村社会的变迁与发展，而且延续了人类学学科的范式与精神，积累了丰富的乡村社会研究经验，为后来从事乡村社会研究提供了宝贵借鉴。

但是，中国人类学有着很强的应用性格。无论是其承继于中国传统儒家学说中的“经世致用”精神，还是得因于人类学传入中国社会时，恰逢中国“乱世”，列强横行，国家山河破碎，民不聊生，救亡图存、民族振兴因而成为首要任务。这一精神，时至今日，仍是中国人类学学科的基本精神之一。换言之，学术再怎么独立，但是“经世致用”的精神不能丢。因此，伴随中国的改革开放，人类学的研究涉及中国社会的方方面面，比如，都市变迁，文化保护与传承、创新，民族旅游，社会保障，弱势关怀。这里重点讲乡村建设。

二、人类学与中国乡村社会建设

中国自古以来便以农立国，农村经济的好坏对整个国民经济有着举足轻重的影响，所以历朝历代都比较重视发展农业，注重对农业生产技术的经验总结及对农民的生计教育。比如西汉晚期氾胜之《氾胜之书》、北魏贾思勰《齐民要术》、元王祯《王祯农书》、明徐光启《农政全书》等。再如战国时期《吕氏春秋》的《上农》《任地》《辨上》《审时》四篇农学著作，反映了中国精耕细作农业传统的发端；《管子・地员》论述了土壤和植物的关系，都有较大的实用价值。但鸦片战争后，政府及有识之士多把发展的注意力放在工业及制度、精神的文明上，以致无暇顾及农业。然而，20 世纪二三十年代，中国农村经济在严重衰退的同时，也加剧了城市商业和工业的萧条，从而激起人们研究农业的兴趣，比如著名的民国乡村建设派等。再后来，50～80 年代，土地改革、人民公社运动，虽在某种程度上奠定了中国乡村社会发展的基础，但根本问题如贫困、社会保障、公共服务等，仍然没能很好地解决。

家庭联产责任制及后来的土地承包制，虽在初始激活了乡村，但小农式的生产经营与全球化的工业化制度很不匹配，再加上区域发展的不均衡，城市对劳动力的大量需求，导致农村发展的劳动力危机，及至20世纪90年代末期，再一次把中国乡村社会建设摆在人们的面前，中国政府也适时地提出了新农村建设、和谐乡村建设等基本国策。这方面，我所做的工作除了乡村都市化研究外，重点还有中国乡村的内源式或参与式发展，这可说是我把人类学学科致力于应用的最重要地方。

围绕发展中国家如何选择制度模式，早在20世纪六七十年代就有过“外源式”和“内源式”的争论。最典型的是联合国第一个发展十年计划(1961～1970)，意在帮助第三世界国家实现社会和制度转型，从外部输入制度、文化、技术、思想方法、组织体制、行为方式等发展模式，可是，发展中国家总体经济状况不仅没有改善，反而趋于恶化。这个计划的失败，深刻教育了联合国的官员们，由此提出了“内源式”发展的新思路，其核心是否定物质因素在发展观中的主导地位，强调以人为中心。由于发展是以人、人的能力和人的创造性为中心，因此社会—文化因素被认为既是发展的决定性因素，又是发展的最终结果。联合国教科文组织认为，“发展就是转化成为文化的科学(技术、经济、环境等等，总之是人类的一切活动)”。实际上这就是“以人为中心的内源发展”。

这一发展理论认为，当社会变迁由一个社会内部的发明创造引发时，就属于内发发展；由外部的传播引发时，则属于外发发展。就中国乡村发展而言，内源式发展即是农民再造乡村的过程，其原因有：首先，内发发展首先是精神价值得以实现的过程，只有民意得到充分反映，村民主体性得到充分发挥，才能依靠自身力量，找到经济、社会发展的目标以及实现途径；其次，从村落与外部环境的相互关系看，内发发展意味着从地区的文化传统出发，适应固有的自然生态环境，自立地发展。自立性是内发发展的突出特征，这种发展将创造出地区经济自我循环机制，建立起可持续发展的经济与经济基础；第三，把发展看作是一个自下而上的“赋权”过程，不仅重视当地人的参与，强调向当地人学习，而且创立了一整套行之有效的工具来增加社区和弱势群体（贫困人群和妇女）在发展活动中的发言权和决策权，从而尽可能地扩大当地人在发展中的参与性、主动性和创造力。多年来，世界银行、联合国开发计划署等组织在中国所资助的农业项目、林业项目、环保项目、社区综合发展项目等也取得了较好的成效。我以为，除了经济社会效益效应外，更重要的是将新的发展理念引入了中国。目前，参与式发展项目的领域逐步扩大，从农业、林业发展到农村能源、卫生保健、妇女、供水、教育等领域，从纯粹的自然保护拓展到生产和保护相结合，从单目标扩展到综合发展，从农村发展项目向小城镇发展项目扩展，从而为农民再造乡村提供了良好的外部机制。

所以，从这个意义上讲，秦红增这部著作，即是新的发展理念的实践解读与扩展。在书中，作者提出了“文化农民”的概念，我以为比较妥当。大家都知道，传统社会里面，士农工商，以农为本，但是近代工业社会以来，农村、农民、农业则成了“落后、保守、陈旧”的代名词，到今天依然如此。但实际上，农村、农民、农业已不再是明日黄花，而是生机勃勃，情趣盎然；不只是社会的根本，而且在生活方式和文化精神方面，为我们提供了一个参照，一个灵魂的恬淡场景。

关于时下中国乡村建设，相信读者通过本书可得到更多的感悟或认知。我只想再次肯定的是农民的现代定位。因为乡村建设在于再造农民还是农民再造，这里面实质上包含着对农民角色的定位问题。当把农民定位为落后、保守的话，那么农民只能处在被改造的地位；反之，当把农民定位在拥有特定乡土知识和现代技能，有着自我发展能力的话，农民自然就成为乡村的再造者。对于后者，目前学术界还没有统一的称谓，如精英农民、创新农民、现代农民、"先锋"农民等，秦红增将其称为"文化农民"，意在从文化自觉层面对农民这一长时期被当作"改造对象"的肯定，体现了人类学的"主位" 研究原则。正如作者在田野调查中发现，当地人在谈到村里某人是个"人物"时，便说这个人是个有文化、有知识的人，而那些没有本事、不是"人物"的人则没有文化，没有知识；这高度概括了农民在乡村发展中表现出的文化自觉性，他们能够将发展干预与自身的条件有机结合，无论是接受现代科技知识和技能，还是参与项目、外出打工，都有自己的决断力、创新性。

总结起来，目前在中国乡村社会中所推行的一系列改革，如农业产业化、村民自治、文明社区建设，需要的是每个农民的自觉。我们可以通过培植乡村精英来带动，但只有每个农民都转变过来，才可实现这些目标。若不然，精英阶层就会成为乡村社会的实际操纵者，所形成的精英特权反过来会危及乡村的民主和发展进程。

另外，本书是建立在扎实的田野调查与成熟的理论思考基础上的。从 2002 年至今，秦红增就中国乡村社会变迁及民族地区乡村建设问题，进行了多年的思考与田野调查。他的调查点不仅包括中国广西、云南等西部边疆民族地区，还有中国台湾、孟加拉国等地的乡村发展个案研究，成果具有持续时间长、田野点多、个案资料丰富等特点。由此来看，本书无论是对人类学的学科发展，还是对中国乡村社会建设，从点到面都有着借鉴意义。

三、人类学与人类未来

屈指算来，人类学传入中国已百年有余。但这个学科从诞生之日起，就被赋予了重要的“关怀”责任，“自我”与“他者”，西方与非西方，传统与现代，尤其是在全球化的当下，更是承载着保护与传承人类文化多样性的重任。

前面说过，中国乡村社会及农耕文明，构成了中国社会的根本，与之相呼应的乡土、乡情、乡恋、乡愁，乃是当代中国人与生俱来的东西。当我们厌倦了城市生活时，当我们感觉到食品安全受到威胁时，当我们高兴或悲伤时，当我们的灵魂需要净化时，我们都愿意走向乡村，毫无顾虑甚至有些贪婪地享受缕缕清新的乡土气息、恬静安逸的文化景致。正是基于此，新的乡村建设不能不谈及文化，不能不以保护与传承人类文化的多样性为目标。因此，尽管在全球化、市场化、城市化浪潮席卷而来的情势之下，乡村未来似乎也难以摆脱“被全球化”、“被城市化”的命运；尽管在时下中国，对土地、矿山、森林等资源的争夺，已使许多农民成为失地农民，也迫使这部分人不得不“市民化”，但我们需要的是文化多样，而不是文化单一的乡村和谐；需要的是合理地将现代与传统、都市与田野、全球与地方等有机相合，从而塑造出独特、多样且具有时代气息的新型乡土文化，而不是单纯的“城市化”，让城市吞并农村；需要的是每个民族寻找到自己生存与发展的位置和贡献，而不是强势民族或国家的独裁与霸权。

这一点诚如秦红增在结尾所言：城市对乡村的需要，不仅是清新的空气、纯净的泉水、绿色的食品等物质需要，而且更重要的是情感依赖和精神归宿,对于中国这个有着几千年农耕文化的国家,尤其如此。城市如果“消灭”了乡村,人们不仅难以享受到科技进步的成果,而且也同时丧失了自己的精神家园。毋庸讳言,相对于汉民族,少数民族乡村的文化多样性表现更为突显。因此,我们在民族地区和谐乡村建设中,更不能简单地陷入先进与落后、中心与边缘等机械式的区分,而是应把少数民族乡村所承载的文化作为一面镜子,映射出城市文明的优势与不足,以期更好地为人类文化多样性的持续发展做出贡献。

秦红增作为我的博士生,与我相识十多年。多年来,他的研究都是围绕乡村建设这一话题展开,翔实的田野调查资料和丰富的理论积淀为这本书的完成打下坚实的基础。起初他对乡村社会的关注是2002年5月在皖南的时候,当时我们在做汤口到屯溪高速公路的社会评估,其间针对乡村社会这一话题,他与我进行过多次交流和讨论。他的博士论文《桂村科技:科技下乡中的乡村社会研究》(2004年)的完成,逐步厘清了乡村社会研究的主要思路和方法,并将研究系统化。如今他能有这样的研究成果,对此我很欣慰。希望他在新的研究和工作中,取得更好的成绩,也希望中国人类学发展越来越好。

是为序。

目　　录

第一章　绪　论

第一节　研究的缘起与回顾

和谐乡村建设即“社会主义新农村建设”是中国现代化进程中的重大历史任务，是构建中国社会主义和谐社会的有机组成部分。早在20世纪50年代国家相关文件中就出现过这种提法，改革开放以来，在1984年中央1号文件、1987年中央5号文件和1991年中央21号文件——即十三届八中全会《决定》中都反复强调：建设社会主义新农村对中国的现代化建设有着重大的历史和现实意义。2005年，十六届五中全会通过的《十一五规划纲要建议》，提出了“生产发展、生活富裕、乡风文明、村容整洁、管理民主”的社会主义新农村建设具体要求。紧接着2006年中央1号文件再次将中国和谐乡村建设与发展问题摆到了突出位置。可以说，“1号文件”既是在新的历史时期吹响和谐乡村建设的集结号，也是对近百年来中国乡村建设所取得成果的凝聚。文件中所提出的新型农民、村庄规划、循环农业、“万村千乡”市场工程、省直管县和乡财县管乡用等新概念，对于时下的和谐乡村建设有着纲领性的指导意义，也从根本上刷新了此前的“三农”概念，使社会主义新农村建设有了实实在在的内容。与此相对应，关于和谐乡村建设的理论探讨和实践探索也进入了一个新的阶段。

从目前学术界的探讨来看，相关研究可分为以下几类：

一是对以往的和谐乡村建设进行反思。如对早期的主张教育农民的乡村建设派，以及后来规模宏大的改造农民运动等的研究。研究较为全面地总结了传统乡村建设的经验教训，尤其是对教育农民、改造农民的传统做法进行了系统反思，批评了“工具论”式的乡村建设思维模式，为新的乡村发展理论的引入与实践提供了支持。①

二是对内源式或参与式等新的乡村发展理论的探讨。新的乡村发展理论在20世纪70年代初期，由一些应用人类学家提出，并为世界银行、联合国开发署等组织所倡导，目前已流行于世界各地。该理论起源于对传统发展模式的反思，成长于对发展中国家援助的国际发展实践中，为解决农村发展问题提供了一个新的理论视角。20世纪90年代初期以来，首先由世界银行在农业、林业、环境保护等资助项目中引入中国，至今已扩展到农村能源、卫生保健、妇女、供水、教育等领域。已实施的项目有效地削减了农村贫困、民族地区发展缓慢等现象，在乡村发展方面做出了一定的成绩。与此相配合，国内如李小云②、叶敬忠③、周大鸣④等学者，在

---

① 秦红增：《农民再造与乡村发展：文化农民系列研究之一》，《广西民族研究》2005年第2期。叶扬兵：《农业合作化运动研究述评》，《当代中国史研究》2008年第1期。

② 李小云：《参与式发展概论：理论·方法·工具》，中国农业大学出版社2000年版。

③ 叶敬忠：《创造变化的空间——农民发展创新的原动力研究》，《中国农村观察》2004年。

④ 周大鸣、秦红增：《参与发展：当代人类学对“他者”的关怀》，《民族研究》2003年第5期。周大鸣、秦红增：《参与式社会评估：在倾听中求得决策》，中山大学出版社2005年版。

致力于项目评估与实施的同时，也对参与式发展理论的中国化进行了探讨，如注重“新型农民”的培育，增强农民的组织性，充分利用民族文化资源优势，等等。

三是探讨了村域经济的转型与发展之路。王景新构建了村域经济转型研究框架——以村域经济制度转型、村域市场主体及其生产经营方式转型、村域经济类型分极化发展为核心，同时关注研究区域条件和宏观环境的外部冲击与村落精英和村落文化转型的内发动力的重要影响，试图把区域经济学、转型经济学、社会经济学和社会人类学的村落研究理论和方法融合在一起。[①] 车裕斌在对 1978 年以来典型村落经济社会转型发展的特征、现状及未来趋势进行了系统的归纳总结，认为村落经济社会的非均衡协调发展是可行的，最终建立的是各村落协调发展社会和谐的经济格局。[②] 其他如王习明探讨了村落经济社会结构变迁对乡村建设的影响，认为农民对公共服务日益增强的依赖性彰显了村社公共服务建设的重要性，如此等等。[③]

四是和谐乡村建设的个案调查与分析。如从科技下乡、外出务工、乡村旅游、观光农业、公司加农户、农民组织、公共产品供给等视角，对和谐乡村建设给予了具体的讨论。此类研究的文章和著作非常多，这些讨论尽管立足于单个或典型乡村，但大多涉及时下乡村改革或发展干预政策，针对性和时效性较强，在此就不一一

---

① 王景新：《村域经济转型研究反思》，《广西民族大学学报（哲学社会科学版）》2008 年第 3 期。

② 车裕斌：《典型村落经济社会转型及发展趋势》，《广西民族大学学报（哲学社会科学版）》2008 第 3 期。

③ 王习明：《村社公共服务与乡村建设：成都平原村落经济社会结构变迁研究》，《广西民族大学学报（哲学社会科学版）》2008 年第 3 期。

列举。[①]

五是“他者的视野”，即通过研究其他国家和地区的乡村建设经验来为中国和谐乡村建设进言献策。如对日本的“一村一品”，韩国的“新村运动”，[②]印度的打破等级歧视的“教育运动”，[③]孟加拉国的破除性别、贫富歧视的“小额信贷”[④]等的研究。研究既有宏观的政策分析，也有个案调查，因而有着十分重要的借鉴意义。

反观这些研究与和谐乡村建设实践，可以说中国目前的和谐乡村建设有如下几个特点：

第一，和谐乡村建设已进入转型的关键期。和谐乡村建设的总体目标是农民富裕、农村繁荣及农业问题的根本解决。但究竟如何解决，目前可说是处在一个关键的时期，建设得好，农村就会展现出新的面貌，或者说真正是社会主义的新农村；解决得不好，城乡差别将进一步扩大，后果是城市的吸引力将无限增大，农村将更为凋敝。

第二，和谐乡村建设的路径应是“文化兴村”，即将现代农业科技文明与中国丰厚的乡村文化、民族文化有机融合，在转型、变迁与建设中，振兴乡村，重塑乡村文化。这样的乡村才可谓是真正的、有着文化内涵的社会主义新农村，也才符合保护人类文化多

---

① 秦红增：《农民再造与乡村发展：文化农民系列研究之一》，《广西民族研究》2005年第2期。

② 石磊：《寻求“另类”发展的范式——韩国新村运动与中国乡村建设》，《社会学研究》2004年第4期。

③ Vinod Raina、汪晖等：《探讨另类发展的可能性——中国—印度乡村建设交流会摘要》，《博览群书》2004年第1期。

④ 秦红增：《消除歧视与社区营造：孟加拉国、台湾等地乡村建设的实证研究》，《中南民族大学学报（哲学社会科学版）》2008年第6期。

样性的发展方向，这对于民族地区和谐乡村建设而言，尤其重要。正如费孝通先生在谈及西部大开发时曾说："西部又有一个新的发展机会。在历史上看不起西部的观念比较深，现在我们要把这个观念纠正过来，尤其是在人文资源上，西部保存得比内地好……所以在西部开发的过程中，我们一定要大声疾呼，要注意对古代文物和传统文化的保护……另外，要开发西部，一定要注意民族问题，这又回到50年前的问题了。我们必须要发扬各民族优秀的传统文化。"[①]实情也的确如此。在中国进行和谐乡村建设，应在新的历史时期，让中国的乡土气息、民族文化更具有创造性和生命力。

第三，就"文化兴村"的实践而言，已呈现出多元化的色彩，可说是"八仙过海，各显神通"。以生计为例，在经营类型上，有从事现代农产品种植养殖的，有外出务工、经商的，更有利用民族文化、地域文化来发展乡村旅游或民俗旅游的；在经营方式上，既有家户独立经营或小规模联合的，也有采取"公司＋基地＋协会＋农户"模式的。再如在乡村事务方面，许多地方充分挖掘传统文化潜力，如以孝、勤劳、节俭、睦邻、乡情等来解决乡村面临的养老、互助等问题。尤其值得肯定和探讨的是，时下相当数量的村庄，已逐步创建了融现代农业科技、民族文化、民俗风情等于一体的乡村生态—文化景观，这不仅使乡村建设步入了文化兴村之路，而且在发扬民族优秀文化传统，积淀乡村文化，保持人类文化的多样性等方面，也有着积极的意义。

---

① 费孝通：《有关保护、开发西部人文资源的思考》，《广西民族大学学报（哲学社会科学版）》2005 年第 3 期。

第四，和谐乡村建设的动力表现为外来发展干预和农民发展自觉的统一。在发展干预层面，以往过多地将发展干预的原因归结为农村的贫穷落后和农民的愚昧保守，农村、农业、农民的自我发展能力过差，但实际上，这只是停留在“小农经济”阶段上的陈词滥调。事实上，随着市场化和城市化的不断推进，外向型、开放型为主的生态农业、观光农业已渐渐在乡村发展中居于主导地位，反哺农业的政策及乡村土地流转、农产品供给市场的形成，都使农村有了更多的发展干预。换言之，乡村发展干预不再是单方面的扶贫或无偿援助，而是外来者与农民双方基于市场经济而结成的相互依赖关系。在互为关联的意义上，对于农民来说，和谐乡村建设不再是因“穷怕了”而仅仅满足于生活需求的富裕运动，而是对乡村社会转型的自觉回应，或是重塑乡村的发展自觉。

第五，在外来发展干预和农民发展自觉如何统一的方式上，目前学术界在理论和实践层面已进行了多种探讨，可谓见仁见智。总体上讲，主要是围绕参与式或内源式发展的“赋权”理论来展开。不过近期也有学者指出了其中的不足，认为农民是无权无势的，因而要将他们组织起来，才能在发展中表现出自己的声音，而不再是祈求别人倾听。[①] 也有学者认为，政府在制度和乡村公共服务、社会保障等方面的作为显得弥足珍贵，因为这些作为可以弥补单一农户在生产及生活方面能力的不足。[②] 笔者也提出过类似的观

① 叶敬忠：《发展干预中的权力滴流误区与农民组织》，《广西民族大学学报（哲学社会科学版）》2008年第2期。

② 王习明：《村社公共服务与乡村建设：成都平原村落经济社会结构变迁研究》，《广西民族大学学报（哲学社会科学版）》2008年第3期。

点，不同之处是窃以为一些农民参与性弱的原因，在于其现代生产或生活技能的缺失，因而培育“文化农民”以达真正的“农民自觉”才是关键，这样才能让每个农民都行动起来，参与到乡村发展中去，使和谐乡村建设的成果真正惠及农户。

当然，更需要正视的是，中国农村各地实际情况千差万别，不同的地域、民族，都有其具体的特点，尤其是经济、社会、文化更具特色的民族地区，和谐乡村建设的任务更显繁重和艰巨。故本研究立足中国广西、云南、贵州等西部边疆民族地区，以中国台湾、孟加拉国等乡村建设路径为参照，运用参与式或内源式发展理论，来探讨民族地区的和谐乡村建设问题，以期在学理上深化和谐乡村建设研究，在实践上有益于民族地区的和谐乡村建设，同时能为整个中国的和谐乡村建设提供些许理论和实践参考。

第二节　研究的理论关照与内容

李亦园先生从文化与环境互动视角，将人类的发展概括为三个主要阶段：第一阶段是采集狩猎的阶段。在这个阶段，人是自然的一部分，人是适应自然而存在的。第二阶段是所谓的“产食革命”阶段，开始生产，开始种植作物或饲养动物。在这一阶段，人与环境之间重要的现象就是改变了生态系统，而不只是适应。第三阶段始于工业革命，从热能到电力到核能，发展跟破坏相互矛盾的这三个阶段，使人类社会逐步地进入生态广受破坏的危机时代。因此中华文明的“致中和”理念，应是可以作为弥补这一危机的另一种文化生活典范。但是如何重塑“致中和”旧理念使成为现代社会所用，却也是要努力的一项任务。总体来说，人类应该还是自然的一部分，只有寻求与自然的和谐，才是永续生存之道。①

再者从人类学的发展来看，学者们不只是埋头田野工作，或是就某个问题进行深入的挖掘，抑或专注于应用，而是从本体论来分析人类学的思维。虽然这对于人类学来说，并不是其学科的根本任务，但世界观不解决，我们对人类或文化的分析就可能陷入盲目或混乱。“人类学的诸多理论出发点和研究命题都来自于对‘自然与文化’或曰‘生物属性与文化属性’关系的思考，人的生物属性与文化属性不是二元对立的概念，而是有文化中的自然与自然中的文化的互为补充的概念。”“而人类学的身体研究恰恰超载了自然/文化，思想/身体二元对立的概念，它是根据不同文化中的田野资料来讨论当地社会的身体表达。”也就是说，人类学的本体反思，其实质是对传统的如东西方、先进与落后、野蛮与文明等二元论的批判，目标在于突显一元本体，或“身心合一”。②

事实上，不只是身体研究，自 20 世纪 70 年代新进化论以来，人类学家们都在试图用一元、和谐的观点来表明自己的文化主张，如怀特的技术—文化论、斯图尔德的生态—文化论、格尔兹对地方性知识的重视等。在方法论层面，其所衍生出来的便是对他者的尊重。正如萨林斯所说：“非西方民族为了创造自己的现代性文化而展开的斗争，摧毁了西方人当中业已被广为接受的传统与变迁对立、习俗与理性对立的观念。尤其明显的是摧毁了 20 世纪著名

① 李亦园：《生态环境、文化理念与人类永续发展》，《广西民族大学学报（哲学社会科学版）》2004 年第 4 期。

② 麻国庆：《身体的多元表达：身体人类学的思考》，《广西民族大学学报（哲学社会科学版）》2010 年第 3 期。

的传统与发展对立的观念。”[①]而且他本人对地方性知识的前途持非常乐观的态度，认为传统与变迁、习俗与理性并不对立。“在某种程度上，全球化的同质性与地方差异性是同步发展的，后者无非是在土著文化的自主性这样的名义下做出的对前者的反应。……‘文化自觉’的真实含义就是，不同的民族要求在世界文化秩序中得到自己的空间。”[②]因此，内源式等新的乡村发展理论，首先由人类学家提出就不足为奇了。

内源式或参与式发展理论的核心点在于“赋权”，认为农民拥有特定乡土知识和现代科学技能，有着自我发展能力，因而再好的乡村发展项目，都要向农民“赋权”，多听听他们的意见或建议。此外，行之有效的发展还有“孟加拉模式”。这种模式为 2006 年诺贝尔和平奖获得者孟加拉国吉大港大学教授尤努斯所倡导，创建于 20 世纪 80 年代初。该模式认为，所有人都有与生俱来的生存技能，穷人也是如此，因此应努力去最大限度地利用他们现有的技能，使他们得到贷款，从而得以立即实践他们已经掌握的技能如纺织、脱粒、养牛、拉人力车等。[③]

尽管这两种发展理论在某些方面，如是否应对农民进行技能培训、如何给农民贷款等操作环节和施行手段上存在着分歧，但两者的实质都在于通过各种方式和途径来激发农民的主动性和创新意识，通过拥有自我发展能力的“新型农民”，利用他们的知识和技

---

① 黄淑娉、龚佩华：《文化人类学理论方法研究》，广东高等教育出版社 2004 年版，第 333 页。

② 秦红增：《桂村科技：科技下乡中的乡村社会研究》，民族出版社 2005 年版，第 238 页。

③ 秦红增：《消除歧视与社区营造：孟加拉国、台湾等地乡村建设的实证研究》，《中南民族大学学报（哲学社会科学版）》2008 年第 6 期。

能，让农民自己来建设乡村，并分享成果。这不仅有效地克服了乡村发展中脱离农民实际、劳而无功或半途而废等不良现象，而且使得农民能够最大限度地参与到乡村发展中，致力于乡村建设，并享有乡村建设的成果。

目前学术界对这种“新型农民”还没有统一的称谓，如精英农民、创新农民、现代农民、“先锋”农民（Vanguard Farmers）等，本研究将其称为“文化农民”，一方面意在从文化高度来肯定农民在乡村和谐社会建设的主体地位，体现出文化相对论原则；另一方面在于认同每个农民在乡村建设中的作用，从而去除长时期以来对农民所形成的“没有文化”，愚昧、保守、自私、懒惰、不讲卫生，只能是被改造的对象等刻板印象和思维定势，充分激发、调动农民在乡村和谐社会建设中的积极性和创造性，真正做到让每个农民自己发展乡村，建设乡村，并享有乡村建设成果。

在上述理论的导引下，学术界相关和谐乡村的研究也进入了一个新的阶段。如陈建平、林修果通过借鉴参与式发展理论的合理内核，考察新农村建设中政府、专家、农民三大角色群体的功能转换问题，以调动各种发展角色多方位参与的积极性、主动性和创造性，构建一种新型发展伙伴关系，从而促进新农村建设的顺利进行。[①] 杨丽认为内源式发展地区的农村居民发展能力更强，表现为家庭经营收入和人力资本投资水平较高；同时内源式发展地区的农民分享发展的利益较多，生活质量较高。所以，要推动社会主义新农村建设，必须以提高当地农村居民的能力，以农村的内源式

---

① 陈建平、林修果：《参与式发展理论下新农村建设的角色转换问题探析》，《中州学刊》2006 年第 3 期。

发展为根本。①

因此,就本研究而言,内容主要集中在两大方面:一是新型农民即文化农民研究,以明确民族地区和谐乡村建设的行动群体和受益群体,其内容包括文化农民的生成、特点等,并在此基础上对乡村教育加以反思;二是乡村生态、社会与文化和谐建设,即通过典型个案分析民族地区和谐乡村建设的目标、内涵、路径等问题,以期探求中国乡村转型与重塑的规律性。

一、民族地区和谐乡村生态建设

资源是一切发展的基础,地球上的丰富多样的自然资源奠定了当今人类物质文明高度发达的社会。因而建设并持续民族地区良好的乡村生态,不仅是和谐乡村建设的一项重要内容,而且对解决目前人类所面临的环境污染、水土流失、食品安全等基本生存问题,以及维护自然生态与人类文化的多样性都有着非常重要的意义。

就内在价值而言,民族地区的自然资源具有生态多样性、物种珍贵性和环境脆弱性的特点。

首先,生态多样性是指一定范围内多种多样活的有机体(动物、植物、微生物)有规律地结合所构成稳定的生态综合体。多样包括动物、植物、微生物的物种多样性,物种的遗传与变异的多样性及生态系统的多样性。中国民族地区绝大多数处在中国广大的西部内陆农村,由于受中国地势西高东低、呈阶梯状分布的影响,

① 杨丽:《农村内源式与外源式发展的路径比较与评价——以山东三个城市为例》,《上海经济研究》2009年第7期。

其基本上位于中国地势的第一阶梯和第二阶梯上，从南至北，受临海地理位置的远近、气温带及地质板块交界活动的影响，形成了千差万别的气候与地貌，呈现出形态各异的生态地理环境，如山地、高原、丘陵、盆地、平原、戈壁、沙漠都囊括在内。这也就使得该区域内生态系统的呈多样形态，并蕴藏着极为丰富的生物资源，是中国中、东部地区受过度人工化的农田和城市生态系统所无法比拟的。

其次，民族地区的生态多样性也就导致了该地区物种的独特而繁多，很多稀有动植物早已被国家列入重点保护名录，颇显弥足珍贵性。在那里生长有各具特色的奇花异草、珍禽猛兽，如植物以广西的火桐、贵州的银杉、四川的水杉、云南的珙桐等为代表；动物则以青藏高原的藏羚羊、牦牛，四川的大熊猫、金丝猴，新疆的双峰驼、白尾地鸦等为代表。生态的多样性造就了物种的多样性和珍贵性，每一种物种的存在既是自然生态圈循环顺利进行必不可少的产物，同时也是大自然赠与人类的一份宝贵的物质财富。

第三，"脆弱性"来自于生态环境的不可恢复性和不可再生性。由于气候和地质的原因，中国大部分少数民族所聚居的西部农村地区处在高寒、半干旱、干旱地区，年均降水量不足 300 毫米，蒸发能力却超过降水量约 1000 毫米以上，多呈现岩溶、戈壁、冻土、荒漠、沙漠等地貌，整个生态环境处于十分脆弱地带，[①]如西部的干旱缺水的草原和沙漠地区、内陆湖泊周围、山地与平原的交接带等。这些地区地表植被覆盖率低、生物链简单、易断裂、容易发生生态破坏、系统恢复力和抵抗力较差，而中国少数民族绝大多数却

① 向洪：《国情教育大辞典》，成都科技大学出版社 1990 年版。

正聚居在这些生态脆弱的边缘的乡村地区。

伴随着近些年来中国“西部大开发”战略的不断推进，民族地区乡村在社会经济方面较原先有了很大的发展，当地人们的生活水平提高了，但是日益频繁的人类的活动也加剧了人与自然生态环境之间的矛盾。一些只顾眼前的经济利益对民族地区自然资源的粗放型、掠夺式开发的人类活动，正使得民族地区脆弱的生态环境正面临极度的失衡的危险。而民族地区乡村脆弱的生态环境一旦遭到破坏就很难复原或者根本无法恢复，将直接威胁到中国生态环境的多样、物种的珍贵性，以及导致全国范围内的气候水文等诸多变化，长此以往将会给中国带来频繁且极其严重的生态自然灾难。因此，要建设民族地区和谐乡村，首要任务就必须紧抓民族地区乡村和谐生态建设为一切发展与开发的根本前提。

就外沿价值而言，民族地区自然资源所构成的生态系统与当地民族文化有着紧密的关联性。

在这里涉及人类学中广为使用的“文化生态”这一概念，它代表着一个重要的文化理论流派——文化生态学，一门主要探讨文化与生态环境相互关系的学说，最早是由美国著名人类学家朱利安·斯图尔德所倡导。该学派认为人类与生态环境的关系是适应的关系，但是这种适应却不完全属于生物适应的范畴。人类对生态环境的适应，除了遗传、生理的适应之外，还具有更高级、更为复杂的适应方式，那就是文化的适应。[①] 文化是人类适应生态环境的生存手段，很大程度上是适应生态环境的产物。而民族地区丰

① 尹绍亭：《民族文化生态村——当代中国应用人类学的开拓理论与方法》，云南大学出版社 2008 年版。

富多样的自然资源所构成的生态系统多少都积淀或承载着各少数民族在历史上所创造的丰富多彩的文化，可以说当地每一条河流、每一座山、每一石、每一木等都与当地各民族人们来说有着特殊的含义，各种文化风俗、信仰与周围的自然环境资源融为一体，紧密地关联着。① 比如，在中国西南少数民族村寨中，有着对神山、神林、神树、河流等自然资源的宗教信仰，有着对水源林、护寨林、经济林、风景林等地的规划配置，这些都包含着各民族适应生态环境的文化与制度。

由此可见，民族地区的自然资源除了本身的使用价值外，更重要的是它与当地民族文化紧密关联着。因此，在对民族地区的和谐生态建设的过程中，我们不该仅仅看到自然资源的社会经济价值和环境保护的方面，而且应该看到其蕴藏着民族文化并与之关联的一面。只有这样，我们才能在建构和谐乡村建设的过程中，深化对自然资源的保护与解读，构建人与自然、人与文化的生态和谐。

二、民族地区和谐乡村社会建设

从经济—文化类型来看，中国民族地区基本上处在中、西部欠发达经济区域内。由于受地理、社会、历史等因素的影响，无论是从经济发展水平、区域产业结构，还是从各项社会指标来看，与东部发达地区相比，仍存在着较大差距。就民族地区乡村而言，也有着发展的不均衡性。区域发展的不均衡不仅引发了诸如教育与人

① 陈明红：《西部地区社会经济发展与生物多样性保护的几点思考——以四川为例》，《贵州师范大学学报（社会科学版）》2009 年第 12 期。

力资源方面发展严重滞后，基础设施建设与公共卫生事业的发展水平较低等机制性问题，而且容易导致部分农户或群体在发展方面的弱性。本研究在分析农户社会资本构成的基础上，重点就民族地区乡村妇女发展问题、养老问题、留守儿童问题、农民工问题等进行了分析。

首先，关于妇女教育与发展问题。由于社会经济发展贫困，基础教育设施落后，加之受传统文化价值观念的影响，少数民族地区乡村中妇女受教育程度的现状并不乐观，主要表现在成年妇女文盲率较高、女童辍学情况严重、妇女接受培训机会较少和妇女整体素质偏低等。然而，随着市场经济的不断深入发展，为摆脱贫穷的困扰，少数民族地区乡村大量男性劳动力外出务工，乡村妇女逐渐取代男人的角色，不仅成为家庭生活的主要承担者，也是生产的劳动者和自然资源的管理者。可以说她们已成为当今民族乡村地区生产建设的一支主力军，但是她们整体受教育程度偏低，文盲半文盲占很大比重，因而获取、交流、创造知识和信息的能力匮乏，制约着民族乡村地区社会的发展。对此，提高妇女教育水平和解决其发展问题，是当前民族地区开展和谐乡村社会建设所面临的首要任务，必须将其放在优先发展战略上。

其次，关于养老保障的问题。与中、东部非少数民族地区乡村相比，中国民族地区公共经济基础相对薄弱，政府的财政支付能力有限，社会保障制度不健全，覆盖面小，保障资金不足，在短时间内很难达到全国统一的标准。尽管如此，民族地区乡村在千百年来的历史发展过程中，针对养老问题已经形成了各自独特的风俗与文化。当来自国家和社会养老保障资金不足、保障体系不健全时，这些传统风俗文化发挥着重要的功能与作用。在和谐乡村社会建设的过程中，我们一方面要充分利用这些传统文化的力量来解决民族地区乡村老人养老问题，另一方面，要借鉴这些相关文化背后的养老价值理念，以帮助我们推进社会养老制度的建立和完善。

第三，关于农民工和留守儿童的问题。中国改革开放带来的不仅仅是经济与社会的繁荣与兴盛，更为重要的还有社会群体的流动与分化。在这里面，农民工群体无疑最引人关注。他们一头连着农村，一头连着城市，像“候鸟”般往来于乡村与城市，虽然为城市的建设作出了巨大的贡献，被认为是“城市的脚手架”，但基于城乡社会二元结构以及根深蒂固的小市民偏见，却难以为城市所接纳，一直被看做是“低人一等”。目前中国农民工总数已近2.3亿，其中外出务工农民工(也就是我们通常所说的离开家乡到外面务工的)人数是1.45亿，还有8000万的本地农民工就地、就近转移就业的，也就是我们通常所说的离土不离乡的。[①] 从这2.3亿农民工的来源地来看，相当一部分来源于中国中、西部民族乡村地区。其所面临的不只是在城市从事苦、脏、累、报酬低的体力活，而且还有因各种原因而必然形成的“返乡再就业”问题；不只是夫妻分居、性别比例失调，而且还有留守儿童的问题；尤其是“新生代农民工”，随着城市(镇)化的快速推进，其人数正以每年八九百万的速度激增，[②]由于基本没有务农经历，且长期受城市文化和现代工业文明的熏陶，教育程度高，职业期望值高，物质和精神享受高，对

① 国家统计局农村司:《2009年农民工监测调查报告》，中华人民共和国国家统计局网，2010-3-19，[2010-4-28]. http://www.stats.gov.cn/tjfx/fxbg/t20100319_402628281.htm.

② 劳动保障部:《关于当前劳动力市场供求状况的分析报告》，中华人民共和国劳动与社会保障部网，2007-06-13，[2010-4-28]. http://www.molss.gov.cn/gb/news/2007-06/13/content_182044.htm.

城市的认同远远超过了对农村的认同，大多又面临“城市融入”问题。与妇女、老人赡养等相同，这些现象与问题都给民族地区和谐乡村的构建带来了极大的挑战，严重影响到中国民族地区乡村社会的和谐与稳定，值得我们重点关注。

三、民族地区和谐乡村文化建设

民族文化是一个民族的独特符号象征，也是一种无形的资源。近年来随着民族旅游和乡村生态旅游业的兴起，不仅带动了民族地区乡村经济的发展，而且在一定程度上也引发了民族文化的复兴、再建构和繁荣。但是，在全球化时代，民族文化依然存在文化被同质化的危险，因而民族地区和谐乡村文化建设也十分紧迫，本研究将通过一些个案来做出分析。

1. 民族文化多样性的式微

由于受历史背景和现代化进程的影响，当今中国民族地区乡村的文化呈多元性发展态势。一方面，长期以来，各民族之间互通有无，交往频繁，相互融合，虽共处于一地，但彼此之间依旧部分地保留着各自独特的传统的生活习俗和文化价值观，在一定的区域内呈现出多元民族文化共存的特点。另一方面，随着时代的变革与发展，受全球化的影响，中国民族地区乡村社会的开放性、民主性不断地增强，加之现代交通和信息通讯事业的发展，极大地打通了偏远的民族地区与外界的隔阂，城乡之间人员互动频繁，各种现代文明价值观念也渐进地涌入，冲击着原先处于较为封闭状态的传统的民族文化价值观念，这就导致了民族地区乡村的文化形式和内涵发生改变。特别是在近些年来的西部大开发的过程中，其所体现出来的就是民族地区乡村社会本土文化与外来文化、各民族文化全面接触、碰撞、交汇、融合的过程。在该阶段内，民族地区的人们在文化价值观上处于复杂矛盾期，保守和开放、巫术与科学、重情义与重理性等思想交织在一起，传统文化与现代文化、外来文化与本土文化相互交叉混杂，呈现出多元文化特色。这一方面虽有利于各民族、各地区之间文化的交流和借鉴，但另一方面却在这交汇融合的过程中也产生出了诸多不和谐因素，如各民族价值观念的差异与冲突、弱势文化受强势文化的冲击面临被"涵化"、"同化"的威胁等等。这些都会对民族地区和谐乡村文化的构建带来不利的影响。

2. 民族文化传承的濒危

在当今社会，全球一体化进程正在迅速地改变着不同地区、不同民族和不同国家的面貌，世界上众多各民族丰富多样的文化面临着在全球化信息巨流冲击下被稀释的危险，中国也不例外。尽管政府也已逐渐意识到保护民族传统文化的重要性，并试图通过区域性的本土化运动抵制或消除来自全球一体化下更为强大文化的冲击，但是由于民族教育的缺失、主流文化与日趋功利化价值观念的影响以及新技术发展的冲击等因素，实施的效果不是很明显。这在广大西部乡村中体现得尤为突出，各种类型的民族传统文化不断地被边缘化，包括各种语言、口头文学、风俗习惯、音乐、舞蹈、礼仪、手工艺、传统医学、建筑术及其他艺术等大部分都面临着后继无人，濒临失传的危险，甚至有些少数民族文化已经基本失传。因此，如何保护和传承现有的处于濒危状态的各民族文化，是中国民族地区当前形势下和谐乡村建设亟待解决的一个重大课题。

3. 民族文化资本化的滥用

伴随着全球化的推进，文化的特征和表达受到了严峻的挑战。

文化再也不能被视为一种已完成的、固定的产品，而必须被看做是一种资本、一种以财产形式具体表现出来的文化价值的积累。同时，也是一种过程，就是将文化当做资本的“生产”或“再生产”的开发过程。因为，在全球化的背景下，任何民族文化要想不被外来强势文化所淘汰，就必须在与其他文化的交往互动中不断地进行对文化传统的“再生产”。[①] 这一思想源自于法国人类学家布迪厄的文化再生产理论。尽管在整个文化体系的发展过程中，经济是文化中的最基础部分，但布迪厄认为仅仅将推动现代社会发展的资本视为经济资本往往具有着局限性，提出应将资本分为三种基本形态——经济资本、文化资本和社会资本，并指出“除非人们引进资本的所有形式，而不只是思考被经济理论所承认的那一种形式，不然，是不可能解释社会世界的结构和作用的”。[②] 他同时也指出，不同的资本类型具有转换性，可采用一定策略通过转换来保证资本的再生产。而文化资本的“再生产”过程，也就是当今世界各民族为应对全球化的挑战，广泛动员和挖掘其多样的民族文化资源，将其资本化运营的过程。

中国民族地区乡村既是中国少数民族主要的聚居地，也是中国多彩民族文化资源的集萃地。民族文化资源在语言文字、独特的民族服饰、不同的饮食文化、迥异的建筑风格、琳琅满目的工艺美术、多样的宗教、节日及文艺等方面，为民族文化资本化运营提供了前提条件和基础。近些年来，随着中国市场经济的深入发展，越来越认识到文化在区域发展中的重要推动力，将西部民族地区

---

① [法]P. 布尔迪约、J. -C. 帕斯隆著，邢克超译：《再生产——一种教育系统理论的要点》，商务印书馆 2002 年版。

② 朱伟珏：《布迪厄〈文化资本论〉研究》，经济日报出版社 2007 年版。

文化资本化运营的实践有了较大的发展。“这种实践最显著的特征是文化经济化和经济文化化，其主要表现形式有旅游民族民俗化、民族节庆经济化、民族艺术商业化、民族文化品牌化、民族医药市场化、民族文化会展化，等等。”①

尽管这些各种打着发展民族文化的产业给民族地区乡村的经济带来了的丰厚的收益，然而却也存在许多问题，如对民族文化资源的滥用、只注重对民族文化的表现形式开发而忽视对其内涵价值的作用，以及呈现出将民族文化过度的商业化、娱乐化趋势等方面。这些都不利于传统民族文化价值真谛的传承与和谐可持续发展。

综上所述，在民族地区开展和谐乡村建设的过程中，我们充分考虑到民族地区乡村文化的特殊性。既要尊重民族乡村地区文化的多元性，重视民族文化的保护价值、生存价值、传承价值和发展价值，同时又要注重对民族文化资本化运营的监管力度，保护民族文化的原有特征不受商业性开发的破坏，坚持开发必须以保护为前提和基础，合理地开发和利用，为民族文化更好地保护和发展做出应有的建树。也只有这样，才能长远地有效地开展和推进民族地区乡村和谐文化的建设。

第三节　研究方法及田野工作概述

一、研究方法

文献研究法　主要用于文献资料的收集整理，回顾前人的研

① 李富强：《让文化成为资本：中国西部民族文化资本化运营研究》，民族出版社2004年版。

究成果并关注前沿研究成果，查询收集关于和谐乡村建设、农业产业转型以及田野调查点等相关资料，为本研究提供背景知识及理论基础，并为田野调查的顺利展开提供帮助。

参与观察法 通过与被调查者同吃、同住、同劳动、同娱乐等共同活动，熟悉他们的语言、风俗习惯、社会组织及信仰等文化知识，借以消除与调查对象之间的隔阂感，并培养起与他们的情感，从而深入到他们中间，随时观察和记录他们的行为，以期为研究提供可靠的第一手资料，并对相关的文献资料和访谈资料形成检验或借鉴。

深度访谈法 作为人类学最重要的资料收集方法，深度访谈法是本研究重要的资料来源。访谈中，我们通常采取半结构式(半开放性)访谈法，调查员事先拟好提纲，但在调查中则根据与访谈对象的谈话情况来调整内容，以便围绕研究主题更为灵活、广泛地收集材料。

二、田野工作概述

2002 年 5 月，笔者在安徽南部从事世界银行贷款“安徽铜陵—汤口高速公路社会评估项目”时，便引发了关于“科技下乡”与乡村发展之间的相关性研究兴趣。随后，2002～2004 年，笔者陆续参加了中山大学中国族群研究中心周大鸣教授所主持的一系列世界银行在中国西部民族地区的发展援助项目，如“广西右江航运建设那吉航运枢纽工程项目对减轻项目影响区贫困的社会评估”、“世界银行一期扶贫项目(西南扶贫项目)的效果的社会评估”等，逐步厘清了发展干预与农民需求之间的联系；尤其是在从事博士论文写作及《桂村科技：科技下乡中的乡村社会研究》一书的田野调查和写作时，便以广西南宁市隆安县那门村（学名：桂村）为田野调查点，进行了为期两年的乡村社会转型与变迁研究，认为现代农业科学技术不仅在乡村建设中起着引领作用，而且重塑了乡村社会风貌，促成了乡村社会的根本转型，并提出“文化农民”概念。

2004年下半年至2007年，笔者仍旧围绕乡村建设这一话题，与课题组成员先后赴台湾北埔及广西凌云县泗城镇金保瑶族山寨、融水苗族自治县雨卜村（苗族）、都安瑶族自治县加文村（布努瑶）、恭城瑶族自治县东面村（过山瑶）、大化瑶族自治县七百弄（布努瑶）、龙胜各族自治县金坑大寨（红瑶）、龙州县金龙镇板池屯（美女村）等地进行田野调查，从生计变迁、生态建设、农村公共卫生、民族旅游等方面，对民族地区和谐乡村建设进行了点面结合的调查与研究。特别是对龙州县金龙镇板池屯（美女村）的调查研究，前后持续了两年多，对当地民族旅游的开发与民族文化的重构进行了探讨。

2007年7月，笔者所申请课题“文化农民与民族地区和谐乡村建设研究”获得了国家哲学社会科学基金项目立项（西部项目）后，便率领课题小组成员和硕士研究生进行了为期四年的持续调查和研究。依照原来课题规划，研究首先于2007年10月至2008年6月，重点选择了广西南宁市周边三个壮族、汉族聚居村落——上林县马安庄、武鸣县大皇后村、南宁西乡塘区陆西村，以及广西百色市濑浩屯（壮族，澄碧湖水库移民村），云南省勐腊县勐满农场、勐满镇曼赛囡村委会勐岗傣族村和蚌索克木人村寨，贵州省贵定县盘江镇音寨村、湖南湘西、湖北鄂西等民族自治区。在此期间，还与南宁市农业局合作“南宁市农业产业化研究”课题，对隆安县“广西金穗农业投资有限责任公司”和“隆安县绿水江香蕉产销协会”为龙头的“公司＋基地＋合作社＋农户”的农业企业化经营模式进行了研究。本期调查以民族志为规范，围绕农业产业化、农村的生态、社会、文化、养老，农民的社会资本，乡村未来发展趋等，较为全面、详细地对民族地区和谐乡村建设进行了分析，形成了系列个案研究成果。另外，对桂村进行了追踪研究，深化了“文化农民”的再认识。

2008 年，金融危机导致中国企业大量裁员，大批外出农民工纷纷返乡，一时间返乡农民工的就业与生活成为输出地地方政府的头号大事。鉴于此，笔者与课题组于 2009 年 8 月对广西马山县古零镇石丰村（壮族）古寨瑶乡（瑶族）进行了调查，重点就返乡农民工再就业、农村留守儿童教育等进行了研究，充分体现了课题的弱势关怀视角。

需要特别强调的是，为了借鉴他者视野，形成比较研究，笔者分别于 2005 年 11 月和 2007 年 4 月，赴中国台湾北埔和孟加拉国达卡，对北埔“乡村营造运动”和达卡 SAVAR VILLAGE “小额信贷”项目进行了调查研究，总结了其重视农民、依靠农民的发展路径。

综上所述，在田野调查方面，本课题的特点一是持续时间长；二是田野点多，类型全，个案资料丰富；三是立足于西部民族地区。基于翔实的田野工作，课题对文化农民及民族地区和谐乡村建设进行了深入而细致的探讨。

第二章　文化农民与民族地区和谐乡村建设

第一节　持续与和谐：参与式或内源式发展新思维

第二次世界大战结束后，出于西方发达国家政府的大力推动和广大新独立的民族国家发展的要求，导致了发展理论的产生。但是这种“发展”从一开始就不是完全内生和自发的，而是对于当时的国际环境以及发达国家已有模式的反应或“复制”。“发展即铺设道路，好让亚洲、非洲和拉丁美洲的大部分地区复制世界经济发达国家的典型环境：工业化、高度都市化和高度普及高等教育、农业技术化，对现代化价值观和法则的广泛接受，包括特定的秩序、理性和个人目标。这种意义的发展既承认又否认差异的存在：第三世界的存在体现着差异，而发展则正是消灭差异的机会。”[①]但在第三世界的发展实践中，这一发展思路却引发了一系列复杂的社会、经济问题，如民族冲突、通货膨胀、经济结构失衡、失业、分

① 中国社会科学杂志社编：《人类学的趋势》，社会科学文献出版社 2000 年版，第 74 页。

配不公、都市畸形发展、社会两极分化等。针对这些发展的危机，20 世纪 70 年代以来，一些在发展机构内工作的人类学家，提出了参与式或内源式发展等新的发展理念，并在联合国、世界银行等组织的倡导和推动下，逐渐为人们所接受、认同，以及在实践中的贯彻和实施。

一、发展思维的演变及内涵

发展思维即关于发展的观念或者说是关于发展的指导思想，在整个发展问题中居于灵魂和核心的地位。自 20 世纪 60 年代以来，伴随理论上和实践上的探索，人们对发展的认识不断丰富和深化，发展思维也不断更新。总体上来讲经历了三个阶段：20 世纪 50～60 年代的以经济增长为核心的传统发展战略；70 年代的以人的发展为核心的综合发展战略；80 年代中期以来的以人类整体利益为核心的持续发展战略。[①]

也有学者以联合国的发展思想为主线，将 20 世纪发展思维的演变划分为增长、公正、人权和可持续发展四个阶段：(1) 40～60 年代的发展思想主要是追求单一的物质财富在数量上的高速增长，即 GNP、GDP 指标的增长；(2)70 年代，单纯追求经济高速增长导致一系列发展危机，促使联合国对传统发展观进行反思，并从建立世界经济新秩序、促进内源发展、保护环境等方面突破旧的发展观；(3)80 年代进一步从环境保护思想中引申出可持续发展的思想，从而确立了新的发展观；(4)进入 90 年代，可持续发展思想

---

① 吴鹏森：《战后世界发展观与发展战略的历史演变》，《南京师大学报(社会科学版)》1996 年第 2 期。王国良、李小云：《参与式扶贫培训教程》，中国财政经济出版社 2003 年版，第 2 页。

得到了国际社会的广泛认同，并开始进入量化指标探索和全面扩展的新时期。[①]

与此相对应，从传统发展观到新发展观的演变也大致经历了四个阶段：第一阶段到 20 世纪 50 年代，把发展理解为走向工业化社会或技术社会的过程，强调经济增长，并几乎把发展等同于经济增长；第二阶段到 20 世纪 70 年代初，随着工业化进程，人们将发展看做是经济增长和社会变革的统一，即伴随着经济结构、政治体制和文化法律变革的经济增长过程；第三阶段始于 1972 年联合国斯德哥尔摩会议通过《人类环境宣言》，认识上更加注重发展和自然环境的协调，提出并逐步丰富了可持续发展理论；第四阶段从 20 世纪 80 年代后期开始，人们将发展看做人的基本需求逐步得到满足、人的能力发展和人性自我实现的过程，广义的可持续发展观念在全球取得共识。

综合上述分析可以看出，从传统发展观到新发展观的演变，可以总结为以下五个方面的转变：(1)在要素评价上，从单纯强调有形资源和物质资本的作用，转向重视无形资源和人力资本的作用；(2)在发展道路上，从单纯地强调工业化的经济增长，转向强调经济与社会的协调发展；(3)在发展目标上，从单纯强调物质财富的积累，转向以人为中心，满足人的全面发展的需要；(4)在发展与自然的关系上，从一味地向自然索取的反自然倾向，转向与自然和谐共处的亲自然倾向；(5)在发展的方法论上，从一元化的简单的线性思维模式，转向多元化的复杂的非线性

① 刘立：《联合国经济发展战略分析》，http://business.sohu.com/66/07/article214840766.shtml.

思维模式。①

有的学者将新的发展概念概括为六个方面：(1)发展是变化，不仅包括由简单到复杂、由低级到高级的变化，也包含由完善到恶化、由稳定到动荡的变化；(2)发展是过程，强调的是根据变化不断地调整这一过程，而不是指向一个明确的目的；(3)发展是中性，强调客观发生的变化过程，未必指明向何种方向变化；(4)发展是互动，西方文化在各国文化交流中虽然有压倒性优势，但文明的传播也不是单向的，一个社会有自己的文化结构和历史传统，社会变迁与结构是不断互动的；(5)发展的核心动力来源于发展的主体而不是外界的干预；(6)发展的关键点是赋权，赋权是指人能支配自己的生活、制定自己的生活议程，获得技能，建立信心，解决问题，能够自立。②

总之，新发展观是基于实践的变化，运用复杂思维方式，通过对自然和人类社会这样一个复杂系统的发展、演化问题进行综合分析，进而形成对于发展的理性认识。其基本内涵可以归结为三个方面：一是发展应以人为本或者说为了人的普遍发展的需要；二是经济发展应与社会进步相协调；三是人类社会的发展应与自然界保持和谐。

首先，新发展观体现以人为本的思想。强调人是发展的出发点，通过人的发展来协调和沟通发展诸要素，最终使人自身获得更高层次、更全面的发展。同时，人类发展是扩大人民做出选择的过

① 科学发展观辅导学习报告：《科学发展观是发展中国特色社会主义必须坚持的战略思想》，www. wzmc. net/zzb/gbgz/NO. 2. ppt 2008－3－26.

② 王国良、李小云：《参与式扶贫培训教程》，中国财政经济出版社 2003 年版，第 10～11 页。

程，这种选择是无止境的，并随时间而变化。人类发展的选择性要求反映了两个方面的含义：一方面是个人能力的形成，如健康、知识和技能的改善；另一方面是人们对其所获得的才能的使用，即人的个性、创造性的发展。以人为本的发展起码应具备四个要素：(1)效率——必须使人们能够增加其生产率并充分参与产生效益和有报酬的就业过程；(2)公正——人们必须获得平等的机会，所有对经济和政治机会的壁垒必须被消除；(3)持续——必须不仅要保证这一代而且同样要保证人类未来能够获得发展的机会；(4)参与——人民必须普遍充分地参与形成他们生活的决策和实施过程。

其次，新发展观体现可持续发展的思想。强调发展既要满足当代人的需求，又不损害子孙后代满足其需求的能力。可持续发展是能够长期延续的发展，是人类社会发展的基本目标和基本任务。可持续发展思想认为，环境对经济发展具有推动和约束的双重作用。环境破坏是一个特殊的问题，它不像教育、医疗卫生、营养和预期寿命，可能随着经济发展而改善。环境对发展的约束是由于不合理的发展破坏了环境所致。合理地保护和改善环境能为发展提供物质基础，而合理的发展又为治理环境提供更多的资金和技术。可持续发展的核心思想是在经济发展的同时，注意保护资源和改善环境，使经济发展能持续进行下去。因此，根据可持续发展思想而制定的环境与发展政策主要目标包括：恢复增长，改变增长的质量，满足就业、粮食、能源、水和卫生的基本需要，保证人口的合理规模，保护和加强资源基础，重新调整技术和控制危险，把环境和经济融合在决策中等。

再次，新发展观体现社会进步的思想。把经济发展与社会进步看做一个统一的过程，强调通过发展创造一个保障人们享有平等、自由、教育、人权和免受暴力的良好的社会环境。按照这种思想，发展应是公平的，能够不断满足全体人民的基本需求，为全体人民提供追求美好生活的机会，把消除贫困作为发展的重要目标，实现公平的分配权和发展权。为了以发展促进社会进步，必须在经济增长的同时进行必要的社会变革，使社会的结构和制度环境不仅有利于发展的过程，促进效率的提高，而且有利于发展成果的共享，促进社会的公平和正义。[①] 从这种意义上讲，发展在人与社会的关系上应是人类逐步摆脱各种社会压抑、实现社会制度合理化的过程，在人与人的关系上应是建立充分合作的社会伦理规范、促进社会共同价值实现的过程。人类社会的进步最终将不是物质的持续进步，而更多的是一种文化的创新。

二、参与式或内源式发展的提出

围绕发展中国家如何选择制度模式，早在 20 世纪 60～70 年代就有过外源式和内源式的争论。最典型的是联合国第一个发展十年计划(1961～1970)，意在帮助第三世界国家实现社会和制度转型，从外部输入制度、文化、技术、思想方法、组织体制、行为方式等发展模式，结果无功而终。发展中国家总体经济状况不仅没有改善，反而趋于恶化。这个计划的失败，深刻教育了联合国的官员们，由此提出了“内源式”发展的新思路。

1961 年 12 月 19 日，联合国大会通过了关于发展问题的第一

① 吴长清、陈若松：《论科学发展观的基本特征》，《湖南社会科学》2005 年第 4 期。陈铁民：《当代西方发展理论演变趋势》，《厦门大学学报（哲社版）》1996 年第 4 期。

个决议——《联合国发展十年》。决议把缩小不平等状况、促进贫国与富国间的合作、改善所有人的生活作为国际社会的责任。在第一个发展十年里，联合国在援助发展中国家方面取了显著成绩。第一，它实施了为发展中国家提供粮食援助的世界粮食计划，该计划由联合国粮农组织承担。从 1963 年至 1971 年年底，该组织为 83 个国家的 500 项计划提供了 10 亿美元的粮食援助，使数以百万计的生灵不致沦为饿殍。第二，十年中联合国为发展中国家提供了 34 亿美元的援助基金。在联合国的努力下，发展中国家城市消费者的粮食供应得到了满足，一些村庄有了干净的自来水，一些地区建立了学校和医院，一部分儿童摆脱了饥饿和夭折。

尽管联合国做出了很大努力，但是，对众多发展中国家来说仍是杯水车薪，无济于事。有更多的人处在饥饿、疾病、文盲和非人的生活条件中。联合国意识到，第一个发展十年的思路表达了一种单纯追求经济增长率的发展观念，即发展就是促进发展中国家国民经济总量的增长，“只要经济增长率提高了，发达国家与发展中国家的贫富差距问题就解决了，贫富差距问题解决了，发展问题也就解决了”。但是，由于当时存在的不平等的国际经济秩序，不发达国家从结构上与资本主义积累的中心紧密地联系在一起，外援成为强化这种结构性束缚的工具。因此，随着发展中国家大批加入联合国，争取建立公正的国际经济秩序的呼声越来越高，推动着联合国调整自己的发展思路和目标，为迎接下一个发展十年的到来做好准备。

1970 年 10 月 24 日，联合国大会通过了《第二个联合国发展十年的国际发展战略》。其战略沿着第一个发展十年的思路，把增长看做发展，把国民生产总值的增加看做发展的一个重要标志，提出本十年把发展中国家国民经济增长率与第一个十年比提高 1 个百分点，而且规定了发达国家的官方援助数额。由于该战略进展很不顺利，在 77 国集团的推动下，联合国大会在 1974 年 4 月通过《关于建立新国际经济秩序的宣言》和《行动纲领》两个文件。宣言宣布，这种秩序将建立在公正、主权平等、互相依靠、共同合作的基础上，这种秩序将纠正一些不平等和非正义，并使发达国家与发展中国家间日益扩大的鸿沟有可能消除。《行动纲领》的内容包括对原料与初级产品、国际货币制度与发展资金、工业化、技术转让、自然资源永久主权等各方面的建议、要求和措施。这一年，大会还通过了《各国经济权利与义务宪章》，规定各国还有权对其自然资源充分行使永久的主权，有权对其管辖范围以内的外国投资加以管理，有权对外国财产实行国有化，各国还有结成初级商品生产者组织的权利。次年，联合国又通过了《发展和国际经济合作》的决议。自此，联合国不再把经济增长率作为发展的唯一标志，也不再把援助作为解决问题的唯一渠道。它开始修正以增长为中心的发展思路，从而把公正而非增长作为优先考虑的因素。

1986 年，联合国通过的《发展权利宣言》正式确认："发展权利是一项不可剥夺的人权，发展机会均等是国家和组成国家的个人权利。"这使过去仅关心国家、民族的发展扩大到了对个人发展的关心，使过去强调协调国际法对国家的尊重扩大到对个人权利的保护。以人为核心，使人人过上更好的生活，使人人能发挥其创造、表达和参与能力，就是"真正的发展"。

1990 年 12 月 21 日，联合国宣布《第四个发展十年的国际发展战略》，即可持续发展战略。在联合国实施了三个发展十年战略以后，贫国与富国之间的差距不但没有缩小，人类社会更面临着另一个严重失衡，即人类文明的进化和生态环境的不断恶化。环境恶化和发展中国家的贫困互相交织，促使国际社会越来越深刻地认识到，环境与发展问题互不可分。1992 年联合国环境与发展大会通过《关于环境与发展的里约宣言》和《21 世纪议程》，标志着可持续发展的全球战略的形成。它是一套全球性的、综合的、长期的关于人类现在与未来的发展思想与发展战略，涉及人类社会活动的各个方面和各个领域，贯穿于人类社会的经济体系、社会体系以及自然的生态环境体系。①

与联合国的行动和探索相照应，学术界也作了不少有益的探索。如美国经济学家舒尔茨 20 世纪 60 年代提出了人力资本理论，强调劳动力要素具有非同质性，素质低可能成为经济发展的负担，素质高则会成为经济发展的条件，认为在现代经济发展中，技术进步的作用日益增强。而在技术进步的条件下，人力资本的形成又发挥着极其重要的作用。从而突出了经济发展过程中人力资本开发的决定性作用，为新发展观的形成提供了重要的理论依据。

法国经济学家佩鲁于 20 世纪 70 年代发表的《新发展观》一书，可以称作为新发展观的奠基之作。他强调发展应该是整体的、综合的和内生的。所谓整体的，就是不仅要考虑人类整体的各个方面，而且要承认和兼顾各个方面的不一致性；所谓综合的，就是要把发展的各种方面和各种因素聚集在一起，形成相互联系紧密依存的结构；所谓内生的，就是强调一个国家的内部力量和资源及其合理的开发和利用。为了纠正传统发展观“见物不见人”的偏

① 刘立：《联合国经济发展战略分析》，http://business.sohu.com/66/07/article214840766.shtml.

向，佩鲁综合了“人的发展第一”和“基本需求战略”等观点；提出了发展应以人的价值、人的需要和人的潜力的发挥为中心，旨在满足人的基本需要，促进生活质量的提高和共同体每位成员的全面发展。按照这种发展观，对经济发展的最终检验，不是普通的物的指标，而是人的发展的程度，为此就必须实现经济与社会的协调发展。这种关注重心由客体移向主体，标志着发展观上的一个质的转变。

新发展观的重点是可持续发展观的提出。1962 年，美国生物学家莱切尔·卡逊发表了一部引起很大轰动的环境科普著作《寂静的春天》，在世界范围内引发了人类关于发展观念的争论。10 年后，两位著名美国学者巴巴拉·沃德和雷内·杜博斯的《只有一个地球》问世，把人类生存与环境的认识推向一个新境界。同年，罗马俱乐部发表了有名的研究报告《增长的极限》，明确提出“持续增长”和“合理的持久的均衡发展”的概念。人们由此更深刻地认识到，经济发展受到资源和环境的强烈制约，如果无节制地破坏下去，人类必然会丧失赖以生存的自然基础，最终使发展失去意义。

1987 年，以挪威首相布伦特兰为主席的联合国世界与环境发展委员会发表了一份报告《我们共同的未来》，正式提出可持续发展概念，并以此为主题对人类共同关心的环境与发展问题进行了全面论述，受到世界各国政府组织和舆论的极大重视，并在 1992 年联合国环境与发展大会上得到与会者的普遍共识，这也就标志着人类新的发展观的正式形成。

三、参与式或内源式发展的实质

参与式或内源式发展是为联合国所重视和鼓励的一种新发展

观。“内源”是引入生物学的一个概念：只有肌体内部的自身能量才能有效刺激细胞再生，进而实现肌体再生。内源式发展是指“在形式上，发展应该是从内部产生的；在目的上，发展应该是为人服务的”。“每个社会都应该根据本身的文化特征，根据本身的思想和行动结构，找出自己的发展类型和方式。有多少社会，就应有多少发展蓝图和发展模式。共同适用的统一发展模式是不存在的。”[①]“内源发展的首要含义是：尊重文化的同一性和各国人民享有自己文化的权利”，意味着“在经济上的考虑和把发展归结为数量上的增长长期居于统治地位以后，人类恢复了自身的中心地位，人类既是发展的动力，又是发展的目的”。内源式发展战略否定了西方发达国家发展道路和模式的唯一性，否定重物不重人的发展模式。[②] 由此可见，从本质上讲，内源式发展一是着眼于为人类服务的发展，就是说，其目标首先是满足人民的真正需求和愿望从而确保他们自身的充分发展；二是发展是由内部产生的，一个机构必须按照自身的结构发展，由此可见，一个社会只能按照自己的方式，才能获得真正的发展；三是发展必须是可持续的，必须协调好人与自然、人与社会、人与文化的相互关系，以确保自然、社会与文化的永续性。

内源式发展的核心是否定物质因素在发展观中的主导地位，强调以人为中心。由于发展是以人、人的能力和人的创造性为中心，因此社会—文化因素被认为既是发展的决定性因素，又是发展

---

① 陈铁民：《当代西方发展理论演变趋势》，《厦门大学学报（哲社版）》1996年第4期。

② 联合国教科文组织：《内源发展战略》，社会科学文献出版社1988年版，第2页。

的最终结果。联合国教科文组织给发展下定义为"发展就是转化成为文化的科学(技术、经济、环境等等,总之是人类的一切活动)"。实际上这就是"以人为中心的内源发展"。①

联合国教科文组织强调文化因素的重要性,明确地说"发展即文化,文化即发展"。发展的文化观是建立对以往发展观否定的基础之上的。

首先,是对民族中心主义的发展观的批评。民族中心主义的发展观,其"中心"是指西方发达国家的利益;落后的国家以工业发达国家为榜样,并且在这一学习的过程中逐渐简化途径——即把经济生产看得比其他一切价值都重要,简化成以经济发展为中心。这种狭隘的发展概念付诸实践后,造成边缘国家永远处于依附地位,造成第三世界国家的社会失调、经济混乱、政治不稳定、文化和人民贫困化。以加速工业化和普遍现代化为主要目标的"发展竞赛"所遵循的是机械片面的历史观和社会发展观,从本质上讲,是一种单向的"文化适应"机制,把工业化发达国家的文化模式输入发展中国家,即从中心输入边缘,而导致物质财富的回流,从而继续起到往昔的殖民化作用。②

其次,是对科学中心主义的发展观的批评。一般认为科学技术是中性的因素,同时可以推动整个社会的经济和社会发展。科学技术的强大,把人排斥在外,因此科学不再是和人融为一体,而是与人分离。可是,科学技术越来越多地受到社会支配,成为它所

---

① 联合国教科文组织:《内源发展战略》,社会科学文献出版社 1988 年版,第 1、3 页。

② 陈铁民:《当代西方发展理论演变趋势》,《厦门大学学报(哲社版)》1996 年第 4 期。

创造的社会基因的支柱。人们在把技术引进的同时，也在引进使这种技术能发挥作用所必需的社会心理因素和社会生产关系。因此对技术的选择就是对社会的选择。同时科学技术的应用也受到环境的制约，因此技术的概念应该以人与自然协调一致的原则为基础，而不再以人过分而又轻率地支配和剥削大自然为基础。“科学为简单的问题提供解决办法，而一旦涉及真正重大的问题时，文化是不可能被取代的。”[①]科学技术能够带来物质上的幸福，而文化通过同一性和归属感使社会维持团结、使人类保持精神平衡。文化提供的环境、结构和象征性的价值，使社会、经济交流和人交往得以进行并且具有意义。

其三，对把文化仅作为发展的一个方面提出了质疑，认为只提“发展的文化方面”，含义是不明确的，也是靠不住的：“这个概念使人以为，发展的进程首先是经济领域的一个进程，而文化只不过是作为中心的经济进程中的一个附加因素。”在强调“发展的文化方面”的重要性时，人们还经常采用一种简化的方法，宣传文化的美学方面，把文化简化为精神的东西，简化为艺术与文学。“为了给发展以某种文化方面”，制订计划的人往往致力于处理“所谓文化事业”的某些方面，如考古发掘、戏剧、舞蹈、民间传说保护等等。[②]

总之，过去的发展观是人为地把生活分割开来看待，在发展中经济、物质和技术等方面备受重视，而社会、人性、文化和精神等方面的价值虽然代表着人类在寻求真正的提高和解放时深切的期

---

① 联合国教科文组织：《内源发展战略》，社会科学文献出版社 1988 年版，第 17 页。

② H. 斯科林莫夫斯基：《文化的价值、科学和技术：超出了浮士德的交易》，《文化》第 VI 卷第 1 期。

望，但却从一开始就被忽视。由于经济的增长高于一切，所以社会和文化的发展就被置于物质膨胀的副产品的地位，而在全面和平衡的发展中，社会、文化和人性的发展应该是经济活动根本和最终的目标。

中国现代以来的发展观也经历了曲折的过程，从学习苏联老大哥到赶超英美，从“四个现代化”到以经济建设为中心，最终建立起以人为本，促进人与自然协调的发展的科学发展观。科学发展观的核心内容是“以人为本”，从根本上说就是要寻求人与自然、人与社会、人与人之间关系的总体性和谐发展，这与参与式或内源式发展观的核心是一致的，是指导民族地区和谐乡村建设的总原则。

那么，在中国民族地区和谐乡村建设实践中，如何才能体现出新的发展观，如何才能体现出以人为本呢？下面章节我们将借鉴联合国等组织的参与发展实践及中国台湾、孟加拉国等地的发展经验，同时结合近些年来中国内地乡村建设实际，以“文化农民”为核心，从生态、社会、文化建设三个方面来展开讨论这一问题。

第二节 他者视野：孟加拉国、中国台湾等地的乡村建设

注重对其他国家和地区所取得的经验和成就借鉴，无疑对时下中国内地乡村建设有着十分重要的意义。笔者分别于 2005 年 11 月和 2007 年 4 月，赴台湾地区和孟加拉国进行田野调查。选取这两个地方作为实证研究对象的理由主要是出于各自的典型性。孟加拉国的乡村发展虽然落后于中国内地，但其在消除乡村绝对贫困方面的经验值得借鉴；台湾地区乡村发展水平虽高，但其

在 20 世纪 90 年代所推进的社区营造运动，与今天内地新农村建设有着相同的背景。

孟加拉国的田野调查点在首都达卡附近的 SAVAR VILLAGE。村子有 6000 多人，近 3 平方英里，平均每家有 3 英亩地，主要农作物有水稻、黄麻和甘蔗等。当地人说 20 年前只靠种地就可以养活一家人了，现在农产品卖不上价钱，必须有人外出工作才行。因此，基本上每一家都有一个人在达卡工作，以养活在村里的家人。台湾地区的田野调查点是位于新竹市的北埔镇。该镇是个短期内聚落成庄、多姓混居的客家聚落，原住民为赛夏族（番民）。1835 年，一支名为“金广福”的粤、闽籍移民所组合的拓垦队伍前来此地，逐渐形成结构紧密的武装移垦聚落。经过 50 余年的争斗和垦殖，至 1886 年左右，北埔就跃升为大隘地区（新竹市所辖的宝山、峨嵋、北埔三乡）政治、经济、宗教的中心，成为仅次于新竹市的商业重镇。当初为了拓垦需要，广招佃户、佣工及隘丁。据光绪二十七年（1901 年）的土地申告书上载，北埔至少有 48 姓之多，其中彭姓为最大姓，陈姓次之，姜姓第三；此三姓氏户数合计占总户数的 1/4。从籍贯上来看，以惠州府陆丰县籍居第一，次为嘉应州、潮州及福建汀州等地，因此，北埔虽是多姓混居的聚落，但各移民群体之间却有着深厚的地缘和族缘关系，始终能保持传统的语言及风俗习惯，呈现出淳朴的客家风貌。[①]

一、孟加拉：消除发展的藩篱

第二次世界大战之后，在发展问题上，出于历史传统、性别社

---

① 《北埔志》，台湾北埔大隘文化社 2001 年版。

会分工、利益、发展理念等原因，一直就存在着贫富、性别和种族等歧视现象，尤其是像孟加拉这样的发展较为落后、文化上较为保守的国家，发展歧视情形更为严重。直到20世纪70年代以来，人们才在不断反思"发展"中，逐渐提出了一些为消除发展中不平等现象的理论和发展模式，譬如参与式发展、内源式发展等。

内源式或参与式发展等全员参与和赋权理论的提出，始于1970年勃斯鲁普《妇女在经济发展中的作用》一书，该书第一次从量化的角度分析了妇女在经济发展中的作用，为发展理论中融入社会性别的要素奠定了基本的理论框架。① 至1983年，Chambers提出了"put the last first"口号，从而把处于社会底层、边缘的穷人置于发展的第一位，强调实现上下层双方的权力倒置，赋权给贫困和边缘化的穷人。随后，到了20世纪90年代初期，以赋权、快速乡村评估、以人为本、文化优先等为核心的参与式发展理论，便被一些主要的援助机构如世界银行所采纳，并逐渐在世界范围内流行开来。②

不过，在实践中参与式发展理论有一个致命的缺陷就是改造援助对象，即过多地将外界的技术和知识输入当地。尽管相应的"赋权"等理念有个假设，认为农民拥有特定乡土知识和现代科学技能，有着自我发展能力，再好的乡村发展项目，都要多听听他们的意见或建议，但重心仍是倾听，而且是有限制的倾听。这从快速评估所采取的一些假设和做法就可看出：如农民是没有多少文化水平的，理解不了发展意图，必须用画图、数玉米或花生等方式才

---

① 李小云、林志斌：《性别与发展理论评述》，《社会学研究》1999年第5期。

② 杨小柳：《西方参与发展的理论和实践》，《广西民族大学学报(哲学社会科学版)》2006年第3期。

能理解。[①] 因而在消除发展歧视方面，参与式发展不是彻底的，事实上由于各种“利益相关群体”的存在，也不可能彻底，其实践结果就是弱者的声音难以真正起作用，[②]对于这一点，Chambers 也讲得很清楚：“人类社会‘上’和‘下’的权力等级是无法避免和消除的，让有权者放弃权力和财富的参与实践是非常困难和不可能的。因此在实践中，赋权和权力倒置只能是相对的，比较现实的做法是与其让有权者完全放弃权力，不如让他们通过成为参与机会的提供者、参与的召集人、推动者、咨询者和支持者，来获得许多满足感、声望及其他非物质的回报。”[③]

真正消除乡村发展歧视的是“孟加拉模式”。其为 2006 年诺贝尔和平奖获得者尤努斯所倡导，创建于 20 世纪 80 年代初。尤努斯认为，所有人都有一种与生俱来的能力即“生存技能”，穷人也是如此。因此应努力去最大限度地利用他们现有的技能，使他们得到贷款，从而得以立即实践他们已经掌握的技能如纺织、脱粒、养牛、拉人力车……[④]

尤努斯的发展理念源起于 1974 年孟加拉发生的那场大饥荒。他是这样描述当时情形的：“到处都是饥饿的人群，你不知道他们是死是活。所有的人，男人、妇女和孩子，都是一个模样，你看不出他们的年龄。老人看起来像是小孩，而小孩看上去则像老人。”残

---

① 周大鸣、秦红增：《参与发展：当代人类学对“他者”的关怀》，《民族研究》2003 年第 5 期。

② 李小云、林志斌：《性别与发展理论评述》，《社会学研究》1999 年第 5 期。

③ 叶敬忠：《发展干预中的权力滴流误区与农民组织》，《广西民族大学学报（哲学社会科学版）》2008 年第 1 期。

④ Muhammad Yunus, Alan Jolis, *Banker to the Poor*, Dhaka, The University Press Limited.

酷的现实促使尤努斯抛弃了漂亮的理论，转而向群众学习。于是他便利用在吉大港大学教书的便利，去学校附近一个名叫 Jobra 的村子进行田野调查。在调查中，尤努斯碰到一个名叫 Sufia Begum 的妇女正在编织竹凳，这个妇女因缺少 22 美分的本金而受中间商的盘剥。针对此，尤努斯便自己掏出 27 美元，分别借给 42 个赤贫的村妇。[①] 由此开展了无抵押小额贷款事业，并于 1983 年正式成立格莱珉银行。经过多年的艰苦努力和运营，定位于“穷人银行”的格莱珉银行，如今以保持了九年的盈利记录而成为兼顾公益与效率的标杆。依靠无抵押小额贷款，格莱珉银行 639 万个借款人中有 58%的借款人及其家庭已经成功脱离了贫困，同时尤努斯和他创立的小额信贷扶贫模式、开办的格莱珉银行也因之获得 2006 年度的诺贝尔和平奖。

个案 2-1：格莱珉项目及收益

在 Savar Village，村民一般将尤努斯的“小额信贷”称为格莱珉项目，以与其他发展项目相区别。他们说格莱珉项目是：先派负责人下到村里，成立一个项目委员会，村民要先入会，然后才能通过协会申请贷款。假如无法还贷的话，协会其他成员要共同承担责任。一般是两三年为贷款期限，贷款额度一般为 5000～50000TK（达卡，孟加拉国货币，100 达卡约等于 11 元人民币），年利息为 20%。村民们的贷款大多用于购买化肥及牛羊等家畜，也有用来做小生意的，通常是没有启动资金的农户才贷款。如村民蔡娜。她在村头开了个小卖

---

① Muhammad Yunus, Alan Jolis, *Banker to the Poor*, Dhaka, The University Press Limited.

部，用的就是格莱珉银行的贷款。她和老公因家庭问题已分居，还没有离婚。她贷了15000TK开了这个小卖部，期限为4年，每个星期都要还一次贷款，包括20%的利息。只要能够正常还贷26周后，就可以续贷，她准备续贷。目前村里共有72个成员，最多贷款可贷到30万TK，这要看家里的情况。另外，只有妇女才能贷款，男子不能贷。再如Abul Bashar Khan。老人家70多岁了，家里有10多口人，三个儿子、一个女儿都住在一起。大儿子和小儿子都在韩国工作。因为家里人参加协会的人多，村里的格莱珉中心就设在他家。他们的第一次贷款是以老伴的名义贷的，贷了5000TK，主要是买了个手机，村里人要打电话的话就收费，但现在已不做了，因为电话多了，普及了。且因家里有人在国外工作，经济条件好了，就不贷了，便把钱存到格莱珉银行。老人家还介绍说，现在贷款的用途宽了，教育、建房子都可以贷，其中教育贷款和利息为5%。

可以看出，孟加拉模式与参与式发展有所不同的是没有过多地强调发展干预，只是提供给农民（贫困妇女）运用其技能以谋生（脱离贫困）的资金，这不仅有效地缓解了孟加拉乡村的贫困，而且较为彻底地消除了发展中存在的贫富和性别歧视。其中，格莱珉银行虽为利益相关者一方，但并没有过度干涉农民的贷款用途，只是采取了相对的低息贷款，限制贷款对象、额度、用途，以及成立村级项目委员会等做法，从而保障其能够以一种商业上可持续的模式来消除贫困，因而与传统意义上的扶贫也是有所不同的。

二、中国台湾:立足乡村的社区营造运动

20世纪中叶,世界经济曾有个飞速发展期,台湾正是在这一时期实现工业化和城市化的。但在台湾的经济振兴过程中,北埔却未在开发之列,以致当地青壮年人口大量外流,经济、社会日显凋零。为了解决此类发展相对滞后的乡村社会,20世纪90年代台湾当局发起了"社区营造运动",意在为这类乡村社区另辟蹊径,重塑全新的社区发展方向,藉以摆脱没落的命运,创造出独具特色且更多彩多姿的生活内容。在此大背景之下,北埔步入了不同于工业化和城市化的另类发展道路,逐渐完成了自身的社会转型,演变为集乡土风情、客家文化于一体的知名旅游观光休闲乡村小镇。

概括起来,北埔社区营造的思路和做法为:一是以文化兴生计,即依靠当地特有的文化资产和自然景观,开发新的地方文化活动和产业,使乡村的初级产业直接转型为深具特色的、精致的第三级产业,也让当地成为更高级的生活和游憩的环境,以解决当地人的生活问题;二是以生计促乡情,即引导居民主动营造、珍惜自己的生活,并对所处的环境产生自信,进而建立起社区独特的文化色彩,以获得居民对社区的情感认同和诚心关爱。正如《北埔志》中所说的:"(社区营造)必须先提振兴生活,住民才能自立自信。其次要务是如何启发当地居民的社区情感,发展当地特有的文化风貌,使居民愿意认同并珍爱自己的社区。"北埔的新兴产业和文化活动主要有以下几类:

一是古迹旅游。北埔不同于一般平地自然演进而成的农垦聚落,而是在短时间内从无到有,以致聚众成庄的武装移民聚落。当

年粤闽垦民初来此地，外有原住民威胁，内有莽荒不测，因而便形成了避祸形态的生存布局。同时，为了使垦民富有团结性和向心力，其开垦、祭祀、宗族及家族等聚落的社群组织更为严密和系统，这些因素使得北埔的聚落格局很有特色。另外，由于20世纪中叶北埔发展的相对滞后，一些古迹幸运地得以完整保存下来。其中首推“慈天宫”。进垦北埔之初，垦民就将慈天宫勘定于聚落中央的“正位”，四周居民至此距离较为均等，住民可以四面八方迅速齐集庙前广场。而今慈天宫成为来北埔旅游的首选之地。位于慈天宫侧面的便是“金广福”公馆和“天水堂”民居。前者建于道光十四年(1834年)，为闽粤籍合作开垦、族群融合的标志，其中“金”代表官方，“广”代表客家，“福”代表闽南人，是当时北埔农垦区的行政中心和易物场所。后者建于道光十二年(1832年)，为三合院客家民宅，是北埔聚落内最大的古式建筑，目前仍有姜家子孙居住。另外还有姜阿新住宅、秀峦山、忠恕堂、姜氏家庙等都是北埔重要的古迹旅游点。

更值得一提的是，北埔的古迹旅游点不仅不收门票，而且当地文化部门每逢周末，还组织“认识古迹日”活动，全台湾各地的人只要想来就通过网络或电话报名，到北埔吃、住、行、参观费全免，还配有解说向导。这种做法既宣传了北埔，又能让客人把北埔的特产、文化带到台湾各地，从而有效地提高了北埔的知名度。

个案2-2：认识北埔古迹日

一、目标

1. 认识/感受地方文史、风貌；2. 亲子/友交谊：50人

二、时间：2005年11月12日(星期六)

三、地点：新竹县北埔乡

四、班主任：姜信淇校长，及谢惠琴小姐、简玉治小姐

五、当日行程与景点

08：00 文化局集合/出发；

08：20 窗外风光；

09：00 （一）北埔街上古迹行：金广福公馆—天水堂—姜阿新洋楼—慈天宫—聚落巷道—忠恕堂—秀峦山；

12：00 客家风味餐（北埔）；

13：00 （二）北埔/峨眉郊外行：北埔冷泉—南埔圳—百年水车—峨眉丹风官—茶工厂—隆盛官古物等；

17：00 北埔街头散步；

17：30 赋归。

联络人：舒诗伟“大隘社”总干事 (03)580—3238，314 新竹县北埔乡北埔街 39 号。

二是客家（当地）特产。北埔是台湾著名的客家聚居地，街道商铺林立，各式各样的富有地方性的客家小吃、名点、茶庄，如东方美人茶、柿饼、芋头饼、番薯饼、客家料、擂茶等特产种类繁多，物美价廉，深得游客喜爱。以擂茶为例，就有养生精力汤、养生绿茶、无糖绿茶、养生杏仁、元气红枣、山药薏仁、咖啡杏仁、养生汉方、咸味精力汤、咸擂茶等十个品种。这些土特产既是北埔人的生计所求，更是客家文化的物质表征。无论是茶，还是饼，抑或米粉，每一样都精致、小巧，恰到好处，绝不浪费。这让游客们既领略了北埔的田园风光和客家风情，又为北埔周边几个村子的农产品提供了销售渠道。

三是休闲农庄。在北埔一带，不时可见各式各样的茶园、果园、荷园、观光屋等农家休闲旅游的地方。20 世纪 60～80 年代，

当地人多半到城市打工,田地荒了,但到了90年代,他们回来起房子的时候,就把田地改为休闲中心。恰好台湾当地政府这时也号召农村转型,并建了一些硬件设施,如修路、建观景亭、茶庄等,北埔的休闲农庄就渐成规模。现在,观光农业成了当地农民的主要收来源之一。

个案2-3:小分林休闲民宿

从北埔街到小分林休闲民宿约15分钟的行程,不过由于是山区,路不好走,令人慰藉的是沿途田园风光无限,果园、稻田、花地、苗圃,在秋日温暖阳光的滋润下,散发出勃勃生机。休闲民宿整修得很漂亮,像个大花园。女主人李女士正在浇花,她有两个小孩,一男一女,丈夫在新竹市搞装修,平时只她一个人打理,忙时请工人帮。她还讲,休闲中心已办了三年,去年又办了个咖啡部。原来是接团体、学生,觉得太累了,就改接散客。中心用地约100来亩,是祖传下来的,装修是老公做的,所以也没花多少钱。

秦:你们这里的休闲中心很多。

李:现在这个在台湾变成了趋势,北埔还好,南埔就更加多,一路都是。

秦:周末来你这里的人多吗?都是哪里来的客人?

李:我这里只有四个房间,价位从1000新台币到1400新台币不等,包早餐。平时只有些学生做研究。客人台湾各地都有,台北、台南、高雄,所以我们也交得很多朋友,有的都来过四五次了,都是开车来,全家来。晚上我会跟客人们聊天,讲我们本地的风土人情,泡"东方美人"茶(又称澎沨茶,北埔当地名茶,在英国皇室称为东方美人茶)给他们喝,真的像老朋友一样。

秦：除经营中心外，还种些什么？

李：还有柿子、桑椹。每年四五月份采桑椹，正好是我们这里的萤火虫季节，可以办些节目吸引人来。

秦：以前你们这里的人种些什么？

李：种稻谷，后来有人到城市打工，田地废了，荒了。到了20世纪90年代，他们回来起房子的时候，就把田地改为休闲中心，政府当时也号召农村转型，就转过来了。台湾南部务农的多，因为是平原，适合耕作。

秦：社区营造政府给钱了吗？

李：较少。我们这里都是私人投资的多，有的地方有政府资助。不过看什么项目，如文化遗产保护、街道整修，就给了钱。

秦：平时种果树、蔬菜有技术指导吗？

李：有农会的人来指导，他们辅导种，也会收，帮忙推销。农会算是政府单位。

另外，还应值得一提的是，在社区认同层面，北埔经过十多年来的不懈努力，已组建起了一些民间文化团体，在充分挖掘、营造地方特色文化的同时，还带动、培养出一批关心社区发展、投身社区事务的当地人。

以北埔"大隘文化生活圈协进社"为例。20世纪90年代初，在营造乡村社区的大背景下，一些学者便走出城市和书斋，深入到乡村实际生活中来探索重建路径，曾获得美国芝加哥大学社会学博士学位、曾在台湾中原大学任教的舒诗伟先生便是其中一员。他来到北埔后，慢慢融入当地人的生活圈，并在1997年成立了"大隘文化生活圈协进社”。其宗旨是“生活品质与精神生活的提升、客家文化的传承与更新、地方生态与地方产业的维护与发展、青少年与成人教育的开展”。该社现拥有九名常设成员和多名义工，自成立以来，通过创办刊物、文化辅导班、培训班、研讨会等形式，广泛吸纳了北埔当地群众，在社区营造方面做了不少有益的事情，促进了当地人对社区的认同感，他们的工作主要有：一是重现北埔的人文生态，如北埔下街美化活动。二是保护北埔的自然生态，如成立了由 50 多名北埔和峨眉地区居民组成的“大隘社大坪溪护溪队”，除了办说明会、放映幻灯片外，护溪队在大坪溪沿岸设立告示牌，希望当地和外地的游客，不要在大坪溪毒鱼、电鱼、网鱼。此外，他们还不定期溯溪、清溪、巡溪。三是创办《青芽儿》地方性刊物，每月定期出版，内容以反映北埔风土人情和乡村事务为主。四是举办各式各样的文化讲习班，如以生态环境为主的儿童课辅班、大人及小孩的书法班、山歌班、文史班等。五是举办乡村研讨会，如 2005 年“农村打嘴鼓”座谈系列就开展了四场，主题分别为在地店家开新局、台湾农地的前景、外地嫁来的媳妇、台湾永续农村年度趋势等。

在笔者看来，北埔在短短的十多年内，从凋敝、衰退的状态转变为一个兴旺、富庶的知名旅游观光乡村社区，其中的原因除了优美的自然风光、富饶的物产和深厚的客家文化底蕴外，最为关键的还在于北埔客家人所具有的内在精神。比如创新精神，这从北埔种类繁多的土特产中可见一斑。如天慈宫前侧有个擂茶摊。摊主姓姜，边做生意，边向游客介绍北埔的村庄史。他说，他卖擂茶有六七个年头了，每天能赚 2000 多新台币。他的擂茶有 20 多种配料，都是自己配的，配了一年才配好，标准是顾客喝着满意为止。现在用的擂茶的原料都是买来的，自己种不了那么多。再如姓曾的摊主，约摸 30 多岁，2000～2002 年曾去广东惠阳开过工厂，与弟弟共同投资了一家玻璃厂，后来由于两人的经营理念不同，他又回来重操旧业。他说，干这行已 16 年了，他的好多产品，如番瓜籽、首乌养生酥糖、花生酥、番瓜籽酥、芝麻松仁酥等，在北埔都是独一无二的，都是自己摸索出来的，他就是自己要想、干一些前人没人想过干过的事情。

再者就是强烈的本土意识。爱护乡土、传承客家文化现在北埔可说是蔚然成风，这从前文的论述中就可得知。再如北埔街头的许多小商小贩，都是一边兜售东西、干活，一边向游客热情地讲解着北埔的客家文化。问及原因，他们说北埔之所以出名，就是台湾其他地方发展太快了，北埔慢慢就把文化保留下来了。客人来，重要的不是买卖，而是要交流，如果你不懂得本地的知识，就丢脸了。而且有些知识也要讲给客人听，如泡擂茶时，不能用太热的水，因为擂茶是生茶，太热了就熟了，不好喝，如此等等。另外，还有团队精神、环境保护意识等，都在北埔的社区营造中起到了不可或缺的功用。

三、对中国内地乡村建设的启示

先讲孟加拉模式。格莱珉银行的成功有以下几点启发：一是消除发展歧视，实现农户间的平等和乡村社会的和谐发展，即消除性别歧视，注重对妇女的扶持，让她们进入到生产第一线，以摆脱贫困；消除贫富歧视，相信穷人诚实、讲信用，贷款给穷人，以满足他们基本的生产所需；二是将农民组织起来，如成立项目协会等，让农民自己约束、管理自己，这样不仅保证了还贷率，还增强了那些贫穷农户和妇女的力量，以使得他们在发展中更能表现出自己的声音；三是充分相信农户自我发展能力，这一点最为重要，如果没有这一前提，就会出现过多的“扰民”现象，再好的发展项目也会流于形式。

当然，话又说回来，这并不等于说在提升农民的发展能力方面无所作为，事实上，尤努斯倡导的孟加拉模式，对于处在贫困边缘的人群是非常适用的，但对于谋求进一步发展的农户来讲，则不应照搬照抄。目前中国内地的乡村建设被称作是“新农村建设”，所谓新就在于不同于传统，在于新的耕作技术、新的社会保障制度、新的乡村风俗等，这都要靠政府的扶持和帮助。不过，在这一乡村发展干预中，政府应充分信任农民，依靠良好的市场体系和应有的社会公平原则，而不是长官意志来实施乡村发展。

再来看台湾。从北埔的例子可以看出，乡村建设无非两条思路：一是生计，二是文化，两者相辅相成。生计是建立在文化基础上的生计，文化应是活动着的文化，而不应是某种负重或负担，在传承过程中要让当代人有所受益才算作是真正的文化，这一点对于时下中国内地非常重要。

此外，在生计与文化的背后，更重要的还在于人，像北埔，在多年的乡村营造中，就涌现出一批这样的乡村精英，他们都致力于本地文化建设，尽可能地研究、挖掘、复制客家文化的精神底蕴。更为可贵的是，普通民众、街头小贩，都将生计与文化有机结合，这就能有效地防止外来文化的全面入侵与颠覆，从而给本地以祥和与文化上的安宁。这一点也类似于笔者提出的乡村建设重在于培养“文化农民”的观点。[①]

总而言之，中国内地的乡村建设正处在关键阶段，乡村何去何从是全社会关注的焦点问题之一。他者的经验启示我们，乡村建设的根本在于立足于乡村自身内在的因素：清新的空气，优美的自然环境，绿色食品，各式各样的土特产，独特的民俗，朴实的民风，深厚的文化底蕴……这样的乡村才是独一无二的，才能有东西与城市进行交换和互动，也才有希望建设好。广大的乡村持续发展了，中国文化就永远有自己的根。

第三节　本土反思：文化农民与和谐乡村建设

自20世纪20年代农村问题在中国突显以来，政府和社会各界便不断地探求、设计乡村发展的路径和方案。[②] 如从教育农民入手的民国乡村建设派、主张改变乡村社会制度的“革命派”等，近些年所倡导和实践的农村土地承包经营、乡村工业、小城镇建设、村民自治、乡村都市化、内源式发展、参与式发展等。因此，有必要对中国乡村近百年来的发展史加以反思，以探求合理的和谐乡村建设路子。

---

① 秦红增：《乡村新网络专家：文化农民》，《广西民族学院学报(哲学社会科学版)》2004年第6期。

② [美]马若孟著、史建云译：《中国农民经济》，江苏人民出版社1999年版，第13～25页。

一、乡村建设新思维:农民再造乡村

总体来说,中国乡村近百年来的发展历经了一个从再造农民到农民再造乡村的转型过程。前者是从改造农民入手,通过塑造“理想农民”来建立理想的乡村生活或乡村制度,后者是通过农民自己来发展乡村,尊重农民的意愿,激发农民的主动性和创新意识,更有效地促进乡村可持续发展。

首先,我们来看通过再造农民来进行乡村建设的主张和实践。这主要可分为民国乡村建设派和“革命派”(指从新民主主义革命时期至“文化大革命”结束这段时期内中国共产党领导下的乡村发展运动)。民国乡村建设派指在20世纪30年代初兴起的乡村改良运动,其派别和人员构成虽然复杂,但都非常重视对农民的教育,都从各自所设定的乡村建设理想出发,把农民当成改造的对象,再造、培养理想型的农民。如以梁漱溟为代表的山东邹平乡村发展研究院“旧派”认为,中国农村的崩溃,是由于固有的礼教精华的衰退。所以就需对农民进行教育,启发农民的智慧,培养农民的“乐生之心,进取之念”以形成农民自觉。再如以河北定县为乡村改良实验基地的“新派”代表晏阳初认为,中国乡村的基本问题是愚、穷、弱、私,只有进行“四大教育”即文艺教育、生计教育、卫生教育和公民教育才可振兴乡村,完成“民族再造”的使命。[①]

主张通过再造农民来进行乡村建设,而且在实践上做了大规模的尝试、探索的应属“革命派”。实际上,乡村建设派无论“旧派”

---

① 郑大华:《民国乡村建设运动》,社会科学文献出版社2000年版,第141～145页。

和“新派”，当时均受到来自马克思主义学者的激烈批判。“尽管许多从事乡村改良工作的人员抛弃都市的享乐，而到农村去做那些艰苦的工作，精神是可钦佩，主观上是为了拯救中国农村的崩溃（当然也有把乡村工作当作进身之路的），但客观上起到开倒车的作用”，因为中国农村所需要的是推翻帝国主义的侵略和铲除封建残余势力的统治。[①] 中国现代史的发展及1949年新中国的成立，证明了“革命派”关于乡村发展方案的正确性。抗日战争爆发后，乡村建设派受到挫折，不了了之；而“革命派”则在土地制度、政权建设等方面初步实现了其乡村社会的理想。但是20世纪50年代的中国农村仍面临着如何进一步发展的问题。由于当时主导性思潮是农村只有走集体化的道路，在中国才能完成社会主义改造，才能真正建立社会主义制度，农村也才能有个好的发展。因此，农村的发展变成了如何进行农村社会主义教育运动，改造农民，并把其引入到集体化的道路上的问题。

如1957年下半年通过“大鸣、大放、大辩论”方式，进行了一场全国规模的农村社会主义教育运动，批判了农民“走资本主义道路”的想法，制止了闹社、退社风。1961年11月，中共中央又一次做出在农村进行社会主义教育的决定，其目的在于增强广大农村干部群众克服困难的信心，巩固人民公社。再如60年代中期进行的清政治、清经济、清思想、清组织的“四清”社会主义教育运动等。“文化大革命”期间，中央又提出了“农业学大寨”的口号，号召全国农村学习。其核心仍然是抓紧阶级斗争这个纲，对农民进行社会

---

① 李培林：《中国学术界30～40年代对乡村工业化道路的探索》，http://www.sociology.cass.cn/shxs/xpxz/t20030915_1042.htm.

主义教育，使农民去除思想中的私心杂念，坚定不移地走社会主义道路。①

有学者从教育学角度对 20 世纪 20 至 70 年代的农村教育观进行了反思，认为其发动者、组织者都从不同的角度把农村教育作为某种“工具”去充分运作，只偏重教育的社会功能（如政治功能、经济功能等），忽略了教育的本体功能。因此在这样的教育下，农民很难主动获得求生存、求发展所需要的知识技能、健全人格与创造能力，其局限性随着时间的推移渐渐显露出来。②

改革开放以来，政府或非政府组织在乡村建设方面付出了巨大的努力，也取得了良好的成效，在乡村建设的思路上也有了新的突破，即由传统的再造农民变为农民再造，充分发挥农民在建设乡村方面的积极性、主动性和创造力。这种变化主要体现在由起初的对农民自发创造性的肯定，如对 1979 年安徽省凤阳县梨园公社小岗生产队 20 户农民秘密进行的包产到户，及 1980 年广西宜山（今宜州）三岔公社合寨大队（今属屏南乡）果地村村民成立村民委员会的肯定和在全国范围的推广，进而上升为引入并实践乡村发展的新理念上。

相当一部分学者将“内源式发展”看做是乡村发展的理想模式。“任何发展干预都是外在的，对农村社区只能起到辅助作用，要想实现农村社区的真正可持续发展，其动力只能是来自社区内部，来自社区的人口——农民。看一看中国现有的农村发展典型，无一不是通过社区人口的内生能动性而实现的内源式发展。农村

① 罗平汉：《农村人民公社史》，福建人民出版社 2003 年版。

② 陈敬朴：《彻底的教育改革将是农村的二次革命》，《国家教育行政学院学报》2004 年第 3 期。

发展干预期望实现的就是农村社区的变化，一种正的变化，这种变化只能由社区人口来体现与实现。”①

内源式发展理论认为，当社会变迁由一个社会内部的发明创造引发时，就属于内发发展；由外部的传播引发时，则属于外发发展。就中国乡村发展而言，内源式发展即是农民再造乡村的过程，其原因有：一是内发发展首先是精神价值得以实现的过程，只有使民意得到充分反映，发挥村民的主体性，才能依靠自身力量，找到经济、社会发展的目标以及实现途径。其次，从村落与外部环境的相互关系看，内发发展意味着从地区的文化传统出发，适应固有的自然生态环境，自立地发展。自立性是内发发展的突出特征，这种发展将创造出地区经济自我循环机制，建立起可持续发展的经济与经济基础。②

再如 20 世纪 70 年代以来在发展中国家的农村发展实践中逐步形成的参与式发展理论，将发展看做是一个自下而上的“赋权”过程，不仅重视当地人的参与，强调向当地人学习，而且创立了一整套行之有效的工具来增加社区和穷人与妇女即弱势群体在发展活动中的发言权和决策权，从而尽可能地扩大当地人在发展中的参与性、主动性和创造力。十多年来，世界银行、联合国开发计划署等组织在我国所资助的农业项目、林业项目、环保项目、社区综合发展项目等也取得了较好的成效。眼下，参与式发展项目的领域正逐步扩大，从农业、林业发展到农村能源、卫生保健、妇女、供

---

① 叶敬忠：《创造变化的空间——农民发展创新的原动力研究》，《中国农村观察》2004 年第 4 期。

② 李国庆：《中国村落类型分析视角》，http://www.chinasociology.com/xsdt/y_08_020.htm.

水、教育等领域，从纯粹的自然保护拓展到生产和保护相结合，从单目标扩展到综合发展，从农村发展项目向小城镇发展项目扩展，[①]从而为农民再造乡村提供了良好的外部机制。

乡村建设在于再造农民还是农民再造，这里面实质上包含着对农民角色的定位问题。当把农民定位为落后、保守的话，那么农民只能处在被改造的地位；反之，当把农民定位在拥有特定乡土知识和现代技能，有着自我发展能力的话，农民自然就成为乡村的再造者。对于后者目前学术界还没有统一的称谓，如精英农民、创新农民、现代农民、“先锋”农民(vanguard farmers)等，笔者将其称为“文化农民”，意在从文化自觉层面对农民这一长时期被当做“改造对象”的肯定。

二、再造乡村的农民角色定位：“文化农民”

之所以要从文化自觉上对农民加以肯定，一是基于学理上的考察，二是因为农民在乡村发展中表现出了文化的自觉性。

从学理上来讲有以下几个方面：一是“文化农民”体现了人类学的“主位”研究(emic approach)原则。笔者在田野调查中发现，当地人在谈到村里的某人之所以是个“人物”时，便讲这个人是个有文化、有知识的人，而那些没有本事、不是“人物”的人则没有文化，没有知识。在当地人的称谓基础上，笔者便提出了“文化农民”这一概念。二是与文化相对论相照应。文化相对论强调任何一种文化在价值上的平等性，笔者使用“文化农民”而不用乡村精英的

---

① 李小云：《参与式发展概论：理论·方法·工具》，中国农业大学出版社2000年版。

用意也在这里。因为过分强调精英与大众的区别，难免有中心论之流弊。三是在实践层面，“文化农民”是对每个乡村人在乡村发展中所起作用的充分肯定，旨在发现并认同乡村发展的主导力量，而非少数精英。实际上，目前在中国乡村社会中所推行的一系列改革，如农业产业化、村民自治、文明社区建设，需要的是每个农民的自觉。我们可以通过培植乡村精英来带动，但只有每个农民都转变过来，才可实现这些目标。若不然，精英阶层就会成为乡村社会的实际操纵者，所形成的精英特权反过来会危及乡村社会的民主和发展进程。

农民在乡村建设中的文化自觉性主要表现在农民能够将发展干预与自身的条件有机结合，无论是接受现代科技知识和技能，还是参与项目、外出打工，都有着自己的决断力或创新性。

以笔者 2002 年参加中山大学中国族群研究中心主持的“广西右江航运建设那吉航运枢纽工程项目对减轻项目影响区贫困的社会评估”为例。① 在评估过程中，项目区的村民大多能够谈出自己认为的项目给当地发展带来的有利和不利的方面，并能够谈出自己的利用计划和对不利影响的克服手段。

个案 2-4：田阳县那坡镇那茈村的张某

在建那吉电站这个项目上，我认为好处远远大于不利影响，好处是以后用电会更方便，而且价钱也会降低；而且由于工程就在那吉屯，那吉的交通差的情况势必会改变；由于工程的缘故，人必定会多起来，这样就创造了一个做生意的空间。

① 中山大学中国族群研究中心：《广西右江航运建设那吉航运枢纽工程项目对减轻项目影响区贫困的社会评估报告》，2002 年。

除了开石料厂，我还有两个想法，一是搞酿酒养猪，我现在已经掌握了这项技术，但这个投资要一万多元，我现在没有资金，若项目近期就能上马，那么我希望政府能够一次性赔偿，所得到的赔偿就能够给我提供资金搞酿酒养猪了。我还有一个想法是电站建好后，叫我二姐回来合伙卖熟料。我二姐现在在田州卖烧鸭，但是没有房子，是租房子做的，每个月都要交一笔租金，县城现在很多人都懂做烧鸭，已经不赚钱了。如果那吉开工，我就可以喊我二姐回来，她有技术，我有房子，而且没人做，肯定好做。

在土地被征用后，获得的赔偿不能仅仅想到盖房子，而应该将目光放远些，因为房子是死的，赚不了什么钱。在得到赔偿后，应该自己想办法利用这笔钱去投资，去赚钱，给小孩读书或是给他们存一些钱，供他们以后做生意用。

个案2-5：田阳县那坡镇退伍军人卢某

我想知道政府到底要征多少地，拆迁多少房屋，我很早就知道这个项目了，也关心这个问题很久了，但直到现在我也不懂具体的征地和赔偿政策。只要赔偿合理，而且钱一分不少地到村民手中，这个项目的好处就大于坏处。主要的好处是我们的路被淹了一部分，政府应该给我们修一条好路，路修好了，村里种的芒果、冬菜等运出去就方便多了，而且用电和灌溉也会更方便。

我们的赔偿款一旦到手，我有一个打算，我想利用我在海南当兵时的所见所闻，利用我们村处于库区的优势位置，投资开发旅游业，建水上乐园。这个投资我估算了一下，可能要200万元，银行是不可能给我这么多贷款的，我也是不想向银行贷款，我想通过村民自愿集资的方式来筹集资金，项目的赔偿金就是一笔很好的资金来源。如果这个方案不能实现，我就打算先发展我家的经济，我打算利用项目的赔偿金发展特色种植，然后再发展第三产业。现在，我正在通过电视、杂志来寻找合适的作物和种植技术，目前我比较看好扁桃树的种植。

个案 2－6：田阳县那坡镇的鄂某

我们这里的农民的收入主要靠水稻制种和种冬菜，像我家，5 亩水田一年的纯收入就有六七千元，如果碰上当年种的冬菜能卖个好价钱，收入还不止这个数。但电站一旦建好，我们的田地就被淹了，也不知道要赔偿多少，后代没有田种了，农村人就是靠田地吃饭，没有了田地就什么都没有了。国家要搞这个项目，肯定是有好处的，我们也没有办法，如果田地被占完了，我就到市场上摆个小摊，从别的地方贩菜来卖给工人，或者在家里发展养殖业，养猪、鸡等。赔偿款我就存起来给儿女用，我最大的愿望是电站招工时优先照顾我们的子女。

正是在充分向农民学习的基础上，评估小组提出了注重地方性生产知识和技能的运用，在项目建成后要让他们能够打鱼、种地、卖菜、做生意；让村民用好补偿金，如发展多种经营、学会做生意、有长远安排等，防止补偿金花完后生活水平下降且危及下一代的生存等为世界银行和地方政府官员所肯定的切实可行的建议。

因此，“文化农民”不只是能概括出近些年来农民在生产、生活方式及观念等方面的变革，更重要的是对农民这一长时期被当做“改造对象”的肯定。而且只有这种肯定才可充分激发、调动农民的创造性，中国农村才能真正步入可持续发展的路子，也才能真正给予农民以“国民待遇”。

三、催生文化农民是民族地区和谐乡村建设的关键

中国的乡村建设历经了一个从改造农民到肯定农民，再到激发、鼓励农民发挥其主动性、创造性来建设乡村的过程。正如学者们所认识到的，农民才是乡村建设的主体，再好的发展干预也只是外因，必须通过农民才能起作用。因此，民族地区和谐乡村建设成功与否的关键在于以下两个方面：

一是给农民充分表达自己意见、建议或展现创造性的机会。这就要求在对乡村所实施的发展干预中，不管是通过制度、体制的变革，还是借助扶贫或发展项目，都要向农民"赋权"，多听听他们的意见或建议，看看农民到底需要什么，想经营哪些产业，而不是强行"嵌入"，这方面境外许多政府或非政府组织已积累了相当丰富的经验。学习、运用这些经验可以有效地克服乡村发展中脱离农民实际、劳而无功或半途而废等不良现象，使农民能够真正从中得到受益。

二是要相信农民有能力来表达自己的意见或建议，有资本、有能力借助发展干预来谋求发展，建设乡村。也就是说，向农民"赋权"，给农民以权力，但是，农民必须真正能够行使这些权力。尽管参与式发展创立了许多工具如排序、做游戏、建立问题树、画图等，但这一点对于边远地区的农民来说仍非易事。笔者曾于 2003 年 4 月赴广西东兰县进行世界银行一期扶贫项目效果的社会评估工作。在调查中就遇到这样的情况，其中一个弄（相当于自然村）共 40 多口人，由于长期闭塞的缘故，当谈及扶贫效果和今后的打算时，村里面除了一位妇女（行政村干部）能讲得出一些外，其余的农

户都说好好，跟着村干部走就行。当然我们在此并非说是跟村干部走就不对，但农户的确没有什么想法。在其他一些地方做调查或项目评估时，也常常碰到类似的情况。

这表明，目前许多乡村社会仍有着较强的异质性。农民在富裕程度、社区事务中的作用、拥有的科技知识和技能、创新水平、社会网络等方面有着较为明显的差异。这种异质性使得相当部分的农民无法充分参与到再造乡村的过程当中。因此，要切实保证农民在乡村发展的各个方面有能力参与，除了制度或机制上得到保障外，农民自身的素质还要进一步提高。可见，乡村建设的关键还在于人的建设，这似乎与“农民自觉”有些相仿。但这与再造农民有质的区别，它不是为了实现某一既定的乡村社会理想目标，而是使农民更好地参与乡村建设，走自己的发展路子，是农民再造乡村的体现。

第三章　文化农民的群体特征与生成机制

第一节　文化农民的群体特征：素养、知识与技能

和谐乡村建设与农民角色的转换是互为统一的。自20世纪80年代以来，农村土地承包、村民自治等制度的推行，市场经济体制的建立，城市化浪潮以及各类政府或非政府组织在农村组织、实施的一系列乡村发展干预项目，不仅有效地改变了乡村的生存与发展环境，而且激活了农民的自主发展意识和能力，实现了农民角色的现代转换。对此，学术界以及乡村发展项目的参与者都做了分门别类的探讨，如从村民自治角度对乡村精英人物的研究，从农民工流动角度对现代农民的研究，从项目参与角度对创新农民的研究，从科技下乡角度对技术农民的研究等。但由于在农民角色的变化上缺乏统一认识，以致难有个系统的分析。

不过，当我们把农民角色的变化定位在“文化农民”上时，问题似乎迎刃而解。如同前文所述，“文化农民”不仅从学理上对农民进行了重新定位和肯定，而且更能够恰如其分地概括出时下中国农民的特征——有经济头脑、勤劳、善于学习、有判断力、接受新生事物

的能力强，等等。他们拥有自我发展的素养和乡土知识，拥有对现代农业科技和市场经营知识的高度敏感性及习得能力，能够将发展干预与自我发展有机整合。正是基于这些合于时代发展方向的素养、知识与技能，中国的农民才能在新的和谐乡村建设中扮演着主体角色。下面我们将借助个案，从群体和个体两方面来详细描述。

一、群体特征

1. 有经济头脑，会计划

桂村农用资料店的黄老板说：

农民要有文化，文化高了，有一定的经济头脑，会计划，地种得也会好。因为种地要文化，不能盲目投资，该种什么不该种什么，地里该喷哪样药、该施哪些肥都有学问，不能乱来。要不然，花的就是冤枉钱，白下力气。

2. 脑子活，会变通

桂村承包鱼塘的黄老板说：

农民如果没有文化的话，就只能东问问西问问，死记硬背，变一点就不懂了。文化除文凭外，主要指变通性，要从实践中参与，得出经验，善于钻研科研，分析市场。比如去年我说，鱼、猪都会涨价，今年果然如此。

3. 知识面广，思维能力宽

桂村最先嫁接荔枝的邓老板说：

有文化的人，知识面广，思维能力强，一个文盲不会想到农业新科技方面，根本想不出来，只会下死力气。

4. 有技术

在农村，技术可以与文化画等号，有技术的人即是“有文化的人”——社会网络专家、精英人物、经济强人、威信高的人……如桂村建筑队的邓老板，虽然他没什么文化，但在交谈中，却反复强调了几遍，他能看懂设计图纸，掌握了泥工、木工、装修工等建筑上的各种技术。还有猪贩子邓老板讲到，他之所能建立起今天生猪的销售网络，起始是因为自己会杀猪，人家才找上门来。

5. 理解、接受新事物、新科技的能力强

这一点如桂村黄主任所讲的，“文化程度高了后，理解政策、法律的水平就高，工作能力就强。”建筑队邓老板说的，“有文化的人，学什么都快。”其他人也说：

有文化的人，接受能力比较高，接受新科技的水平高。因为他们毕竟有头脑，知道接受了对自己有好处。

6. 勤劳

桂村承包鱼塘的黄老板就说：

有文化的人一般是勤快人，只有勤快了，才想做这做那，发家致富，才能多学科技。现在社会上有几种人，有些人是吃饱了就行了，懒得做了；有些人的钱永远赚不够。像我这样的人，扑克不会打，码(即划拳行酒令)不会猜，但会养鱼养猪，闲下来就觉得难受、心慌。

桂村农用资料店黄老板也说：

村子里有那么一些人，文化素质很低，整天游手好闲，好吃懒做，该做的都不做，爱打台球，好赌博，日子过得不成样子，碰到这类人，我有钱也不借给他们，也不赊账给他们。

7. 有判断力，不上当受骗

在谈起桂村一些村民受推销猪饲料骗子的当这件事时，村里黄主任说：

购买猪饲料受骗，政府虽应负主要责任，但农户也有责任。受骗的家户多半没有文化，没有自己的判断力，太相信人家了，喂了每天长2斤，可能吗？我就不相信，劝也劝不住。而且有些农户，明知受骗了，还是对此深信不疑，没办法，所以，今后要提高农户的文化水平。

个体表现（个案3－1）：拥有高中文凭的村主任

桂村黄主任是个30出头的年轻人，是去年才当选村主任的，此前曾当过村文书、村委副主任。从桂村道路建设、村委制定的各类村级发展规划及与村民的交谈中，就可感觉出，黄主任很有头脑，接受新事物的能力强，有股子闯劲，乡性也好。令黄主任自豪的政绩有：一是他家住的那个屯在从旧屯搬出建新宅时，他发动20多户人家捐献石渣、水泥，把屯里的纵横道全部硬化，如今这个屯已被列为南宁市市级"生态文明小区"建设之列；二是他所联系的几家收入低的农户，经济条件都有好转，人均收入达到2500～3800元；三是发动家家户户建了沼气池；四是整治了村小学校园环境，据说前几年，桂村小学有些老师因为打台球和村里的小青年发生口角，那些小青年晚上就拿石块往校园里砸，甚至上门恐吓，还有些家长因为老师训了自己的小孩，就到学校找麻烦。黄主任把这些事给摆平了，近两年来再也没有来学校滋事的了。

当问及他之所以能当选村主任、能有政绩的原因时，黄主任除了讲些责任心强、个人修养好之类的话外，特别强调了自己的文化程度高、工作能力强。他说：

我是高中毕业生，在村里算是文化水平高的。文化程度高了后，理解政策、法律的水平就高，工作能力就强。如在处理纠纷上，能以国家的法律为依据，取得人家的信服。讲话有了分量后，组织能力自然就强。

不过，黄主任还谦虚地说：

我还觉得文化不够用，如应对社会出现的新情况、新问题还不太行，对国家的政策、法律有些还吃不透，普通话还讲得不够好，交往能力还有待提高。

个体表现(个案 3－2)：初中毕业、做过两年民办教师的鱼塘黄老板

桂村黄老板自称是桂村周围最好的养鱼专家，承包的1000多亩鱼塘里养有大头鱼、白鲢鱼、鳞鱼、草鱼等多种鱼类。放鱼苗时，各种鱼类该放多少，怎么搭配他都懂，还有鱼该用什么饲料，有什么毛病、吃哪些药，他也能看得出来，所以养出来的鱼质量好，效益也好。原来鱼塘几十年都是亏损的，他包了之后才见效益。提及这一点，黄老板颇为骄傲地说："反正我有技术，哪个包不得我就上，一上就有效益。"

他还说，自己之所以有这么好的技术，一是自己的文化程度高，在他这个年纪，初中毕业就很了不起了，何况还做过两年民办教师，学东西自然就快；二是靠几十年来的摸索，经验的积累。他说：

我是初中毕业生，1974～1976年当过两年民办老师，后来因为要改公办，我不够条件，就干脆不做了，回家承包鱼塘、荒山，养猪、养肉鸽，搞多种经营，1987年在村里最早盖起砖混结构楼房，五个小孩也抚养成人，有了安排。养鱼技术主要是靠自己摸索，上面来科技宣传队时，我就要了很多种养方面的书,边看边养,就成了。现在最大的遗憾是没有找到技术传人,跟我一起养鱼的不是没兴趣,就是文化程度低,字都不识几个。

个体表现(个案3-3):没文凭却能够看懂设计图的建筑队邓老板

邓老板干了大半辈子的建筑,在桂村一带享有较高的声誉,现在一年365天都闲不下来,不是帮别人建房,就是建沼气池。前文曾说过,桂村几百个沼气池都是他带人修建的。不过,邓老板没读过什么书,技术靠的是几十年的经验积累。但令人称奇的是,他也认为村里面威信最高的人是"有文化的人"。他说:

有文化的人,学什么都快。如果我有文化,肯定能当工程师。我是会做不会讲,讲不出。但我会看设计图纸,平面、剖面、立体图都会看,就是读不懂符号。几十年来,建筑技术变化很快,起先是盖瓦房,1975年开始建砖混楼房,那时农户建的少,1985年后就慢慢多了,后来变成钢混楼房,现在还要搞装修,如贴瓷砖、粉饰墙壁等,我边做边学,也会了。

个体表现(个案3-4):自费去农业大学进修的黄老板

桂村农用资料店的黄老板,除懂得生意经外,农药、化肥方面的知识也很丰富,经常给村里的农户提供技术咨询服务,生意自然就越做越大。为了掌握农用技术,他曾于1991年花了4000元,自费去农业大学进修了半年,这十多年一直做农用资料的生意,行情、使用技术都很熟悉。

问:店里进货有什么讲究没有?

黄老板:讲究多了。比如肥料,复合肥就用得多,因为村里种木薯的家户多，复合肥养分多，搭配得齐全，用得就多；荔枝、龙眼因为要含糖量高，钾肥就用得多；甘蔗因为要催苗，氮肥就用得多，这些在进货时都应注意到。

问：1991 年进修回来后，再受过什么培训没有？

黄老板：没有，政府也没组织过，都靠自己摸索。

问：那你觉得摸索出的技术能不能满足农户的要求？

黄老板：还可以，因为理论要与实践相结合，实践对知识的获得也很重要，我有了一定的文化基础，学起来也容易。现在农用资料的情况是肥料变化不大，基本还是在原来的框架内，但农药的变化大，因为害虫的抗药性大，水稻不要紧，果虫厉害，用上两三次就有了抗药性，因而厂家要不断更新。我们作为销售商，要把好的产品介绍给农户。

问：你怎么判断就是个好的产品？

黄老板：这种东西因为在害虫方面分好多科，危害方法不相同，用药也不一样，一时讲不完。如嘴啄食型如蚂蟥、吸刺型如蚊虫，还有鳞刺目，等等。除了了解害虫科目外，还必须摸清虫害的季节性和规律性。因为虫害靠气候，有了合适的温度、湿度才发生虫害。我进农药有三个根据：一是镇测报站的报告，二是农户们的反映，三是自己销售的经验。同时，给农户讲清楚，农药主要是以预防为主，说有了病害，再补喷就晚了。

个体表现(个案 3－5)：猪贩子邓老板的猪经

猪贩子邓老板虽没读过多少书，但猪经却念得熟。他现在常年四季跟猪打交道，除了杀猪、贩猪外，家里还养了 20 多头，田里的活儿都交给老婆、小孩做。提及猪，邓老板的话就收不住。他说：

我是杀猪出身，后来外地老板来要猪，我也做起了猪生意。我们这里大规模养猪是从2000年开始的，这两年大家种玉米多，养的猪才多，以前种甘蔗时不行。小猪长到200多斤出栏，要四个月，所以每年可养三茬。没搞沼气之前，每头猪最多见50元，搞了之后，利润就高。

现在猪不好销了，因为中央有令，只有养殖场的猪才给拉出省外卖，如果不是就不行，怕吃了生病。办养殖场也不容易，怕染上猪瘟。

综合以上个案剖析可以看出，文化农民的群体特征可从三个层面加以概括：一是素养，如勤劳、有经济头脑、会变通、接受新生事物的能力强等；二是知识，无论是现代的技术知识还是乡土的经验积累；三是技能，即能够拥有现代农业技能或农用技术。进一步从三个层面的关联性来看，素养和知识是基础，技能是核心。这不仅是农民自身的看法，如在个案中屡屡被提到的学问、新科技、科研、技术等，而且事实上也是农民自觉进行和谐乡村建设的关键。试设想，没有现代农业技能的农民，生存尚且艰难，谈何自我发展？由此也可看出，文化农民生成的关键在于现代农业技能的习得。

第二节 现代农业技能习得与文化农民的生成

那么，农民如何才能习得现代农业技能呢？换言之，文化农民是如何产生的呢？其中既有农民学习的自觉性，也有乡村发展干预借助乡村发展项目、农业产业化、科技下乡等，对农民进行的现代农业技能教育。两个方面是互为一体的，都表现为如何使农民拥有更多的、符合现代农业发展需求的技能。

一、农民的学习自觉

1. 爱读书

读书是获得技术和知识的主要手段。因此，一些爱读书的农民比其他农民在技术和知识等方面有着明显的优势。如桂村的黄主任就讲，他平时不好打麻将、喝酒、打扑克，就是爱看书，尤其是农业科技方面的书。他虽然是高中毕业生，在村里算得上是文化水平高的人，但仍觉得不够用，如应对社会出现的新情况、新问题还不太行，对国家的政策、法律有些还吃不透，普通话还讲得不够好，交往能力还有待提高，因此很想读读书，但上级部门安排的干部培训根本轮不到他们村干部，只能平时东看一点，西看一点。再如桂村农用资料店的黄老板，除懂得生意经外，农药、化肥方面的知识也很丰富，经常给村里的农户提供技术咨询服务，生意自然就越做越大。为了掌握农用技术，他曾于 1991 年花了 4000 元，自费去农业大学进修了半年，这十多年一直做农用资料的生意，行情、使用技术都很熟悉。

那么，怎么样才算是读过书、有知识呢？桂村的农民划了个硬杠杠：至少是高中毕业或通过自学、进修，相当于高中毕业。如农用资料店的黄老板就说："必须要有高中文化。你出去打工也好，学农业科技也好，理解能力、发挥能力都要强。如果没有学到高中毕业，根本就不行。现代社会变化这么快，新事物这么多，初中不够用。"

2. 善于积累经验

要做有心人、勤快人，在实践中摸索、总结各种技能和经验，日积月累下来就成了“乡土专家”。如上文提到的桂村没文凭却能够看懂设计图的建筑队邓老板，初中毕业、做过两年民办教师的鱼塘黄老板等人。

3. 勤钻研

《孙子兵法·虚实篇》曰：“兵无常势，水无常形。”农民也得跟着市场变，及时调整自己的发展思路。因此，一些善于分析、勤于钻研的农民，就比别人变得快，能抢在市场前面，也就发了财。

个案 3－6：新型“多谋多智之瑶头”盘支书、邓团支书

盘支书、邓团支书都是金保寨数一数二的富裕户、有本事的人。有天晚上我们要求他们谈谈致富的经验，盘支书说：“也没什么经验，我们主要是能做生意。我好几年前就贩养过羊，倒腾过八角，承包过修公路的土方，邓团支书是我一手带出来的。但村子里大多数人做生意都输（亏），像李主任，不会量土方，不会算账，更不会抓商机。我就不一样，如卖羊，灌些盐水，羊才有分量，但最多不能超过 4 个小时。晚了就不顶用，灌多了，羊又受不了。还有前两年贩木材，凌云上来的客商要买我们的，我就不卖，因为手续齐全，拉到南宁能卖个好价钱。1999 年，我跟团支书贩八角，赢了好几万。第二年，村里的人见我们去年赢了，好多人贷款贩，结果当年八角价钱大跌，都输了，我们见搞的人多了，就没做。”（金保寨调查）

4. 乐于接受新产业、新科技

新产业、新科技由于有一定的风险性，因此在初出现时，难以

被多数人认可，而那些认同早的农民，往往就能比别人抢先一步，拥有新的产业、技术和市场。如1986年，在政府的倡导和扶持下，借助世界银行扶贫资金，桂村便开始种植荔枝，起初村委会组织动员，群众不理解，顾虑很多，觉得山里的坡地贫瘠，杂草丛生，种出的果黄黄的，有没有收成很难说。因此，贷的人少，只有一个生产队，20来户人家，农户最多的贷五六千元，少的1000元，平均3000多元。荔枝早的1990年年初挂果，1991～1992年陆续挂果，到1995年农户先后都还清了贷款。其他农户看到了甜头，才跟着种，村里这才形成了种植规模。再如现在有些农村兴起的旅游业，从事这一行业的农民，综合素质都好得多。

个案3-7：经营旅游点的贾老板

贾威是雨卜村文书，承包了村卜令大寨旅游点，谈起现在旅游不比以前旺的原因，他说有这几方面：一是大寨的硬件设施跟不上，包括道路，还有住宿规模不大，有的想到农户家住，有的想集中住，意见不统一；二是服务质量跟不上，有的农户家因经济原因，条件不能满足游客的需要；三是服务种类不够多；四是整个融水县的旅游不旺，原因是资金投入少，贝江游船不够高档且住宿条件无改变；五是旅游局收费高，返回旅游点的费用少，使旅游点无再生资金投入建设；六是游客的饮食成本增加，游客人均增加5元。以前六菜一汤，现在八菜一汤；以前游客的早餐吃粥和酸辣椒，现在游客的早餐吃馒头、面条、稀饭。

他还说现在旅游点满地都是，不是哪里风景好就能吸引游客，特别是现代旅游业的兴起，游客的口味越来越高，要求旅游点不仅提供赏心悦目的风景，还要提供高品质的服务，开设多种娱乐项目令游客吃得开心、住得开心的同时还需要玩得开心。他想以后开设钓鱼、烧烤、乒乓球等使游客玩得更开心的服务项目。(雨卜村调查)

二、乡村发展干预

改革开放以来,随着政府"反哺农业"政策的逐步实施,农业产业化的稳步推进,"公司+基地+协会+农户"模式的渐趋成型,以及中国城市化进程的加速,乡村发展干预在农民习得现代农业技能和文化农民的塑造方面愈来愈显示出其强大的推动作用。具体讲可分为以下几个类别。

1. 城市

城市对乡村发展的干预及对文化农民生成的作用是通过农民工进城务工与返乡就业体现出来的。农民工进城使得农民体验了城市文明和现代生活方式,提高了农民的现代性程度,增加了农民的人力资本,促进了农民的观念和生活方式的更新,从而造就了一批既懂非农产业技术,又懂市场经营,既具竞争开放意识,又有社会交往能力的新一代农民。而农民工返乡就业使得这些新型农民有了施展新技能的舞台,从而增强了乡村建设的活力,加快了乡村生计与社会、文化的转型。这一点我们将在后面的第五章进行详细分析。

2. 发展干预项目

发展干预项目指的是中央、地方各级政府或非政府组织如世界银行、联合国开发计划署、绿色和平组织等各式各样的民间团体在乡村实施的扶贫与发展项目。项目本身的目标虽是为了促进乡村更快的发展,但由于在实施过程中,需要对农民进行现代农业技能培训，因而在文化农民的塑造方面起到了积极的作用。这一点，正是中国乡村发展项目不同于其他如孟加拉国的“小额信贷项目”的地方。

个案3-8：桂村人向技术农民的转变

在“以粮为纲”的年代，桂村是个典型的累、穷、烂村。水田少，坡地上种庄稼，产量低，人跟着受累、受穷，姑娘都不愿嫁过来。实行生产责任制的头几年，农业生产也是靠水稻、玉米、木薯，收入很低。1986年县里提倡“种果是绿色银行”，正好当时有个世界银行的扶贫项目，提供低息贷款，上级见桂村的荒地多，便号召种植荔枝，村里也及时确立了“以粮稳农，以果富村，连片开发，规模经营”的发展政策。到了20世纪90年代，桂村就变成了远近闻名“荔枝村”。村民盖了“荔枝房”，买了“荔枝农用车”、“荔枝摩托车”，娶上了“荔枝媳妇”，也掌握了果树栽培技术，据当地科技局长讲，连他到了桂村都不敢说自己懂荔枝种植。

3. 龙头企业

近年来，随着农业产业化的有序推进，相当多的涉农企业、科研单位改变了以往单纯向农民购买或销售的做法，而是采取了“龙头企业＋基地＋协会＋农户”的形式，与农户有机整合，把农民变成“农业工人”，实现生产、销售与科研的一体化。其中龙头企业负责提供技术和销售，农户提供土地和劳动力。这一运作模式不仅有效地提高了现代农业生产力，而且培养了一大批新型农民。

个案3-9：现代农业企业化例证：金穗模式

金穗模式指的是以位于广西隆安县的“广西金穗农业投

资有限责任公司"和"隆安县绿水江香蕉产销协会"为龙头的"公司＋基地＋合作社＋农户"的农业企业化经营模式。它是由广西隆安县定江村农民卢义贞等人在长期的农业产业化过程中，借助政府和社会在政策、资金等方面的扶持，融合现代农业生产集约化、标准化和市场化经营理念，摸索、创造出的。实践证明，这一模式不仅获得了良好的经济和社会效益，形成了龙头企业、公司、农户等利益相关群体的"多赢"格局，而且有效解决了长时期制约中国农业发展的土地、劳动力、资金、技术及农民利益等问题，创新出了现代农业发展的新路子，有一定的借鉴和推广意义。

（一）金穗模式的形成

1. 规模化尝试阶段。1987 年，19 岁的卢义贞承包了村里的 70 亩荒地，开垦种植甘蔗。但由于缺乏现代种植和管理技术，当年仅收获甘蔗 170 吨，亏损了 1 万多元。经历这次失败后，只有初中文化的卢义贞认识到科技的重要性，于是开始学习种植知识，参加各种甘蔗生产技术培训班，并聘请技术人员到田间地头作技术指导，正是凭着过硬的技术和科学的管理，到第三年榨季，甘蔗产量将近 450 吨，纯收入达 3.8 万元。在这一阶段，卢义贞本人自觉接受了现代农业生产技术，也完成了"公司"在技术、资金及管理上的原始积累。

2. 规模化扩展和企业化尝试阶段。20 世纪 90 年代，隆安县和中国其他地方一样，农村青壮年劳动力涌入城市，大量良田无人耕种，再加上农业收入较低，即使在家务农的农民也无心在田地上经营。而尝到科学种植和规模种植甜头的卢义贞则于 1996 年 9 月成立了隆安县金穗农工贸有限公司，采取

“公司＋基地”的形式，租用农户的土地，再聘请农户到公司务工的方式进行规模化种植。公司成立初期共租到土地1000多亩，经营范围涵盖甘蔗、木薯种植、农资销售、机耕运输等领域。不过由于在管理和生产的标准化方面仍沿用传统做法，种植的效益并不高，但在资金、技术和管理等农业生产的企业化方面，卢义贞等人则形成了一定的积累。

3. 农业企业化运作和“金穗模式”的形成。经过多年的摸索，卢义贞等人意识到没有现代产业的经营理念，就难以形成农业产业的现代化。因此，从2003年起，他们建构了“公司＋基地＋合作社＋农户”的运作模式，即在种植上实行集约化、标准化、产品核心化(香蕉)，在管理上运用现代企业管理理念，实行明确分工与协作。这种模式既使公司受益，也让农户得到实惠。而外出务工的农民看到香蕉种植的利润后，也纷纷回到村里，发展香蕉种植，当地再无田地丢荒现象。金穗公司也因此得到很大发展：现有员工130多人，总资产3000多万元，承包土地面积达1.5万亩，累计培训民工场次158场，受益人数1.2万人次，辐射带动面积15万亩、人数7.5万户，产值达2.5亿，成为全国闻名的香蕉种植示范基地和水果龙头企业。

(二)金穗模式的特点

金穗模式与大多数由政府或企业主导的农业科技园不同，它是以新型农民为主体、通过契约而结合成的农业企业模式，其特点表现在以下五个方面：

1. 生产规模的集约化

如何让分散的农户组织起来，使农业生产趋于规模化、集约化，这是中国农业经济转型面临的一个重要问题。金穗模式通过“公司＋基地＋合作社＋农户”，很好地解决了这一问题。在此模式中，最重要的是如何让农民乐意将对于他们来说始终处于第一重要的土地出租给金穗公司统一经营。金穗公司通过先承租农民土地，然后再优先聘请土地出租户管理土地的办法，成功实现了土地的规模化经营和劳动力的聚集。而种植中所需的技术、资金及产品的销售则由金穗公司负责。对出租土地的农民来说，他们只需按公司的标准进行管理，即可得到地租和收益提成的双份收入。对于公司来说，这一模式则成功地实现了生产规模的集约化，为公司取得了良好效益。

2. 生产产品的核心化

在金穗公司发展初期，经营范围涵盖多个领域，但却并未给公司带来良好的效益。这使金穗公司更加明确，只有利用当地优势，做大做强核心产品，形成品牌，才能让公司稳步发展。为此，他们以香蕉为主打产品，打造了“绿水江”香蕉品牌，实现了产品的核心化。这不但使公司受益，也带动了相关行业发展。如 2007 年，依托金穗公司优良香蕉组培苗加工厂，隆安县掀起了一股香蕉种植热潮，当地其他农资、运输等行业也因此蓬勃发展。而在销售方面，借助金穗公司“绿水江”品牌的优势，隆安县香蕉地头售价为每公斤 1.8 元～3.3 元，丝毫不受当年海南香蕉低价风波的影响。

3. 生产管理的标准化

农业生产的标准化融技术、经济和管理于一体，是“科技兴农”的载体和基础，也是农业增长方式由粗放型向集约型转变的重要内容之一。在这方面金穗公司利用企业化的管理模式，在体制上，健全了生产、财务、管理、质检、水电、供销等部门，为统一技术、统一操作流程奠定基础；在生产上，成立12大基地，实行连片种植，按规划进行统一开发；在管理上，推行“场长责任制”，实行分片、分区承包到户，按统一标准进行管理；在销售上，对产品进行统一包装和营销，杜绝市场欺骗行为。体现了专业化、企业化与标准化的有机整合。

4. 生产效益的反哺和共赢

金穗模式注重生产效益上的反哺和共赢。以当地农户的收益为例，一方面，农民可以通过出租土地获得地租收入，又能从为金穗公司管理香蕉中获得利润提成。而每年收获农产品时，金穗公司还从当地贫困山区招聘季节工，仅2004年就招聘季节工10多万人次，共发放工资340万元，创造了良好的经济效益和社会效益，有利于缓和当地农民的就业压力。另一方面，公司还经常邀请农业专家到基地进行技术培训，让农民得到经济实惠的同时还能真正掌握一套农业技术，带动了周边农民共同致富。正是坚持长期的惠农政策，金穗模式才在农业企业化方面获得较大的成功。

5. 政府政策的保护性

政府政策的保护对于金穗模式的创立和运行具有重要意义。一是政府为企业的发展提供了良好的政策环境。如当地政府近些年来出台的各种扶持农业发展的措施，就为金穗公司的发展奠定了政策基础。二是通过各种宣传帮助企业提高知名度，促进企业创立“绿水江”香蕉品牌。如金穗公司在区农业厅水果总站的帮助下，建成了11条香蕉采收处理线，部分蕉园安装了无伤采收索道，较好地保护了香蕉表皮及新鲜度，从而使香蕉产生了质的飞跃，这是“绿水江”香蕉品牌形成的重要一环。三是为公司发展提供一定的资金支持。过去政府对农业的投资往往是直接投向农民，这种投资模式分散且缺乏规模化效益、资金投入产出比低；现在政府把一定资金集中投放在农业科技园区，进行园区基础设施及加工设施建设，如金穗公司的冷库建设、香蕉产业化基地建设和节水喷灌项目建设等，为农业新技术新品种的研制、试验、示范提供良好的条件，有利于技术创新，也有利于技术推广。

（三）金穗模式的发展效应

综观以金穗模式为代表的现代农业企业化可知，其在农村土地流转、培育新型农民、农业转型和乡村建设等方面均有良好的效应。

1. 土地流转效应

农业对土地有直接依赖，而且土地在农业中不只是一个立足点和活动场所，还能以自身的物理性质和生物性质对农业生产起重大作用。从某种意义上来说，农业的规模经营首先是耕地的规模经营，而要扩大耕地规模，必须推动耕地的适度集中。然而，耕地的集中往往涉及众多棘手问题，如耕地流转容易受到有关权利主体之间复杂关系的制约；而且农业生产必须实现耕地的联片经营，否则，虽然使用权通过交易得到集中，但耕地仍星罗棋布，不便于开展规模化作业；另外，农业产业化既需要大量劳动力放弃耕地经营而从事农产品加工、储藏、运输等活动，又需要富余劳动力有效转移以腾出足够的耕地资源，这就要求农民愿意而且能够退出耕地的经营。

金穗模式利用反哺式的土地流转方式成功实现了耕地的流转，具有良好的土地流转效应，做法是公司从农户手中把土地承租过来，建立香蕉种植基地，再雇用农户来基地务工。反哺性主要表现在三个方面：一是反哺农业，公司承租来的土地，并没有用作建设工业园、游乐场或住宅小区等，而是仍用于农业种植；二是反哺农民，公司雇用农户来基地务工，工资包底，每月 300 元，等收获香蕉时，再按照产品的质量和数量统一收购，同时提供化肥、农药、农具等生产资料和生产技术指导，这样就将农户的生产风险降到最低，而将农户的收益则放在了公平公正的位置；三是反哺农村，公司雇用农户来务工与"绿水江"牌香蕉生产基地，不仅解决了当地"抛田、荒田"和农村剩余劳动力等问题，而且带动了一方百姓，极大地促进了当地的新农村建设，隆安县那桐镇那门村便是很好的例子。由此可见，金穗模式反哺式的土地流转不同于股份制等方式，其价值核心是"取之于农，用之于农"，这一方式在目前中国的农用耕地因不断受到城市化、工业化侵蚀而日益减少的严峻形势下，很值得借鉴和推广。

2. 新型农民培育效应

所谓新型农民指的是有经验、有知识、有技术、懂经营的"文化农民"。他们中既有传统农民经过多年来的实践积累或现代农业知识技能的熏陶而嬗变的，如金穗公司董事长卢义贞等人，也有接受了大学教育的、能写会算的知识分子，更有广大的追求、采纳现代农业生产技能的农户。他们通过契约，组成了农业合作社，既有分工又有合作，突破了传统的互助组、合作社形式，使农民在新的历史时期有了规范意义上的合作关系。从金穗公司来看，其采用的"公司＋基地＋合作社＋农户"的经营模式，有助于培育新型农民，发展现代农业。首先，公司采取先承包农民的土地再邀请承包所在地农民到基地做工的模式使农民能够“双丰收”，坚持每年按期支付农民地租，并与农民签订用工合同，按日发放民工工钱，让合同民工人均年收入达到 8000 元以上；每到农产品收获的季节，还从贫困山区的困难家庭招来农民做季节工，使他们人均收入 3000 元以上。其次，公司经常邀请农业专家到基地给民工进行现场种植栽培等技术培训指导，让农民得到经济实惠的同时还能真正掌握一套农业技术，带动了周边农民共同致富，仅 2004 年就发放民工工资 340 万元，累计招来临时民工到基地做工达 10 多万人次，创造了良好的经济效益和社会效益，有利于缓和当地群众就业压力，大大提高了农民的工作积极性，对推动地方农业产业结构调整，促进产业化经营，实现农业增产、农民增收起到了很好的示范带头作用。

从总体来看，通过现代农业企业化培育的新型农民，特别是乡村“能人”是农村发展的带头人，直接推动新农村建设。农业企业化是指农业生产在生产、管理、销售、分配等环节上的高度分工与协作，是专业化与标准化的有机统一。如果没有实现农业企业化，农业生产便只能维持在“公司或龙头企业＋基地＋农户”模式的初级或低水平阶段，从而影响到整体效益的提升。在这方面，金穗模式通过“能人效应”来实现农业企业化的做法，对于全国尤其是广西有着十分重要的借鉴意义。以广西为例，传统上的蔗糖产业，近些年来随着北烟南移的烟草业、东桑西移的桑蚕业、南纸北进的林浆产业，还有亚热带水果产业等等，农业企业化任务非常艰巨。这就需要注重“能人效应”。如果没有“能人”，农业企业化则难以实现。像烟草业,有公司“广西烟草集团”,有基地“百色烟草基地”,有农户。由于烟草在种植、管理、烘烤、选烟等环节有着很高的技术要求,而普通农户在每个环节的技术掌握上则参差不齐,所以广西烟草集团在建立百色基地时,也设想过“企业化”运作,即有专门种烟的农户,有专门烤烟、选烟的农户,但目前还无法实现,原因主要是缺少种烟大户、种烟能人。因此,金穗模式的成功表明,在新型农民的培育中应注重对农村那些经济能人、种植大户的培育,以发挥其能人效应,加快农业企业化的步伐,从而带动乡村新型农民的培育,加快乡村建设步伐。

3. 农业转型效应

中国传统的农业是小农经济,万事不求人,“三十亩地一头牛,老婆孩子热炕头”便是真实的写照。从生产的规模来看,传统农业经济的生产规模受制于自然人和以血缘关系为纽带而联系起来的家庭规模。传统的农业经济具有较低的生产技术水平和社会化程度,较低的分工水平和专业化程度,较高的技术改良的社会风险也决定了传统农业具有较小的生产规模。但现在不同了,农业成为大市场的一部分,需要基于分工意义上的劳动交换与合作,让农业生产企业化,使其有技术、有实力参与市场竞争,这是目前中国农业经济转型的一部分。如何使分散的农户组织起来,以更好地让农业生产趋于规模化、集约化,这是农业转型的难点,也是关键点。金穗模式通过公司化的运营而使农业企业化是农业转型的重要途径,具有良好的农业转型效应。在这一模式中,公司负责生产所需的技术、资金、生产资料投入及销售,农户负责出工出力,这不仅产生了良好的合作效益，而且也大大减轻了农户的负担。另外，金穗公司通过打造具有竞争力的核心产品“绿水江”品牌香蕉，成功地实现了农业的转型。而为了打造这一品牌，公司采取了标准化、集约化、立体化、机械化、市场化等多种措施，日常的管理制度、人员配备等也都是围绕这一核心来建构的，其通过与科研机构联合、强化对员工的培训、提高生产的标准化程度等做法都很到位，很有现实意义。眼下随着农业产业的日趋多样化，以及土地资源的日渐紧缺，农业生产的竞争更重要的是在于土地的竞争，有了土地，才有基地，才有企业化运作。但地就那么多，如何解决，只有依靠先进的技术，生产上的规模化、集约化，出品牌、出效益，才能从有限的土地中得到更多的产品，才能有效避免恶性竞争，实现农业的良性发展和成功转型。

4. 乡村建设效应

农业产业化是随工业化、市场化而来的农业发展趋势，但是另一方面，由于土地资源的紧缺，竞争不仅仅局限于技术，更重要的在于土地。常人说“巧妇难为无米之炊”，地里面种了什么，你工业才有什么原材料，才能出产品，要不然一切都是空谈。拿广西来讲，传统上有以甘蔗种植而来的蔗糖产业，但近些年来，产业日趋多样化，竞争十分激烈，如北烟南移的烟草业、东桑西移的桑蚕业、南纸北进的林浆产业，再如香蕉产业、亚热带水果产业等等，这些都需要大量的土地，但土地总量是不变的，如何解决，只有依靠先进的技术，生产上的规模化、集约化，这样才能避免恶性竞争。这也决定了乡村建设必须通过公司、龙头企业的带动，将分散的农户组织起来，实现农业生产的企业化。

在新时代背景下的乡村建设,是以乡村文化的整合与创新为核心,推动农村的环境建设和经济建设,通过协调人与自然、人与人、人与自己内心世界的关系,来建立乡村的共同体意识,保持乃至强化“根”的意识和必要的乡土观念,最终形成对乡村生活的认同和对自身的认同。从金穗模式来看,通过“公司+基地+合作社+农户”的企业化经营模式,先承租农民的土地,然后聘请农户对土地进行管理,在公司的人员结构上采取土洋结合的人员配置(“土”是指本土具有种植经验和管理经验的新型农民,“洋”是指引进掌握高新技术和先进管理理念的大学毕业生,大力吸引和培养实用型人才),使农民能在祖辈生活的土地上继续经营,而且收入也颇为可观,不亚于外出打工的收入,这促使其对乡村生活有新的认同,从而有益于乡村建设。不仅如此,这一模式还通过组建香蕉专业合作社,发动周边农民加入合作社,通过其成熟的香蕉种植技术及资金实力,实行联片土地开发,带动香蕉产业种苗、肥料、物资、运输和市场等发展。没有加入合作社或公司的农民也可以在香蕉收获季节以季节工的方式赚取工资,仅2007年金穗公司就发放民工工资350万元,提升了农民工作的积极性。正是通过农业企业化,使得乡村生活对农民具有较大的吸引力,也使农民对乡村环境、文化及乡村本身产生认同,由此加强农民的自我意识,恢复农民的自信和内在的创造力,成为乡村建设的主要力量。

(资料来源:2008年笔者与南宁市农业局合作课题“南宁市农业产业化研究”成果。)

三、农民现代农业技能习得讨论

总的来说，虽说农民有着如爱读书、善于积累经验、勤钻研、乐于接受新科技等自觉习得现代农业技能的良好素养，但基于农民在现代农业技能知识创造、传播、推广应用及资金等方面的弱性，乡村发展干预近些年来在现代农业技能教育和文化农民的培育上，始终占据主导地位。事实上，近些年来，通过发展项目、农业产业化等途径，乡村发展干预为农村输送了大量发展资金和农用技术，建构了城市与乡村的市场网络，扩展了农户们的社会资本，使其在资金、技术及市场方面的获取能力进一步提高。

但不可否认的是，正是发展干预所占据的主导地位，使其在向农民传播现代农业技能教育过程中，过于注重项目是否能够顺利实施，而较少关心农民自身的需要；单方面强调现代农业技能的重要性，而忽略了农民所具有的乡土知识。农户话语权的缺失或相对不足，不只是导致许多发展干预项目无功而返，劳民伤财，而且在现代农业技能教育方面也是效果不佳，从而影响到和谐乡村建设的持续性。

就时下来看，在中国总体上已进入“以工促农、以城带乡”的发展阶段，中央明确提出“全面落实科学发展观，坚持统筹城乡发展的方略，坚持‘多予少取放活’的方针，稳定、完善和强化各项支农政策，切实加强农业综合生产能力建设，继续调整农业和农村经济结构，进一步深化农村改革，努力实现粮食稳定增产、农民持续增收，促进农村经济社会全面发展”①的要求，农村发展的大环境正

① 《中共中央国务院关于进一步加强农村工作提高农业综合生产能力若干政策的意见》，2005 年 1 月 30 日。

朝着有利于缩小城乡差距、增强农业、富裕农民、繁荣农村的方向变化，乡村发展干预势必会越来越强。这更要求我们正确对待农民的话语权，妥善进行现代农业技能教育，即从工具型转向主体性，最大限度地激活农民的创新性。另外，应从乡村实际出发，尤其是针对乡村中的弱势群体如妇女，儿童，穷人，少数民族，教育程度、生产技能水平低的农户等，做出特殊的扶持规划，以更好地促使其向“文化农民”转变。这样才可使发展的恩泽惠及每个农户，有利于乡村社会的和谐进步。鉴于此，研究将立足地方性知识视角，通过桂村的例子来对现代农业技能教育进行系统分析，并提出相关建议。选择地方性知识视角的理由在于其代表着乡村或农民本身所具有的知识体系。

第三节 现代农业技能教育：地方性知识视角

基于全球化和现代化的强势推动力，以及农民在现代农业技能研究方面的薄弱性，现代的农业生产知识和农村生活知识的教育，在乡村教育中处于核心的位置，中国民族地区和谐乡村建设的实际情况也证明了这一事实。那么，如何才能更好地进行这项工作呢？除了重视科技人员现身说教，运用电视、网络等现代传媒，科技下乡日常化外，应特别注意对地方性知识的运用。

一、地方性知识

科学史研究表明，在早期社会中，科学同技术是分开发展的，相互之间很少联系。关于各种事物的知识，往往被归属到哲学、宗教等形而上的学科体系中，哲学家、神职人员、科学家等脑力劳动者，继承人类的精神传统；直接从事生产的劳动者则出现了掌握专门技艺的工匠，他们积累了丰富的工艺和技能，继承了技术传统。直到18世纪第一次技术革命，从技工出身的发明家瓦特开始，才出现技术与科学的联姻：在19世纪第二次技术革命中，科学已成为技术发明的理论基础；到20世纪第三次技术革命时，科学走在技术的前面，技术成为科学的延伸和应用，科学与技术已成为一个密不可分的整体。

因此，现代技术总与现代知识相伴随。实践表明，现代技术进入某一小区，往往有着相应的知识变革，并引起当地组织、制度等文化上的变迁。这也就是人们常说的"西方化"或"现代化"，其显著特征是"有着丰富的科学知识财富"，"对于它通过技术和组织手段来克服问题的能力深信不疑"。[①]

但是，更多事实说明，这种"西方化"不只是劳而无功，而且对当地的生态、文化造成了严重的破坏，使当地人的生存陷入危机，多姿多彩的文化逐渐消失。在这种背景下，人类学家便关注了现代化背景下的另类知识——地方性知识体系。[②] 美国人类学家格尔茨认为人的行为和其他文化现象一样，都是一种符号，体现了某种或深或浅的意义，相应便有两种描述：浅度描绘和深度描绘。人类学家要做的是，剥开符号结构的一层又一层意义，对文化进行深度描绘，阐释各种文化符号系统的含义。他在对"巴利人斗鸡"现

---

① [美]威廉·A.哈维兰著、王铭铭等译：《当代人类学》，上海人民出版社1987年版，第504页。

② [美]克利福德·格尔兹著，王海龙、张家煊译：《地方性知识》，中央编译出版社2000年版，第19页。

象的描述中，从斗鸡习俗到双方的地位、经济、社会身份，一直深入到巴利人的性格、气质、心态等方面。从巴利人的角度，来解开斗鸡对他们到底意味着什么，指出深度描绘的实质是对“当地人解释的解释”，并把当地人的语言体系上升到知识体系，提出了“地方性知识”这一范畴，来与西方中心知识相对应。①

与在文化解释论上重视地方性知识相对应的是，参与式发展理论的提出与实践。20 世纪 70 年代开始，世界银行曾研究一些参与效果的经验并得出结论：如能使得用水户参与决策与管理，用水系统的供应将更加成功。② 同一时期，在一系列参与发展实践的基础上，那些在发展机构内工作，以及在人类学部门为发展领域内的应用人类学培养人才的学者，提出了新的发展即参与式发展、内源式发展理论。

这些研究给我们以启示，在乡村现代农业技能教育中，要充分顾及到地方性知识的作用性，即两类知识体系的互补性。以下将通过桂村案例来说明问题。

二、现代农业技能的内涵

现代农业技能是个很宽泛的概念，仅从知识主体角度来分，便有多个层次，如科研人员的、政府官员的、普通民众的、农民的等。相对于每一主体，都含有价值和事实两个方面的判断。前者指应

---

① 黄淑娉、龚佩华：《文化人类学理论与方法》，广东高等教育出版社 2004 年版，第 395～397 页。

② 周大鸣、秦红增：《参与发展：当代人类学对他者的关怀》，《民族研究》2003 年第 5 期。

具有的现代农业技能，后者指实际拥有的知识。

由于农民在创新性、资源掌握等方面的弱势，决定了其往往是现代知识的学习者、接受者。外在力量也常常借助现代农业技能的传播，来干预乡村的发展，这就设定了农民在现代农业技能上的、而且通常会被农民们认可的价值体系，即农民们在农业生产方面应具备的科学知识和技能。

吴聪贤参照美国所订的农民应有27种能力，结合当时台湾的农业经营课本和其他人的研究，将农民应有的现代农业技能概括为10类：①

(1)新作物：对更新作物之栽培与经营型态调整的能力；

(2)施肥：对肥料的使用与土壤的配合；

(3)病虫害防治：用药技术及防治计划；

(4)储藏与运销：农产品收获后的处理、运销的了解和运用；

(5)市场价格：对市价的变动与分析及作物产销的配合；

(6)农业机械：对农机具的保养、操作与选择；

(7)一般管理：对农场上人力与器材设备和管理与计划；

(8)记账：对记账方法的了解与运用；

(9)贷款：对贷款的意义及使用能力；

(10)农业政策：对政府农业政策的了解及配合运用。

根据现阶段中国内地农村的实际状况、政府的农业发展政策、目标、法规和实践，颁发的各种农业知识手册，②各类组织在乡村

---

①　吴聪贤：《农民知识之研究》，《民族学研究所集刊(第四十七集)》，中央研究院，1979年。

②　秦红增：《桂村科技：科技下乡中的乡村社会研究》，民族出版社2005年版，第71～105页。

所实施的发展干预项目，[①]以及他人的研究，可将上述10类农业知识，扩充为以下20种类别：

(1)种植：农作物种植技术，及对更新作物之栽培与经营形态调整的能力；

(2)养殖：家畜、家禽的饲养技术，各种复合饲料的使用；

(3)施肥：对肥料的使用及与土壤的配合；

(4)病虫害防治：用药技术及防治计划(含家畜、家禽的饲养)；

(5)储藏、加工与运销：农产品收获后的处理、加工、运销的了解和运用；

(6)市场价格：对市价的变动与分析及作物产销的配合；

(7)农业机械：对农机具的保养、操作与选择；

(8)一般管理：对农场(养殖场)上人力与器材设备和管理与计划；

(9)记账：对记账方法的了解与运用；

(10)贷款：对贷款的意义及使用能力；

(11)农业政策：对政府农业政策的了解及配合运用；

(12)农业标准化：对标准化农业的掌握及运用，如绿色产品、有机农产品等；

(13)农业产业化：规模经营能力；

(14)参与：对各种发展干预项目的认识和利用能力；

(15)协调：与农村集体经济组织、农民专业合作经济组织、农业企业和其他从事农业生产经营的组织、农户的合作能力；

---

① 周大鸣、秦红增：《参与式评估：在倾听中求得决策》，中山大学出版社2005年版。

(16)创新:相关农业生产方面的知识、技术的变通能力;

(17)环境保护:对政府环境保护的了解和自觉的环境保护意识和行为;

(18)传统农业知识:把传统农业知识融入现代农业技能的能力;

(19)抗灾救灾:防治、抵御各种自然或人为灾害的知识和能力;

(20)农业信息化:运用互联网等信息渠道的能力。

三、现代农业技能的教育机制

通过对桂村的调查,现代农业技能教育,目前基本是在政府的引导、扶持甚至指令下,以项目推广为中心,自上而下展开的,内容包括农村产业结构调整,生态农业,种植、养殖技术,居住环境等乡村生产、生活的方方面面。因此,现代农业技能教育,实际上表现为农业科技项目的推广过程。借助这一过程中,农民习得并应用了现代农业技能,并在一定程度上,完成了从传统农业到现代农业的转变。

1. 现代农业技能教育的组织体系

相关研究表明,现代农业技能教育组织体系,由政府和非政府两类组织构成,其中政府推广机构是主体,目前已形成了省—地区(地级市)—县(市)—乡(镇)自上而下、彼此独立的五大垂直推广组织体系,担负着国家技术推广的职能;农村专业技术协会、涉农公司、供销社、(农业)科研、教育单位等非政府推广组织为补充。在科技推广目标上,政府推广组织除履行政府行政职能、国家事业职能外,与大部分非政府推广组织一样,还履行企业职能,即以营利为目标推销化肥、农药、种子等农用生产资料。桂村的科技应用实践也表明了这一点。

政府组织的科技推广模式首先是行政运作。因为它们代表着国家,是国家实施"科教兴农"战略的主为者,所以能够借助行政权力,一级"压"一级,省里压县市,县里压乡镇,乡镇压村里,使将要推广的科技项目以政策的形式贯彻到乡村,这也就是人们常说的硬性任务或硬性指针。其优点是组织性强,推广速度快,效率高;缺陷是时不时会脱离乡村实际,违背农民意愿,这在时下农业产业结构调整、规模化经营中表现得尤其明显。

个案 3-10:板栗树根的诉说

穿过桂村漫山遍野的荔枝园,便是改造过的成片板栗园——现都成了甘蔗林,业主雇来的工人们正在砍甘蔗,田头放着一大锅稀饭。在还没有种甘蔗的地方,土地已用机器犁过了一番,湿湿的泥土散发出板栗的芬芳,庞大的树根胡乱地堆在田头,仿佛向世人昭示着自身的委屈。

望着成堆的板栗树根,我对村长说,中央不是三令五申要退耕还林,你们这里还敢这样搞?

村主任说:1998 年没顶过来,当时的县委书记压着我们改,如果顶过 1998 年就不用改了。我那时不在村委,当时的村干部不懂得用人民的力量,开个村社员大会,说人民不同意,拖一拖,就顶过去了。这么大的板栗树根,树冠至少有一个房间那么大,现在都砍了,山坡成了泥土地,一旦下雨,水土就流失,又不能调节气候。他还说,这些话平时都不讲,村干会上也不讲,只对有眼光的人讲。

另一是资金扶持。政府组织掌握着一定的资金,如扶贫基金等,所要推广的项目或多或少都有资金保证,如水果、甘蔗种植、沼气等项目，这对资金向来短缺的农民来说，是个不小的“诱惑”，因而项目实施起来也就较为方便。

表 3－1　近年来隆安县科技局推广项目[①]

项　　目	技术标准
玉米	由单交种到顶交种到地膜玉米
水稻	杂交、优质、抛秧
甘蔗	含糖量高，早熟或晚熟
木薯	含淀粉量高
水果	优质、高产
牛品种改良	改农用型为肉用型
猪	蔬菜猪，主要是瘦肉型的三元猪、龙堡猪
羊	黑山羊圈养
种草	黑麦草和香草，亩产 4 万～5 万斤，可用来养猪、鱼

非政府组织依靠的是自身的科技实力、信誉及给予农民的特定优惠条件，如免费开展技术培训、提供技术咨询，允许赊账，实行产供销一条龙服务等，但是在推广规模较大、涉及农户较多的情况下，非政府组织往往要求助于政府，甚至依附于政府组织。所以，即使是随着农业科技体制企业化改革步伐的加快，在现代农业技能教育组织体系中，非政府组织的作用日渐突显，而政府组织的主体性地位则难以动摇。

个案 3－11：桂村化肥、农药销售中的赊账现象

桂村化肥、农药销售店的黄老板说，赊账年年都有，去年他的店里营业额是 100 多万元，其中近 11 万元是先赊给村民

① 秦红增：《桂村科技：科技下乡中的乡村社会研究》，民族出版社 2005 年版，第 71～105 页。

的。农民收入虽说增加了，但开销也大，而且也没有那么多计划，当年挣回来的钱不是专款专用，建房、看病、小孩上学、过节，哪样急先对付哪样，到了来年要投资地里，钱就短了。每年3到6月份欠账最多，因为这时候正好青黄不接，地里没经济收入，田里又要施肥、喷药，玉米、稻谷、木薯、甘蔗、荔枝，样样都要投资，钱就缓不过来。7月份有了水果收入后，情形就好得多。账赊出去后，也不用怕，绝大多数农户当年都能还回来，乡下人还是讲究信誉和脸面的。碰到个别实在困难的，账放上几年也无所谓，做生意还要讲个人情。对人好了，人家才愿意买你的东西。

在非政府组织类别中，时下比较流行的是"公司＋农户"的现代农业技能教育模式。这种推广方式目标单一、明确，技术推广服务有的放矢，能妥善解决在现代农业技能教育中常遇到的技术、资金、市场等问题，因而是目前较好的一种现代农业技能教育模式，也可说是中国乡村达到小康水平的一条比较好的路子，因为它能够对农产品形成深加工，从而提高农产品的比较效益。

谈到这一点，桂村当地干部说：让农民整天围着土地转，如果没有深加工，要真正实现小康也难。土地承包后，推广了杂优水稻，粮食翻了一倍，到顶了；现在又种甘蔗，甘蔗能翻多少倍，在我们看来，即使把我们的土地全部都种上甘蔗，效益也好不到哪里去，因为价格下跌得厉害。我们村讲起来是地区级"小康文明示范村"，但和广东、浙江的农村相比，还差得很远，而且这也是前些年种植荔枝的功劳，现在荔枝、板栗都不怎么好卖了。

一位姓邓的农民也说：我现在想搞荔枝深加工，打出我们这里的品牌。只要有个加工厂，搞荔枝、板栗脱水保鲜，做龙眼干，效益就会好得多，也不会出现鲜果市场不景气的时候，眼睁睁地看着果子烂在地里的场面。

2.现代农业技能教育的中介

在农民看来，任何一个推广项目，不是实验，而是冒险。因为除了政府的一点扶持外，绝大部分的人力、物力和资金的投入都是他们自己的。成功了好说，失败了连当年的生计都没有着落。加之传统观念对现代科技的排斥性，农民常常会认为新的东西不行，不适合自己，因此，当政府或非政府组织的科技推广项目下达乡村后，无论是“压”还是“诱”，农民起初都很少认同，如沼气池项目就是如此。政府在1990年就号召修建，而桂村一带近几年才兴盛起来，原因就是以前当地人还没有充分认识到沼气的好处，不愿意投资。

此种情势下，唯一可行的办法是借助村委会，即先“压”或“诱”村干部、村里的精英人物，把他们的思想做通，由这些人再动员亲戚朋友、隔壁邻舍。但是，这部分人包括村干部也是农民，既有自己的判断力，思维方式又是感性、直观的，因而，只有让他们真正看到新的科技项目能够给自己带来效益，他们才会心甘情愿地“冒险”。光是宣传、动员、下压，村干部的思想也难做通。桂村在这方面的做法有：

一是外出考察。由村干部带领村里的精英人物、权威人士，到项目做得比较好的地方参观，学习人家的经验。干部心里有了底，回来再向村民宣传时就很有说服力。由于桂村有集体收入，外出考察时不用上级部门出经费，只要帮忙联系就可以，所以，组织起来就较方便。而对于那些没有集体收入的“空壳村”，就很难有条件这样做。

个案3-12：近年来桂村人自费外出考察的地方

桂村的集体收入，除了用作村里的基本建设如修路、修水利设施外，还有一部分是用来组织村干部、村民到发展比较好的地方考察，学习人家的先进经验。外出考察一般是村里打个报告给镇里、县上批准，上级政府不给钱，出面帮忙联系就行了。从2000年开始，他们一共出去过两次，第一次是去邻近的田东、田阳县；第二次去越南参观，从钦州、东兴、北海一路走过去。村干部、村民说，不参观不行啊，人家搞得好，就要学习，回来才能有发展。

二是示范。村干部或精英人物先在自家的责任田里实验，成功后，村民看到了好处，自然就跟着做。水果、甘蔗种植，沼气，抛秧，农村的很多技术都是这样推广开来的。这与乡村建设派的“表证农家”颇为相似。

桂村当地有首“抛秧风波歌”，相当生动形象地表现了科技推广过程中农民们对项目的态度，村委会所起的宣传、示范等中介作用及农民的思想转变等情况。

个案3-13：抛秧风波歌

【独白】我们这地方自责任制到户后，晚晚都有猪肉吃，但是农活很辛苦，特别是农忙的时候，又要收割又要播种。有个老头50岁了，两个儿子都去广东打工，留两老在家务农。他老婆是山里的，人很勤劳，整天早出晚归，忙里忙外。他们家有八亩田地，老妇人忙完田里的活儿，还要回家煮饭，喂八头猪。

抛秧技术可以大大节省劳动。队长学习回来后，除了在自家田里采用了抛秧技术外，还在生产队的墙面开了一面《抛秧技术宣传栏》，上面列有抛秧技术要领和抛秧技术的优点。50岁的老汉看见了就回家和老婆商量。

【山歌】老婆(W)：我名叫龙凤飞，文盲不识字，手脚灵活，做什么都得。我早上起来煮饭，水车溉田卷不停，我老公一大早就去看田水了(实际上是去看宣传)，猪栏坏了也不修。我不骂你也不得，"今早你去哪了，家里这么多事你都不做。"

老公(H)：现在政府号召要抛秧，宣传栏里讲等一下就可以去整地撒秧了。(这个季节按传统是不动地的。)

W：现在天气这么冷，我们睡觉都还要盖被子，去插秧是不行的，要等到清明时才能播。

H：按抛秧的技术去做，保证能合适你的要求，现在撒秧还要盖上地膜，秧不会烂的。

W：鸡孵十个蛋，尽管你经常去换，都还要烂两个。你讲插秧盖地膜，边气都不通，烂的就更加多了。

H：经过科学实践，要保险防寒，到秧苗长叶了，才能掀开。

W：我摸土几十年了，每年生产的粮食都过万斤，我不爱听你的宣传。

H：按老路(手插秧)走，你们就辛苦，不想念科技，你们就麻烦了。你们插完一天秧，回来时像得了鸡瘟一样，我们一两个小时就解决问题了。

W：我们农民做工就是要辛苦，你不用跟我宣传抛秧技术。

H：要秧很简单，要一次，就得一盘，衣服都不沾泥。这可比用手拔秧方便多了。

W：像你讲的这样要秧就得了？用手拉出来都不得（她不懂秧盘上有小孔），去到田里一棵棵插更加费时。

H：秧盘就像黄蜂窝，两手抛上空，像飞机洒降落伞。

W：买秧盘还要钱，我们农民不要花那些钱了，人辛苦一点，不管他抛秧技术有多好，年年换秧盘多费钱啊。

H：秧盘是塑料，可以放好几年，每亩用 50 张，才要 30 元钱。

队长（C）：我是队长，敢想也敢当，政府叫抛秧，我要去落实。全队 97 户讲通了 83 户，还有二公婆还没有通。

H：队长啊队长，爱人想不通，我讲抛秧讲不通。

C：你老婆不通，可能是我们的宣传讲得不够，二婶你不要发脾气，要慢慢想通。

W：我嗓门大，不是发气。老公告诉我抛秧，我根本不明白，你再给我讲一次。

C：抛秧是不错，是党的道路光明。农学院的学生来指导，没有错。

W：我当莫怀仁不会唱歌，怎样抛秧我不懂。但是学生来指导，就好比小孩子教奶奶带孙子，他们懂什么。

C：科学是实践，抛秧在广东试验了的。他们要“特优”来试验，亩产上千斤。

H：真是跟你讲不能，队长来家里，你还捣乱。你就希望天天拿手去插秧，让泥土在我身上。

W：讲来讲去，你就是怕衣服脏。

C：为节省劳动力，没有这么辛苦，将秧盘拿到田边，站在田边，一会儿就得一亩多，像你们家劳动力少，不这样做是不行的。

W：我用手插秧，要线来拉过都还不直。抛秧一下宽一下，密的就更不行了，翻地时就更难了。

C：宽一点、密一点都不要紧，它会自己得。无论是老人、小孩都可以抛，抛差一点也不要紧。

H：我一天肯定能抛一亩五，能抵三个老婆，又能抢季节，又能丰收。

W：讲是好听，你是骗我的，听政策宣传，你们讲得一千，最多得五百。

C：抛秧分叶强，产量高，讲一千，就不会少于八百，每一束都像鸡扎（装鸡的），不会倒伏。

W：现在听你说，是有道理。照科学插秧，才能发家致富。

C：既然通了，报上多少亩，政府还要给地膜。

W：全家有六亩田，全部都抛完，学各地的经验，定三百张秧盘，马上去整地。

3. 农民是现代农业技能教育效果的评判者

现代农业技能教育效果究竟怎么样，或许人们会觉得谈论这一问题本身就是多余的，因为谁也不会否认科技下乡对乡村社会进步的促进作用，其实不然。在乡村推广的项目很多，有些成功了，有些是失败的，即使是同一项目，推广者和农民各有各的认识。如桂村的产业结构调整，农民对水果种植就很赞同，而对甘蔗下田，则不予认可。

再者，把评判的话语权仅仅给了农民，是否合适？我们先来看看现代农业技能教育的边际原则。边际原则是指人们通过仅仅考虑和计算某一决策的边际成本与收益，来达到收益或利润的最大化。边际成本是指生产者增加一单位产品的生产或是消费者增加一单位产品的消费所增加的支出。边际收益是指生产者增加一单位产品的生产或是消费者增加一单位产品的消费所增加的收入或是效用。而事实上，由于市场、自然、社会等未知因素的影响，并不是所有增加的支出都能使收益增加，投入与风险成正比。相应地，判断某一决策是否带来了边际收益、能够带来多少，最有发言权的只能是边际成本支出者，或支出最多的人。

个案3-14：推广组织与农户种植甘蔗的边际成本比较

以亩计，种植甘蔗推广组织的边际成本为机耕费50元，其中县政府25元，糖厂25元。农户的边际成本为620元，其中蔗种150元，肥料、初肥170元，追肥170元，农药100元，砍蔗人工费30元。

因此，就某一具体科技推广项目，虽说推广组织也付出了一定的人力、物力、财力，但农民支出的边际成本无疑是最高的，相应地，承担的风险也最大；如果该项目产生了边际收益，推广组织与农民均可分享，由于农民卖出的是初级产品，所分享的收益往往比推广组织低；如果项目失败了，推广组织因其所处的有利地位，可采取降低收购价，不兑现包销承诺，甚至外逃等方式，把部分甚至全部损失转嫁到农民身上，从而有效地避免了自身的风险性，而农民则没有任何转嫁损失的途径，这时承受的还不只是财物的损失，也有心灵上的创伤。可见，在投入的风险与收益的比较上，推广组织要比农民的风险小，收益却大，而农民却是风险大，收益小。因此，评判的话语权只有掌握在农民手中才能真正反映出现代农业技能教育的效果。

四、现代农业技能教育的改进:注重地方性知识的运用

可以看出,现代农业技能教育借助乡村科技推广项目,虽取得了一定的成效,但也存在不少问题,如项目脱离当地实际,不受农民欢迎,或者科技服务不到位等。因此,在今后的工作中,应注重地方性知识的运用,以收到更好的教育和发展效果。

1. 倾听群众的声音,做到因地制宜,切合实际。

在乡村,一些相对较好的种植、养殖项目一旦大范围地推广开来,就会成为当地的主导产业,成为地方财政收入的主要来源,因而,接下来地方政府往往就想把该项目做得更大,而恰恰正是在这个时候,易犯"一刀切"的毛病。

个案 3-15:几块水田改种甘蔗的争执

近年来,隆安县为了把蔗糖业做足做大,便围绕"甘蔗下田"这一产业结构调整方针,加大了甘蔗种植力度。但农民觉得有些水田不适合种植甘蔗,而地方官员则一定要压着种,结果是这些水田起先虽勉强种上了甘蔗,到后来却不得不把蔗苗拔掉改种水稻,不仅花了许多冤枉钱,出了冤枉力,而且官员和农民的气都不怎么顺。

桂村就有这么个情况,讲到改种甘蔗时,那桐镇领导说:去年做甘蔗工作时,有些农民不愿意接受,我们便统一要求把甘蔗种到田里,当时这些农民也种了。到来年 3 月份,甘蔗长起来了,农民就把水放进去,甘蔗就死了。还有几户农民,甘蔗刚种下去没多久,就把田耙了,又种上稻谷。等到 7 月份我们再来看时,结局是水田、甘蔗地相互错落,农民还是接受不了。

> 而针对这一事件，农户则有不同的讲法，他们说：实际上是那些田特别容易形成内涝，甘蔗苗种下去，要两三年，根泡都泡烂了，更不用讲长，而镇干部则不懂得这一点，只是下任务，压担子，还开现场会，讲我们落后。

从深层次上来讲，"一刀切"的毛病，容易使政府与农户之间产生利益冲突。因为一般说来，所推广的新项目会改变农民现有的生产模式，但有时这种改变却会使农民的经济收益有所下降。而在政府与农户之间发生利益冲突情况下，让步的只能是农民。几块水田改种甘蔗不成功，还可以改过来，但如果像桂村那样把两千多亩板栗园改种成甘蔗的话，造成的损失不仅是难以弥补的，而且也走到了科技下乡的反面，最终受损的是政府的威信。

那么，如何改进"一刀切"的毛病，做到因地制宜呢？从上述在桂村发生的事例中可以看出，政府在科技推广中，应做的还是虚心向农民学习，多听听农民的意见，而不要一味地自作主张，认为自己所做的一切都是为农民好，农民就是落后，就是讲不通。要知道，只有农民才是整天与土地打交道的人，最熟悉他们的田地，最懂得田地的习性。

2. 有意识地运用当地人的思维和用语习惯来进行科技服务，这样农民才能听得懂、看得明，才会用。

如现在的种子、农药、除草剂、营养激素等农用产品虽都附有说明书，但用语太专业化、不通俗，典型的像升、毫升等量度单位，就不符合农民以斤两论多少的习惯，这样农民就换算不过来，请教专职科技人员又不方便，只好问问店主或自己回家摸索。即使是农业服务部门，也有类似的做法，典型的如上面所录的那桐镇农业服务中心的"病虫情报"，几十个字竟然用了"亩、两、克、公斤"四个量词。还有一些产品外观上很相似,老百姓易误用。如杀虫双(系农药)与草甘磷(系除草剂)的瓶在大小、颜色、形状上几乎没有差别,以致有的农民在杀虫时用了除草剂,结果苗都死了。

3.科技服务要具体化和责任化。

到乡村,科技人员、农业专家不是来做学术交流,讲些理论、指点一下就完了,而应该下到田间地头,问问农民需要哪些技术指导。眼下农民最着急的是农产品的深加工技术,如水果的保鲜、脱水,虽然当地政府已做了努力,但有些效果不是很好,科技人员和服务组织也应在这方面多下功夫。还有产品销路,村民的建议是如果政府能派出人员在开放地区树一个窗口或门户,让他们的产品面向市场就好了。

要做到具体化,就要真正了解农民究竟需要什么,要有针对性。因而,在科技服务中引入一些先进的理念和做法,如参与式发展理论及工具,是十分必要的。另外,如今的农业生产已越来越离不开化肥、农药、复合饲料、农用机械等工业产品,这就为农用数据提供了广阔的市场。为了有效防止一些唯利是图的组织或个人,利用农民渴望科技的心理,骗财骗物,伤害农民对科技的感情和对政府的信任感,乡村科技服务一定要责任化。

除了工商、执法等部门严格市场准入制度,加大打击力度之外,当地人民政府应把好关,因为在乡村信任机制中,农民还是比较相信政府的。从桂村发生的猪快长饲料事件可以看出,骗子们是通过当地政府官员进入当地市场的,“人民政府”无意之中当了回“托儿”,到头来,骗子骗了钱,农民受了损失,吃了哑巴亏,而个别官员却像没事儿一样。类似现象在乡下很多,如果政府拿不出切实可行的措施,使得乡村科技服务责任明确、赏罚分明,无疑会有损于科技下乡的经济和社会效益。

五、两类知识体系在现代农业技能教育中的互补性

通过桂村的案例,可以看出地方性知识对现代技术及知识的贡献可分为两个层面:

一是形式。当地人有着自身的信息传播渠道,借助它们,现代技术及知识便可尽快深入人心,收效比单纯的办培训班、技术讲座要好。

二是内容。现代技术及知识讲求科学性,地方性知识绝大多数来自于信仰和经验,这就使人们先入为主地以为两者水火不相容。而实际上,有些地方性知识表面看来是无稽之谈,其实可收到与现代知识相同的效果,有些则可直接弥补现代性的不足。例如,化肥、农药、饲料、添加剂在农业生产中广泛使用,虽然使得农副产品产量提高,周期缩短,但质量却在下降,农产品成了工业产品,这便是人们常说的"工业农业"或"化学农业"。不过,农民则从不吃这些东西,他们常常留出块菜地,地里施农家肥,种的菜自己吃,少量的拿来在村子里交换。家里养的鸡、猪,也是如此,留作自己吃的或用来在村子里交换的土鸡、土猪,喂的多是剩饭、剩菜、米糠之类,而在大市场交换的大多为工业鸡、工业猪。这也是人们为什么能在乡下吃到真正的"绿色食品"的原因。

另外,由于土产品和"工业农产品"之间的价格弹性,农民也采用些办法来矫正"工业农产品",如从养鸡场购回肉鸡,在家里养上一段时间,再拿到大市场上出售,这样既可以提高产品的质量和价格,也可以解决土产品产量不高的问题。当然,在此并不是非议甚

至指责农民的这些做法，只是想表明当地人这些独特的知识体系，对现代科技知识能够形成有益的补充。

总之，对地方性知识体系，最强有力的支撑是现代技术在应用（甚至发明）过程中，必须顾及现代及地方性两类知识体系，因为只有当地人对当地的情况最了解，最清楚他们需要什么，以及满足需要的最佳途径。以生产技术的推广应用为例，它不仅关乎现代技能和设备、预期经济效益、当地的生态资源等，而且与使用者的知识背景、劳动技能、社会组织密切相关，即“是在土著文化的自主性这样的名义下做出的对前者的反应”。[①] 如果只考虑到前者，那么只会是事与愿违，造成无穷无尽的恶果；如果二者兼顾，不只是事半功倍，而且可使当地文化得到保护和传承，从而在现代技术与知识的背景之下，保持文化的差异性和多样性。

第四节　农村妇女现代农业技能习得方式省思：东面村过山瑶的例子

具备现代农业技能是文化农民的重要标志。随着乡村社会转型，妇女在农业生产中的地位和作用日益突显，这就有必要对农村妇女现代农业技能的习得方式作必要的调查和分析，以有利于文化农民的塑造和乡村建设。

一、现代农业技能教育方式

Coombs 与 Ahmed 将教育分为以下几类：(1)正式教育(For-

---

① ［美］马歇尔·萨林斯著，王铭铭、胡宗泽译：《什么是人类学的启蒙？——二十世纪的一些教训》，马戎、周星主编：《21 世纪：文化自觉与跨文化对话(一)》，北京大学出版社 2001 年版，第 102 页。

mal Education):正式学制如小学、中学、大学;(2)非正式教育(Nonformal Education):不是正式学制,但有固定完整的系统作计划的行为变迁,如推广教育、补习班、职业训练等;(3)不正式教育(Informal Education):指没有系统、没有组织的学习,如由日常经验、大众媒介而习得。参照这一分类,吴聪贤将影响农民人力素质的学习因子分为正式教育、成人教育及日常学习(人际与非人际,即家人、朋友与大众媒介)等三类。① 中国内地学者一般把农民获取现代农业技能的途径区分为三类:一是通过本村村民、父母、亲戚、专家等人际交流网络;二是借助报纸、电台、电视台、科技期刊等大众传播媒介;三是参与政府、农业科技推广部门等组织的科技培训、推广项目等。② 这与本研究上节分析是一致的。

结合上述两种分析,我们可将农村妇女现代农业技能的习得方式概括为两类:一是"非正式"方式,即参与政府、农业科技推广部门等组织的科技培训、推广项目,特点是组织性和群体性;二是"不正式"方式,包括人际交流网络和大众传播媒介,特点是分散性和个体性。

二、过山瑶妇女现代农业技能习得方式

1. 调查地及样本选取

调查地东面村位于广西恭城瑶族自治县西北部,隶属西岭乡,距乡政府 45 公里、县城 61 公里,是一个边远的瑶族山区村,全村

---

① 吴聪贤:《农民知识之研究》,《民族学研究所集刊(第四十七集)》,中央研究院,1979 年。

② 李明中、胡虹文:《中国农民技术知识学习模式研究》,《农村经济》2003 年第 9 期。

总户数368户，总人口1386人，均为瑶族。总面积数23平方公里，有水田978亩，旱地238亩，村委集体林场1400亩，主要经济收入来源杉树、毛竹、罗汉果、香菇、木耳等。

调查主要以家庭妇女为对象。依据其年龄、文化程度、家庭经济构成、贫富程度等的不同，选取了18名访谈对象（表3－2）。

表3－2 调查对象构成情况

姓 名	性别	年龄	文化程度	家庭经济来源	贫富程度
陈玉英	女	55	初中未毕业	拉砧木、养生猪	中等
朱益鸾	女	46	初中毕业	木材生意	富裕
贺玉梅	女	32	初中	毕业罗汉果、柑果	中上
王元英	女	40	小学毕业	罗汉果、杉树、橙子	富裕
刘修媛	女	40	小学毕业	开货车运输、商店、养殖	富裕
肖田秀	女	50	文盲	外出打工、种柑果	贫困
李谟政	男	52	高中毕业	医疗诊所、木材加工工厂、养殖生猪	富裕
黄宗富	男	52	小学毕业	柑果、养生猪	中上
朱益凤	女	41	小学一年级	拉木板、香菇、养殖生猪	贫困
袁士英	女	48	小学三年级	商店、木材	中上
文崇英	女	77	文盲	香菇、养殖生猪	中等
蒋廷秀	女	44	小学毕业	香菇、拉木板、养殖生猪	中等
朱永桥	男	21	初中毕业	香菇、拉木板、养殖生猪	中等
黄枝臣	男	34	高中毕业	橙子、养鸡	中上
胡贤义	男	45	中师	教师工资、香菇、橙子	中上
文衍和	男	52	初中毕业	拉砧木、养生猪	中等
朱益耀	男	48	高中毕业	香菇、拉木板、养殖生猪	中等
王 婷	女	12	读四年级	开货车运输、商店、养殖	富裕

2.过山瑶妇女现代农业技能习得方式

(1)“非正式”方式。过山瑶妇女只是间接地通过这种方式来获得现代农业技能。个案3-16至3-18反映出过山瑶妇女一般很少参加有组织性、群体性的科技培训活动，主要是她们的丈夫参加，然后丈夫再传授给她们。因此，"非正式"方式实际上表现为"不正式"方式。

个案3-16：WYY，有两个女儿。她说，村里组织的农业培训，她不去，都是她老公去。回来后，再讲给她听。

个案3-17：ZYL，丈夫做木材生意，有一女儿。她的丈夫说："村里有什么培训，早两天就贴出来了。主要是我去听，回来我就告诉她有哪些内容。"

个案3-18：JTX，有一儿一女。她说家里种了1亩多柑果，大多是她管的。但她不去参加培训课，都是孩子他爸去。

(2)"不正式"方式。个案3-19至3-22表明过山瑶妇女更多地是通过大众传播媒介、人际关系网络来学习现代农业科技。

个案3-19：WYY说："我家从2000年开始订了《家庭科技》《农村新技术》《南方科技报》《每月文摘》《广西老年报》等杂志、报纸，一年订这些要两百多块钱。在这之前只订有《半月谈》《百事通》。我家订杂志有十多年了。我很喜欢看这些书刊，上面有很多种养的知识，像种花生晓得了怎样施肥，晓得黄豆开花时不能浇水，养猪怎么养都有的。有些讲起来很科学的，以前总是要把猪菜煮熟，现在从书上晓得，猪吃生菜就可以了，省了柴火，又省了好多事。柑子叶子黄的那种病，不晓得是什么，后来在科技报上知道了，是磷肥过量了。如果你不知道技术，猛下肥料，过量了是要不得的啊！书上还有一些推广新农产品，如果讲得好的话，我也想试一试的。"

个案3-20：HYM，曾在村里当过代课老师。她说：

“2003年，我种了七八分地的罗汉果，是土苗，共有260多棵，2004年挂果，纯收入有八千块钱。2004年又种了700多棵，也是土苗的，今年可以挂果。组培苗（新苗）不合算，难管理。我种罗汉果主要是靠看点书，不懂就问懂的人。我自己买了《罗汉果栽培与开发利用》《罗汉果组培苗种植关键技术》，我总是按书上的做法来做的。因为自己头一回种摸不到底，自己摸索是不行的，要相信科学，相信书上说的，还是没有错的。今年种，还是按照去年的做法，有点经验就不怕了的。”

个案3－21：ZYL说，她晚上一般都看电视的，看看新闻，好看的电视剧也看。还看天气预报，80％都讲得蛮准的。晓得了天气情况，就可以安排农活了。

个案3－22：JTX说，她去买农药，卖的人会讲给她听农药的使用方法。再不懂的，也可以问人家懂的。

2. 过山瑶妇女习得现代农业技能方式的差异性

上述分析可以看出，过山瑶妇女习得现代农业技能主要是“不正式”方式，而且明显表现出两种差异性：一是农村男女性别差异，二是过山瑶妇女群体内部差异。

农村性别差异：表现为过山瑶妇女在有组织性、群体性的“非正式”现代农业技能传播活动中的弱参与性。对此人们可以做出多种解释，但文化无疑是最重要的因素。正如有学者在分析“性别主体”时所说，“性别分析者的预设的发现，而且也是一个世界性的现象：即就业或担任公共事业职位方面普遍存在性别歧视。这种歧视一般被认为是一种制度化的歧视，相比社区层面的情况，家庭层面大有问题。例如在有关家庭事务的栏目中，出现的情况是：男人和女人都认为大多数家庭事务是由男女双方共同决定的。”[1]同理，丈夫还是妻子外出参加技术培训，也是由男女双方共同决定的，其结果之所以表现为丈夫参加妻子不参加，主要还是取决于文化意义上的家庭内部分工。

过山瑶妇女群体内部差异：“不正式”方式主要包括两种途径：一是人际交流网络，另一是大众传播媒介。两种途径都能够给过山瑶妇女提供学习现代农业技能的机会。首先从人际交流网络来看，因为日常交往对象是多元性的，如果不能够通过某个角色如“丈夫”习得现代农业技能的话，还可以从其他角色如亲戚、朋友、本村村民、专家、销售商那里习得；其次，报纸、电台、电视台、科技期刊等大众传播媒介都提供了大量的、通俗易懂的现代农业技能信息。

个案研究表明，能够通过人际交流网络，尤其是大众传播媒介主动来获取现代农业技能的妇女一般文化程度都较高，如是初中文化程度、小学毕业。反观一些文化程度低的过山瑶妇女，则缺乏学习的主动性，对大众传播媒介的作用更是很少提及。因此，文化程度是造成过山瑶妇女在现代农业技能习得方式上群体内部差异的决定因素。

三、讨论：提高过山瑶妇女文化教育化程度

习得方式上的性别差异和群体内部差异无疑影响到部分过山瑶妇女现代农业技能的获取。那么，如何才能使这种局面得到改观呢？关键还在于提高过山瑶妇女的文化程度。正如前面所分析的，只要有了一定的文化程度，过山瑶妇女就可以在日常人际交往

---

① 朱晓阳：《在参与式时代谈建构“性别主体”的困境》，《开放时代》2005 年第 1 期。

和生活中，习得现代农业科技知识，具备基本的判断和创新能力。这与“爱读书”是文化农民生成的重要推力也是一致的。

可喜的是，如今的过山瑶妇女都认识到了读书的重要性。特别是随着中国九年义务教育的基本普及，以及各种政府或非政府组织针对部分农村的失学女童所实施的一系列有效的援助项目，如“春蕾计划”等，加之农村青年妇女外出务工的经历，都使得年轻一代过山瑶妇女的文化程度有了明显的提高。可以预见，将来过山瑶妇女具备的现代农业技能也会有大幅度的提升，民族地区的乡村建设也会有个质的变化。

第四章　田园竞秀与诗意栖居
——民族地区和谐乡村生态建设

第一节　田园家园同构：文化农民的和谐乡村生态观

一、和谐乡村生态建设的内涵

和谐乡村生态建设是和谐乡村建设的有机组成部分，含田园与家园生态建设两个方面。前者主要是基于乡村自然生态破坏与工业农业的过度发展而导致的人类根本生存危机，譬如食物安全。[①] 在中国，食物安全主要表现为食物质量和食物可持续安全。其中的原因一是随着生活水平的提高，人们越来越讲求“养生”之道，对食品的需求不再仅仅满足于数量，而是更注重安全和营养，但近年来中国各地发生的各类食品安全事件，如瘦肉精、毒大米、地沟油、农药蔬菜、污染鱼等“问题食品”，品种之多、涉及面之广、后果之严重，某种程度上已引起了全社会的惶恐。二是伴随中国国民经济步入工业化中期发展阶段，由于水土流失、耕地质量下

---

① 李哲敏：《食物安全的内涵分析》，《中国食物与营养》2003年第8期。

降、生态环境恶化及自然灾害加重等原因，导致农业生产的后续资源严重不足，农业的再生产能力下降，食物可持续安全亦日渐突显。

另一方面，随着物质条件的改善及社会闲暇的增多，城乡交流日益广泛，越来越多的城里人把乡村当做自己的“家园”、“后花园”，这不仅激活了农村人的生态意识，促成了各式各样的农家乐、牧家乐、渔家乐、林家乐等农业观光产业，而且对乡村的自然生态和人居环境提出了新的要求。但眼下实情却不容乐观，乡村白色污染日益严重，脏、乱、差现象普遍存在。特别是在中国西南山地民族聚居区，情形更是不容乐观。[①]

由此可见，和谐乡村田园生态建设目标为在持续产出优质、绿色、无公害农产品的基础上，同时保持土地、山川、河流等自然资源的清洁、高效、美观，以营造田园生态景观，发展观光农业；家园生态则要求对家屋、村落进行现代改造，如庭院、厨房、厕所、村道、牲畜栏、垃圾处理、饮水等，以实现人居环境的安全化与美化，建设一个山青、水碧、田秀、村洁的乡村新环境。因此，和谐乡村生态建设实质上体现出了现代性与审美性的高度统一，以及新乡土文化的追求与构建。

那么，时下民族地区和谐乡村生态建设的实情如何？换言之，在和谐乡村生态建设中，农民有着什么样的生态观？他们是如何行动的？本节将通过马安庄个案进行分析。

---

① 秦红增、黄丽萍：《西南石漠化地区农村环境卫生的现状与对策》，《贵州民族研究》2007 年第 3 期。

马安庄位于广西上林县白圩镇东部，距县城约 20 公里，村前清水河绕过，村后马安山矗立，气候温和湿润，是一个颇具淳朴风韵的自然村落。村子是单姓村(覃氏)，52 户，272 人。可耕地总面积 300 亩，其中水田 170 亩，旱地 130 亩。在 1996 年以前，由于土地资源有限，加之地理位置较偏，既不沿铁路、公路，也不靠近集市，村庄经济一直停留在水稻、玉米和养猪、养鸭、养鸡等传统种植养殖水平上，人均年收入约 1300 元，仅能解决温饱问题。近十多年来，在政府的引导和扶持下，马安庄逐步发展网箱养鱼和种植经济作物，步入了生态农业的经营路子。目前，全村网箱养鱼 600 箱，WN196 良种山葡萄种植 71 亩，油葵种植 70 亩，网箱养鱼与经济作物种植已成为马安庄的两大支柱产业。2006 年马安庄纯收入 111.5 万元，人均年收入约 4100 元。在经济发展的同时，马安庄人充分认识到了村落生态环境的重要性，不仅自觉保护环境，而且有意识地美化了环境。故本节拟通过马安庄和谐乡村生态建设例证(田野调查时间为 2007 年 11 月)，采用文献分析法、参与观察等研究方法，通过描述当地农民生产与生活中的生态行为，剖析文化农民的生态观念及其成因，探讨其中的路径与经验，以期在相关理论和实践方面有所裨益。

二、生态农业：文化农民田园竞秀生态观

生态农业一词最初由美国土壤学家威廉·奥伯特于 1971 年提出。自 20 世纪中后期以来，为消除工业、农业带来的一系列负面影响，可持续发展型的生态农业得以倡导和发展。1981 年，英国农学家瓦廷顿将生态农业明确定义为“生态上自我维持，低输

入，经济上有生命力，在环境、伦理和审美方面可接受的小态农业”。[①] 生态学家叶谦吉认为，生态农业是从系统思想出发，按照生态学原理、经济学原理、生态经济原理，运用现代科学技术成果和现代管理手段以及传统农业有效经验建立起来，以期获得较高的经济效益、生态效益和社会效益的现代化的农业发展模式。[②] 美学家袁鼎生指出，“生态农业遵循不同物种间、物种与环境间相生相长、相克相抑的共生规律和生态制衡规律，达到低投入与高效益的统一，达到生态经济效益与生态环境效益、生态审美效益的天然统一与和谐共生。”[③]因而生态农业在本质上体现出的是集约性、循环性、科技性以及生态审美性的有机统一。在功能意义上，生态农业不仅有效地解决了食物安全，而且也营造了田园生态，使自然生态与社会生态相合为一，形成了田园竞秀式的乡村生态整生化。

中国生态农业自 20 世纪 70 年代发展以来，可概分为萌芽形成期、发展成熟期、深化和渗透期，[④]逐步创造了许多具有明显增产增收效益的生态农业模式，如稻田养鱼、林粮、林果、林药间作的主体农业模式，农、林、牧结合，粮、桑、渔结合等复合生态系统模式，鸡粪喂猪、猪粪喂鱼等有机废物多级综合利用的模式。近年来，随着绿色农业、品牌农业的推广，通过“公司＋基地＋农民专业合作组织＋农户”等农业产业化运行机制，中国生态农业已渐趋完

---

① 邓三龙、彭福扬：《论我国生态农业现状及其发展战略》，《西部时报》2007 年 6 月 30 日。

② 叶谦吉：《生态农业》，重庆出版社 1988 年版，第 11 页。

③ 袁鼎生：《生态艺术哲学》，商务印书馆 2007 年版，第 504 页。

④ 王兆骞：《试论中国生态农业的发展》，《中国生态农业学报》2008 年第 1 期。

善，不仅形成了完善的市场营销、技术服务、质量监督及贷款融资等体系，而且农民参与程度强，科技水准高，经济与生态效益好。具体到马安庄，当地农民在政府的引导下，自觉行动起来，充分利用了水资源优势，形成了以网箱养鱼为主、经济作物种植为辅的生态农业模式，营造了良好的田园整生、竞生生态，保持了农业生产的良性循环，并建构起讲求集约、循环、科技以及审美的田园生态观。

1. 集约与科技：网箱养鱼

(1)初创：文化农民兴起网箱养鱼

在马安庄的网箱养鱼发展历程中，村内一些懂得经营、会管理、善交流的"文化农民"，起到了领头雁的作用。如现任村里养鱼协会会长的 QJN，从 1995 年开始尝试网箱养鱼，经过七年的不断摸索与积累，最终获得了成功。2002 年在他的影响下，马安村的其他村民纷纷开始网箱养鱼。

个案 4－1：网箱协会会长 QJN

QJN 家现种有 2 亩油葵、8 个网箱。原有 16 箱，今年和大儿子分家，分了 8 箱和 4 亩地给儿子。他说，1995 年他就开始用网箱养鱼了，那时候都是用河里的水草、玉米、杂草养鱼，技术含量低，一个人最多只能养一箱（七八百条），产量也不高，两千斤左右，跟现在比起来不赚什么钱，投资少，酬劳少，收益不高，但放到当时，还是可以养家糊口。养鱼成不成功，技术是一个很重要的因素。现在技术培训的办法有很多种，很多饲料商为了推销自己的饲料都传授农民怎样防病防害养殖技术。县科协也经常派专家下来指导。当时他养鱼是边看书边实践，一点一点积累起来的。经多年的实践，他发现书上的内容只有小部分适合自己用，毕竟各个地方还是存在地方差异的，还要自己琢磨，找到最适合自己的养鱼技术。还有就是要经常与人交流，学习别人的长处。如通过外出参观南宁周围的网箱养鱼厂，学习他们的养殖经验，回来进行小规模试验。起先他的网箱是用大竹子做架子和用铁杆固定四周，发现不牢固，成本高，每个网箱制作费要花三四千元。后来改用铁框架，配上浮桶、泡沫，不用铁杆竖起、固定四周，底下不用铺平板，每个网箱只需 1000 元左右。还有用饲料喂养，不仅鱼长得快，而且不用割草喂鱼，节省了很大劳动量，一个人可以养 10 箱。但饲料的好坏很关键，要不断地了解相关信息，他常到南宁周边比较各种饲料，寻找最高性价比。同时，还想要找到一种快速测量饲料养分含量的仪器，以后买饲料就不会被骗。网箱协会成立初期，村里的干部看他有多年的养鱼经验、技术又好、又有销路、社会关系多，于是就请他当网箱协会会长。那时，很多会员的养鱼技术不好，很多村民对网箱养鱼能否赚钱还持观望态度，所以参与的人也不多，生产规模也不大，市场销售的路子不多。起初为了打开市场，规定进入协会的会员每年要交 5 元会费作为开阔市场的运作费和请专家来的培训费，经常一起到外面去跑市场、捕捉信息。几年下来，生意做熟了，销路基本打开了，生产也成规模了。

(2)发展:网箱养鱼协会的建立

马安庄的网箱养鱼在迅速发展的同时，因分散养殖，导致鱼病防治工作不到位、销售时不计成本竞相压价的恶性竞争等问题，村民急需一个能协调好养殖秩序的机构，使生产经营规范化、专业化。在当地政府的引导下，2003 年马安庄养鱼农户组织——网箱养鱼协会成立。协会成立后，制定了发展规划，组合了原来松散无序的养殖户，形成合力，增强了市场竞争优势，而且带动了临近的鸾庄、白马、蓬木、石塘、古文、山儿、大浪等十多个村庄。覃排清水河沿岸的网箱养鱼由原来的300多箱发展到了现在的1300多箱，逐步成为当地农户的支柱产业。

个案4-2：马安庄网箱养鱼协会

以前，马安庄是一家一户分散网箱养鱼，由于鱼病防治技术水平低，且在出售鱼的时候经常出现不计成本竞相压价的恶性竞争等问题，不少养鱼户因为网箱养鱼病死过半或成品鱼卖价过低而亏本。因此，农户们非常希望建立一个既能够给他们送技术，又能够协调好养殖秩序的机构。在县、乡政府的引导下，马安庄于2003年6月成立了“网箱养鱼协会”。协会成立后不断壮大，会员也逐步扩展到附近村屯的养鱼户。为了使网箱养鱼效益最大化，协会实行了统一贷款、统一购网、统一购苗、统一管理、统一销售的经营模式。统一贷款，即由养鱼协会和金融部门联系，采取养殖户联保的方式，由金融部门向养殖户发放贷款，协会协助对贷款的使用、偿还进行监督，通过这种方式就解决了养殖户资金紧缺的问题；统一购网，由协会组织养殖户与商家洽谈购网事宜，以量压价，确保养殖户利益；统一购苗，协会帮助养殖户联系质量好、价格适宜的鱼苗，从而解决了单个养殖户所遇到的质量、价格、运输等问题；统一管理，协会对养殖户从鱼苗的投放、品种的调节、饲料的使用、鱼病的防治实行统一指导和监管，确保鱼的品质达到无公害标准；统一销售，由协会代表养殖户与加工企业签订订购合同，寻找各种销售渠道，解决养殖户的后顾之忧。通过这些经营方式，就把分散的农户和资源整合起来，使得马安庄的网箱养鱼走上了规范化的路子，也促进了村庄养殖产业的持续发展。

(3)品牌：清水河生态鱼

品牌，一方面是为了消除消费者的顾虑，传递产品信息的载体，向消费者承诺达不到食品安全标准承担赔偿责任的载体；另一方面，与之相对应，政府制定并实施的食品安全检验制度和企业通过品牌承诺责任制度，乃是发展现代生态农业必不可少的两项基本制度。本着“品牌”原则，马安庄人在利用清水河流速合适、水深适宜、河床平稳，涨大水的时候又不会冲走网箱等天然优势的同时，注重提高网箱养鱼的科技含量，从鱼种选择、产地环境要求与调控、投入品（包括饲料、饲料添加剂、肥料、鱼用药物）的安全要求与管理、病害防治与运输技术等等方面严格执行无公害养殖的技术规范，从而在激烈的市场竞争中脱颖而出，生产的“清水河鱼”通过了国家无公害产品认证，成为当地知名品牌，被人们称为“生态鱼”。

另外，“生态鱼”对养殖水域的要求非常严格，如不直接受工业“三废”及农业、城镇生活、医疗废弃物污染的水产生产水域；区域水面积大于6667平方米（水流速在每秒0.2米，河流宽度不小于30米），水深3米以上，透明度0.05米以上；水质要求无异色、异臭、异味，水面不得出现明显油膜或浮沫，等等。因此，马安庄人现在颇具环保意识，以保持清水河水质优良，真正实现了乡村生态的整生化。

个案4-3：马安庄人的环保意识

“50年代淘米洗菜，60年代洗衣灌溉，70年代水质变坏，

80年代鱼虾绝代，90年代身心受害。”在全国河流普遍受到污染的严峻背景下，马安庄的清水河段却保持得很清澈，其中的原因除了处在河流上游、村内没有工业等客观因素之外，还与当地人的环保意识密切相关。基于网箱养鱼的生态要求，村民都养成了保护水域的习惯，对自己的一言一行都很注意，如不往河里扔垃圾，制止他人的不文明行为，还在河道旁竖立“禁止向河道丢垃圾，违反罚款200元”的告示牌等。现在连村里的小孩都不会有随手往河里丢垃圾的行为。

2.循环与审美：经济作物种植

在网箱养鱼业稳步发展的同时，马安庄人又积极探索，充分利用土地资源，采取走出去、请进来的办法，主动与科研机构、高科技企业联系，大力调整种植业结构。2007年，与广西农业科学院园艺研究所和都安密洛陀葡萄酒业有限公司合作，订单种植NWJ196良种野葡萄，由园艺所提供种苗和技术，企业实行保价收购。目前已种植71亩，预计亩产值将达到5000元左右。同时农民还利用冬闲田种植了美国油葵70亩，形成油葵花观光带。

个案4-4：为什么选择种油葵？

关于种油葵的原因，农民的看法主要有政府要求种的，有补助。油葵主要是利用冬闲地，不影响粮食作物的种植，还可增加收入。种油葵，投资少，见效快，不费工。油葵的鲜嫩叶、腋芽及麸饼是很好的精饲料和青饲料，可以用来喂猪、喂牛。葵花非常漂亮，深受大家喜欢。

个案4-5：为什么发展葡萄种植？

村民QJD说：“网箱养鱼走上正轨以后，由于种植水稻价值不高，在保证基本口粮的前提上，大家琢磨着如何提高土地的使用效率。起初是想种大棚蔬菜，也看了很多介绍，但发现其一是成本高；二是管理麻烦，要有专人负责，现在留在村内的主要是中老年人，基本上家家都养鱼，分不出足够的人手；三是不占区位优势。当大家在茶话会上讨论发展经济作物时，我脑子就闪过一个念头，种葡萄。最先想到它，是觉得葡萄很有田园气息，还有就是如果我们以后搞旅游，让游客自己去摘葡萄，还能喝上农户自家酿造的葡萄酒。后来，有机会结识到都安密洛陀葡萄酒业有限公司的经理，同时又去广西农科院讨教野生葡萄栽培技术，觉得该项目具有可行性，就搞起来了。”

通过个案 4 - 4 和 4—5 可看出，马安人在种植产业结构调整过程中，既重视经济效益，也讲求科技、循环和审美，如利用冬闲地种油葵，不仅改变了以往的耕作制度，实行粮油轮作和水旱轮作，还有利于地力的提高和病虫病的综合防治；油葵的嫩叶、腋芽及麸饼作为数量可观的精饲料和青饲料，又带动了当地养猪业的发展，而经沼气池无害化处理的粪便，不仅可以成为回到田间的优质肥料，而且可以用作网箱养鱼的饲料，从而形成了油葵—养猪—沼渣—菜地、网箱养鱼的良性循环。此外，考虑到油葵花花期较短，一般为两周，当地采取了分批种植的方式，以延长其观赏性。油葵花盛开时，成片成片，不仅美化了乡村环境，还促进了观光农业的发展。诚如马安庄的农民所言，在乡土文化里面，葡萄园、油葵花应是最有代表性的了。

3. 乡村生态整生：观光农业

为了谋求更好的发展，目前马安庄的农户自发组建成立了上林县清水河无公害网箱渔业发展有限公司，村民正在着手申请注册“无公害清水河鱼”商标,此举除了想把养殖的鱼出口到国际市场创外汇挣大钱外,更重要的意图还在于开发清水河自然风光、垂钓休闲、田园生态、农家风情等相结合的观光农业,打造乡村旅游品牌。2007年“十一”长假期间,马安庄就成功举行了上林县第一届清水河钓鱼节。因此,观光农业可说是乡村新的持续发展增长点,也是田园竞秀式的乡村整生生态的集中展现。

三、安全和谐环保:文化农民诗意家园生态观

村落是农耕文明最为常见的大聚落或多个聚落形成的群体。尤其是在中国,基于农耕文化的成熟和绵延,更是承载了众多的社会功能与文化信息,因而可看做是中国文化的象征与浓缩。“总体而论,中国古村落体现出的是和谐的文化精神,是道统思想在民间的延伸与传递。所谓的和谐有两个层面:一是人与人的和谐,以家族或宗族为其聚居模式;另一是人与自然、与文化的和谐,集中表现在村子的选址、建筑的布局和风格等方面。”①尽管我们今天在欣赏古村落时,仍深深被其中的“风水”文化所折服,但发展到今天,终究传统的村落仍有许多不合时宜的地方,尤其是在一些较为贫穷、干旱的山地或高原村落,人们生存的安全性尚难有充分保障,其中的诗意性就更难追寻。鉴于此,近年来,依托新农村建设运动,在中国广大的农村,也开始了大规模的村落营造运动,且收到了良好的效果。马安庄也不例外,该村通过一系列的改造工程,村容村貌焕然一新。19世纪德国诗人荷尔德林笔下“诗意地生存”意境也渐渐展现,以安全、环保、和谐为核心的诗意家园生态观

① 周大鸣、秦红增:《中国文化精神》,广东人民出版社2007年版,第133页。

也逐渐形成。

1.安全

(1)饮用水

马安庄地下水丰富,人们生活用水以井水为主,各家各户都在家屋附近打井取水,另外,村里还有一口公用井。然而,除了个别人家在水井里放有木炭、河沙、碎石等对井水进行初步过滤外,大多还是直接取水。经当地水利部门检测,取用水多为地表水,含铜量大,加上喝生水习惯,饮水安全有一定忧患。为解决这一问题,当地政府投资,在该村打了一口深井,并建了一座符合饮水标准的自来水塔,把自来水管铺到家家户户门口。笔者调查期间,水井已钻探到约40米深见水,相信马安庄人现已喝上了清洁、卫生的自来水。

(2)垃圾处理

家庭垃圾:农村家庭垃圾主要为日常生活垃圾和种植物秸秆等。在家庭垃圾的处理上,马安庄采取“分散处理、各户负责”的办法,而且在当地人眼中,只有得到充分利用不能再使用的东西才能被视为垃圾,如易拉罐、编织袋以及各种饮料瓶等,平时收集起来,再卖给来村收废品的人;厨房产生的残羹剩饭,用来养猪、喂家禽;农作物如稻草、花生等秸梗,用来喂牛、喂鱼,木薯秆晒干后做柴火。村里在逢年过节、红白喜事时,“白色污染”现象也较为严重,但也有专门的人负责清除焚烧。

人畜粪便:以前在马安庄,人畜粪便不经过任何消菌无害化处理就直接用作肥料。现在该村95%以上的家庭有了沼气池,人畜粪便被集中倒入沼气池,不仅产生了便捷的家庭燃料,而且经过沼气池处理后的粪便,寄生虫卵大量消灭,粪便得到无害化处理,可以放心施肥，对菜地、田间土壤、水源的污染得以减轻。

其他：在马安庄，用过的农药瓶或农药袋，会把它们集中起来置于家内不起眼的地方，告诫小孩它的危险性，再卖给废品收集者。已废弃的旧泥屋，统一推倒后，泥土集中运走，各家各户在原址上种树种菜。

2. 环保

以前在马安庄，人们日常主要使用柴草、木炭等传统燃料，随着人口的增多，大量烧柴致使林木大量被砍伐，导致农村生态环境的破坏和水土流失，同时柴草燃烧所产生的烟雾和柴灰，对人们的呼吸道健康产生了一定的危害。现在人们普遍使用清洁能源——沼气，并配合推行"一池三改"（沼气池、改水、改厨、改厕）工程，从根本上改变了传统能源的消费模式，且使人畜粪便、生活污水基本达到无害化处理，减少了常见疾病的发病率，有利于退耕还林，促进乡村生态良性循环。

(1)沼气池

马安庄的沼气池建设早在十多年前就开始了，是当地村民在外务工时引荐回来的。

个案 4-6：沼气池的兴起

QJD 家是村中最早建沼气池的家庭之一。他说：当时他在桂林阳朔务工时，见识到沼气池的好处，就回家自己动手建。建沼气池并不难，一般是自己先挖好坑，请专业的施工队来打模、装管道，这是技术活，自己干不了。现在白圩镇有两个施工队，他们都接受了专门的培训，获得了施工许可证，基本上能满足附近村庄的服务需求。建一个沼气池的花费约一两千元，近几年新农村建设开展以来，每建一个沼气池政府补助600元，一般是采用发放水泥的方式，已建好的沼气池家庭则补助沼气灶具。

如今，马安庄几乎家家户户都建起了沼气池。由此可见，不管是什么新事物，只要是能确确实实地给农民带来实惠，村民的参与积极性会很高。调查中，当时负责沼气池建设项目申报工作的QJJ笑着告诉笔者："现在，你如果不许哪户建沼气池，他会跟你急。一池三改，给农村生活带来了很大的便利，不仅改善了家庭生活，也保护了生态环境。如20世纪七八十年代，村民每个月要花上七八天的时间上山找柴，对山上的生态环境造成很大的破坏；现在大多数家庭燃料为沼气，沼气不够时，才辅助以液化气、电或柴火。"

(2)改厨改厕

厨房与厕所一直是农村环境卫生的一个难题。以前，马安庄的厨房称作为柴火房，墙角用来堆放柴火，靠墙建有约50厘米高的灶台，并排着三个火炕，熬粥、做饭、煮猪食等都在这里。灶台、炊具以及墙壁受柴火经年累月的熏染，变成一片黑黢黢的颜色，而柴草燃烧产生大量呛人的烟雾和柴灰，再加上油烟，有时熏得人眼睛都睁不开，对人们的呼吸道健康有害。厕所，是用土砖垒起盖上茅草的简易厕所，即在地下挖个坑，放入粪缸，搭上木板而成，为淘粪方便，上面的木板不予固定，且粪便中蛆虫满缸爬，这样的条件卫生状况可想而知。作为新农村建设工作的一个重要项目，政府给每户改厨改厕的补助1500元，统一发放瓷砖，并对厨房、厕所的各项指标做了具体的规定。如厕所要求建成现代化的冲水式，厨房地面必须铺上瓷砖，墙面瓷砖需高于1.5米，建有防蝇防尘防鼠橱柜，灶台、洗涤池等都必须安上瓷砖等。有条件的，要与沼气池配套建设完成，厕所粪便与沼气池进料口连接。

个案4－7：改厨改厕的好处

村民LY："要我说，改厨改厕的好处是一目了然。以前的柴火房，墙壁上到处黑糊糊的，墙角一堆堆柴草，地上一层层的烟灰，厨房用具也是黑黢黢的，做起饭来，那烟雾熏得人眼睛都睁不开。再看看现在的厨房，里面到处贴有瓷砖，亮堂得很。现在又用的是沼气，到处干干净净，讲起卫生来更勤快了。那厕所就更不用说了，直接与沼气池相连，都闻不到气味了。"

3. 和谐

在中国，传统村落在选址、建筑的布局和风格等都很有讲究，以实现人居和谐。但随着乡村生产生活的现代化，这些传统便显得陈旧，功能不健全，如没有水电设施，人畜同居不卫生等。因此，如何通过村容改造以实现新的人居和谐，也是和谐乡村生态建设的重要内容。在这方面，马安庄也进行了有益的探索。

(1)村庄规划

依据上林县城镇规划设计室绘制的马安庄建设规划图，人员居住区集中于马安山脚，依山势而建，村尾后山脚下建饲养区。当地农民QJH讲，村里以前的旧平房紧挨着山脚，后来修建楼房大家都自觉建在旧房以外，与城镇规划设计室的要求相符。重新选址的原因很简单，只要是生活在这里的人都知道，为了防备后山石头跌落，造成损失。饲养区的规划也很好，比如现在有一养殖户，把饲养点建在村中居民较集中的地方，不时散发出的气味很熏人，雨水过后，污水四溢，对大家的日常生活造成了影响。以后都放到后山去，这类问题也就解决了。

(2)道路建设

马安庄的主干路是南北走向,贯穿村头村尾,路面宽 6.5 米,已水泥硬化。居住区中央是一条东西走向的主巷道,通往村里的活动中心。从活动中心到清水河有一条宽约六米的道路通往网箱养鱼基地,尚未硬化。除以之外,还有一条为运输网箱鱼而建的沿江路,此路砂石路基已修好正准备硬化,也是新农村建设试点的上马项目之一。该庄还有一条环村路正在规划之中。总体而言该庄的道路建设得较好,硬化水平较高,大部分家庭自己出资把水泥路硬化到了自家门口。主干路两旁还建有花坛,种有各种树木,既有风景树,如天竺葵、棕榈树,还有果树,如芒果树、杨桃树、槟榔树、黄皮树、龙眼树等。沿江路从村头到河边这段的左边种有一排芒果树,右边种了许多竹子,葱葱翠翠,繁荣茂密,一来为了保护水土流失、巩固河岸,二来竹林也是人们纳凉的好去处。正如村民 WYL 讲:"现在村庄的环境这么好,很让人自豪。比如说,我们去别的村庄走亲戚啊,或者去参加红白喜事等等,看到他们那些村子还没修好水泥路,走的还是泥土路,路上牛粪、鸡粪到处都有,就觉得看不惯了,要是下雨天,更会抱怨他们村路怎么怎么不好走,揶揄他们怎么还不修路。"

(3)庭院美化

马安庄农户住宅均朝东南方向,传统的住房普遍是三高两矮、九宫八卦(即每座房子都是三间高房两间矮房,中间厅堂宽九尺,两边卧室宽八尺),中间厅堂前有一小小的天井,前面矮房一作厨房,一作畜禽饲养房。现在庄内绝大多数村民已住上钢筋水泥楼房,房内大都设置厨房、厕所。部分住宅前有庭院,院内一般有手压水井、鸡鸭舍、杂物堆放处,还有的在庭院内种青菜、果树和花草。随着新农村生态家园建设项目的推动，马安庄也开始了庭院美化工程，一般是政府每户补助1000元，但要求庭院需建有围墙，里面种树、养花，或挖鱼池，或种蔬菜，全凭自人喜好，但里面的鸡鸭舍、杂物等必须规划合理使其整齐有序。此项目进一步掀起了村民们美化家园的热情，原只限10户生态家园的资助名额，报名户数却达30户之多。

个案4-8：生态庭院

QJL老人家的庭院是村内生态家园建设的典范，访谈时，老人家高兴地从庭院里的果树上摘些新鲜的杨桃请我们品尝。笔者观察到其庭院右边的鸡鸭舍、杂物房建得整整齐齐，左边是新建的厨房、卫生间，前面除了留有一块晒谷坪，还有果园和一小块菜地。菜地一般种点葱蒜等小菜，旁边还搭有一个小小的果架，一棵罗汉果藤把整个架子都爬满了，结满了红红的果子，其他的各种果树、观赏性的植物就更让人目不暇接了。

当然，马安庄的生态建设还存在一些不尽如人意之处，但亦初步展现出村洁气新、碧水蓝天、岸绿鱼游的乡村新画面。

四、文化农民生态观的培育

马安庄和谐乡村生态建设历程再次表明，只有将农民动员起来，激活他们的创造性，将发展干预的外援力转化为内驱力，形成良好的生态意识与行动，和谐乡村生态的建成才指日可待。那么，如何才能做到这一点呢？

1. 政府保障

政府是农民生态意识促生的孵化箱。无论是保护还是发展，政府的角色最为关键。原因很简单，政府是社会资源的最大掌握者和分配者，又代表一个社会里的主流声音。因此，地方政府应以和谐乡村建设为基点，以转变农民生产和生活方式为核心，以可持续发展为目标，全面推进和谐乡村生态建设。首先，结合本地的经济社会发展水平、地理特征、环境资源状况、乡村未来发展方向等因素，因地制宜，合理布局，分类指导，充分体现农村生态环境建设的综合性和系统性。其次，建立健全切实可行的法律法规，推动农村生态建设走上制度化、规范化的轨道。最后，加大资金和政策扶持力度。

2. 市场搭台

市场是农民生态意识生成与行动的指向标。经济效益和生态效益高度相关，生态农业产品顺应了有益于人类身体健康和自然环境保护的市场要求，受到大众的热捧，经济效益也随之显著提高，从而增强了农民投资投入农村生态建设的信心，能够积极主动地遵从生态生产的要求，维护农业生态系统的平衡。

3. 科技支撑

科技是农民生态意识促生的强心剂。科学技术作为“第一生产力”，对农民的吸引不仅有其先进性，而且更重要的是能够给农民带来经济和社会效益，能够让农民真正看到好处和实惠。农民乐意学习、研究、推广各种既有高经济效益又有高生态效益的生态技术，如作物病虫害综合防治技术、化肥有机肥配合施用技术、沼气发酵产物的综合利用技术、种养合理配套技术、垃圾资源化、无害化处理技术等。

4. 教育为本

教育是农民生态意识促生的动力源。全方面，多层次，从农村、农民的实际出发，因地制宜地开展形式多样的宣传教育，采用灵活多样、通俗易懂、农民喜闻乐见的形式，充分利用广播、电视、图书、报刊、网络等各种载体，大力宣传生态环境知识。通过典型的经济—生态双赢案例宣传增加农民的认同感，从而调动农民保护生态环境的积极性。用看得见摸得着的身边事教育身边人，使农民学有榜样，赶有目标，做有信心。特别注意发挥现有文化农民的示范作用，以点带面。

最后还应提出的是，在提倡自然—经济—社会和谐发展的今天，注重从当地人的观点出发，在其所在的语境中理解当地人的知识体系的“民族生态学”，成为近年生态人类学的研究主流。“作为一门研究人类及其社会文化的科学，人类学除了能为我们提供人类与特定环境问题相关的生态知识外，还可以从当地人的价值观、信仰体系、亲属结构、政治意识形态以及仪式传统等比较宽广的层面上寻找有利于环境保护、社会可持续发展的生活方式。”[①]毫无疑问，发现地方文化的生态智慧、生态意义和生态价值，并从当地人自身的文化中寻找环境问题的原因和解决问题的途径，可提供独特的视角，促进生态人类学的发展。然而，随着人口的急剧增加，科学技术的日新月异，社会的快速发展，地方性知识的先天不足，即其区域性（小范围）和局限性（低产量）的缺陷越来越突显，难以满足人们日益增长的物质需求。借助马安庄的成功经验，笔者认为，只有促使农民形成符合时代发展的生态观、经济观，依靠农民自身的力量实现乡村生态的现代转型，才能有效地解决环境与经济的矛盾。

---

① 袁同凯：《地方性知识中的生态关怀：生态人类学视角》，《思想战线》2008 年第 1 期。

第二节　家园生态建设之一：雨卜苗寨公共卫生

2003 年 SARS 危机之后，公共卫生成了中国家喻户晓的热门话题。然而，现实生活中，每个人对公共卫生概念的理解是不一样的。从学术的角度来讨论什么是公共卫生，也有不同的观点。目前受到广泛认可的是美国公共卫生领袖人物温思洛（Charles Winslow）对公共卫生的定义："通过有组织的社区努力来预防疾病、延长寿命和促进健康和效益的科学和艺术。这些有组织的社区努力包括改善环境卫生，控制传染病，教育每个人注意个人卫生，组织医护人员为疾病的早期诊断和预防性治疗提供服务，建立社会机构来确保社区中的每个人都能达到适于保持健康的生活标准。组织这些效益的目的是使每个公民都能实现与生俱来的健康和长寿权利。"2009 年，中华医学会首届全国公共卫生学术会议提出了中国公共卫生定义：公共卫生是以保障和促进公众健康为宗旨的公共事业，通过国家与社会共同努力，防控疾病与伤残，改善与健康相关的自然和社会环境，提供基本医疗卫生服务，培养公众健康素养，实现全社会的健康促进，创建人人享有健康的社会。①

可以看出，公共卫生是和谐家园生态建设的主要内容，包括环境卫生和医疗卫生两个方面。环境卫生主要包括饮水卫生、居住环境、垃圾处理、个人卫生等几个方面，它影响着人类的发展；医疗卫生则关系着人类的生存，主要包括医疗机构的设置，各种地方疫

① 《健康报》2009 年 10 月 20 日。

病、流行病的防治，妇幼保健等方面。

一、环境卫生建设

1.讲究生活用水卫生

(1)水资源获取方式变迁

雨卜村地处广西融水苗族自治县香粉乡中北部，位于元宝山下，依山傍水，环境幽雅。该村地处亚热带季风气候，霜冻期不长，雨量充沛，香粉六甲河穿流于村境内，河水清澈见底，水资源丰富，环境幽雅，水资源的获取途径相对方便。村里取水工具的变化大致经历了四个阶段：挑河水—架竹涧引水—塑料管引水—人畜饮消防池水。总体上来讲，雨卜水资源丰富，水源获取途径日益方便，引水工具逐渐现代化，引水体制日益完善。

挑河水。住在山脚的，且离六甲河较近的村民，一般是挑水喝，因为河水上游只有中坪一个村，人为污染较少，而且也没工业污染，所以可以直接作为生活用水，每次挑水来回花 10 分钟左右，洗衣服等用水多的东西时就直接把衣服拿到河边洗。

架竹涧引水。20 世纪 90 年代以前，村中大多数的村民都是采用这种方式获取水资源。一般是住在离六甲河较远或是住在半山腰的村民，因为当地盛产毛竹，将竹子从中间剖开，再去掉竹节就可以引水了，一般是自家引来自己用。水源一般是山上的泉水或者是小溪里的水。先将泉水或溪水截流，一般会选择凹地，因为这样可以形成一个小水池把水储存起来为；也有的挖个坑，形成一个储水池，再用竹子将水引到家中。

这种方法虽然较方便，但也存在着许多的不足，一是由于竹子经常日晒雨淋，再加上长时间浸水，竹子容易腐烂，所以每隔一两年就要重新换一次，比较麻烦；二是因为竹子一般不会很长，十米左右，要架竹井将水引到家中就需要很多竹筒衔接在一起，水源离家中至少也有一两百米，牛羊走来走去经常会拌住竹井，弄坏竹涧，所以经常要去检查修整；三是竹井类似于一个小水槽，上面是露天的，垃圾、树叶等很容易掉进去弄脏水。另外随着当地竹木业的兴起，竹子的价格越来越好，一根大的可卖十几块钱，用竹子架涧引水也不是很合算。

塑料管引水。选择一个地势比住宅高的地方找一个水源，再用管子将水引到家中，只不过引水用的工具由塑料管代替了传统的竹子。随着与外界的联系越来越紧密，外面的许多商品也逐渐走进苗族同胞的生活中，用塑料管将水引到家中便是其中之一，大约是20世纪90年代后，塑料管在县、乡的市场上普遍有卖，当地的村民也开始逐渐用塑料管替代传统的竹涧。与传统的竹涧引水相比，用塑料管引水有许多优点。首先是塑料管使用的时间长，可以用好几年，用不着年年换新的，节省了很多劳力和时间。塑料管不用像竹涧那样有很多衔接口，一般一根全部可以接到家里，而且塑料管可以埋在地里，不宜被过往的人或牲畜拌断，也避免了树叶、泥沙等外界因素对水的污染。但塑料管不便于水分流，因此一般是一个家庭就用一根塑料管引水。也有少数家里挨得近的几家凑钱合买一根塑料管共用一个，但户数不能太多，太多的话水就不够用了。这样一来的话，村中到处都是水管，造成资源浪费。

虽说以上三种水源获取途径都还比较方便，但水源容易受到天气的影响，天气晴朗的话水源较为干净，但遇到下雨时水会变得浑浊、水中带来较多的泥沙，不宜直接作为生活用水。另外以山上的溪水作为水源的，溪水里都会有许多树叶之类杂物，沉积起来容易滋生细菌；而且“储水池”都是露天的，里面难免会沉积各种垃圾，容易滋生细菌和各种微生物，再加上水源一般都是离家不远的半山腰，农田里的水也经常流进小溪中，污染水源。现在政府规定不加水盖的话就不让用。

人畜饮消防池水。雨卜是柳州钢铁集团公司的重点扶贫对象，他们一来到这里就将解决人畜饮水列为重点解决的问题，自2003年以来，柳州钢铁集团公司帮助雨卜村民完成12处人畜饮水工程，预计继续完成卜令大寨屯、卜令沟屯储水池（6×6m，4×4m）两座及引水管道的安装任务，同时还要继续投入资金援助该村各屯人畜饮水工程共五座、引水管线1.5万米（牛塘屯、乾翁屯、雨伞屯、东兴屯），使每家每户都能用上卫生饮用水。现在村里大多都用上了人畜饮消防池里的水。

人畜饮消防池一般建在地理位置较高的地方，将溪水或河水引到一个大的圆柱形的储水池中存储起来，大小因各村的人口和用水量而定，条件好的村子也会将井水存储起来，这样的水较为干净。当地的人饮消防池都建在高于水田地的山腰，当水池里的水满后，多余的水又可用作灌溉用水，所以虽拦截了一部分的水源，但并不影响农田灌溉。

对水池的管理每一个自然村都会有专门负责人，主要是看一下注入池的水源是否有水，是否有地方漏水，水管是否坏了，如果漏水就要将之修好，水源没水了，要想办法从别的地方引过来。每家每户每年都要凑钱给管理水的人。现在每家都装有水表，以后将逐渐实行按用量收水费的制度。这样做的目的一方面是为了让村民节约用水，另一方面是按用水量付钱比现在这样每户凑钱出管理费要公平得多。

人畜饮消防池水基本解决了当地人的用水问题。绝大部分的村民反映，现在用自来水方便多了，想用水时一开水龙头就可以了，不像以前还要跑到井水边去挑水，既省时又省力，而且方便，家里也可以装热水器的，因为以前自家引的水源水高度不够，压强不大，用不了花洒头洗澡，也就用不了热水器了，这对办旅馆的村民极为不便。寨子里住房大多为木瓦结构，很容易发生火灾，现在村里修建了高位水池、分水池、水柜，安装消防水管和消火栓，按时开展消防演练，提高了村民自防自救能力。

个别家附近水资源好的，也会自己将井水引入家中，像苗王贾围福家里虽然也装了自来水，但自己还用塑料水管将离家 100 多米远的井水引入家中，平时喝的水、煮饭的水就用井水，而人畜饮消防池水用来冲厕所用、冲猪栏用。

(2)饮水方式改变

随着与外界的接触越来越多，村民在饮水方式上也发生了很大的变化，大致经历了三个阶段：由以前喝生水到用锅烧开水或煮茶喝，再发展到现在部分家里用饮水机烧水喝。当然这样的发展阶段不是绝对的，很多时候是两种情况都同时存在的，但这反映了当地村民饮水方式整体上的变迁趋势。

喝生水。过去村民也没那么多的讲究，日常生活中，大部分村民直接饮用生水，没有烧开水喝的习惯，去田里或山头做活，口渴了见有小溪就用手捧着喝溪里的水，认为山上的水都是泉水，十分干净，觉得这样对自己的身体没什么影响，而且觉得这是很正常的一件事。另一方面是因为当时苗族同胞的经济落后，生活贫苦，能吃饱饭已经是很不错了，更别谈上卫生用水了。现在村里的一些老年人都还保持着饮生水的习惯。但据村医说小溪里的水虽然比较干净，但由于当地属于山区，山上的矿物质比较多，长期饮用生水，容易得结石病。

煮茶喝。现在大多数的苗族同胞平时在家里都是烧茶喝的，因为苗族人爱打油茶喝，一般家里都会有茶叶，以前的茶叶大多都是自己上山采的野生茶，有的也会自家种，除了用茶叶煮茶以外，有时也会用茶子煮茶。当地喝茶时喜欢先烧一锅开水，等水开后再把茶叶放到锅里煮一段时间，就放锅里，想喝的时候就可以直接喝了，而城里都喜欢想喝茶的时候再放茶叶泡。当地村民之所以喜欢煮茶喝主要是因为放在锅里茶容易一下就冷了，如果像城里人那样喝的时候再泡，那就需要时时有热开水才行，这对于农活繁忙的村民来说比较麻烦。不过有的家里也会将煮的茶倒入热水瓶中以保温。现在大多的村民家里仍采取这样的饮水方式。

饮水机烧水。当地开发旅游业后，政府鼓励当地村民发展农家乐，为了迎合游客的需要，一些农户家里开始买饮水机烧水喝。村里的年轻人去外面打工，见外面都用饮水机烧水喝，觉得这样饮水卫生方便，也会买回来自家用，不过现在使用饮水机烧水喝的仍是少数家庭，但随着旅游业的发展，村中农户家里用饮水机烧水喝的人将会越来越多，这也将成为当地村民饮水的一种发展趋势。

2. 修建垃圾池

在传统的农村中，垃圾多为肢体垃圾、人畜粪便、种植物秸梗，这些一般都可以用作肥料。另外，村民大多都会将日常生活垃圾扫到烧火做饭的火塘里烧掉，而火塘里的灰又可以用作肥料，所以传统的农村中村民生活垃圾基本上不会破坏当地的环境卫生。但近些年来，随着传统生产生活方式的改变，这一简单的生态平衡正在被打破。

1991年初，柳州地委决定，在县城开展地区改燃节能试点工作，把改燃节柴、降低能源性消耗当做消灭森林赤字、加速造林绿化突破口来抓，6月份组建了县农村能源办公室，8月份开始具体实施全县城乡的改燃节柴方案。通过广泛开展宣传教育工作，引导群众自觉地改建省柴灶、沼气池和实行以煤、液化气代柴。为解决群众的资金困难，县林业局还拨出50万元能源经费，作为推广省柴灶、沼气池和生活用煤等费用的补贴。在政府的大力扶持下很多村民都在家中建了省柴灶。近几年来，政府又大力推行建沼气池，现在雨卜村里共有385座沼气池，村中近一半的家庭都使用上了沼气，另外有的家里已经开始用煤气。这些先进技术的引进对节约燃料方面确实省了不少钱，而且也改善了厨房的卫生，但由于省柴灶一般分上中下三层，上面一层放锅和柴，中间用来漏灰，底层放备用柴，远远高于地面，如果将生活垃圾倒到省柴灶里去烧的话，很难燃烧，也比较麻烦，不像用火塘，火塘与地板基本上在一个水平面上，垃圾直接扫到火塘边，烧火时就会自己慢慢烧掉。于是垃圾乱丢乱倒现象日益严重，这无形中加大了对村中环境的破坏。加之随着旅游开发的兴起，外面越来越多的游客来到当地，村民与外界的联系越来越多，村中污染源也日益增多，尤其是塑料袋的传入，使村中“白色污染”日益严重。

为此雨卜村提出了“建造各屯垃圾处理池，确保村容清洁干净”的环境卫生建设方案，来解决村中的生活垃圾。现在村中雨卜小学有一个垃圾处理池，学校平时的垃圾都倒入垃圾池中，每隔一段时间，就会将垃圾统一烧掉。垃圾处理池的建造可促使村民将垃圾倒到一个地方，避免了乱丢乱倒现象的发生，对保持村容整洁很有益处。

3. 突出安全与民族特色的家屋建设

自古以来，苗族是一个流动性很强的民族，住址不固定，搬到一个新的地方的时候，就会选择枝密而粗壮的树，以树干交叉搭棚，上盖茅草，用茅草、树枝或竹片编织为墙，再涂上泥，用以挡风，即“木杈房”。由游耕走向定居后，苗民家屋变为木板结构树皮房和木板结构瓦房。这种房子是全木楼的或半地半楼的“吊脚楼”，楼下关牲口，囤积牛草，中屋为火塘及住人，楼上堆积杂物，屋顶有钱的人就用瓦盖，没钱的就用杉树树皮盖。这类房子与汉族的房屋相比，有许多的不同：汉族建房喜欢一楼住人，而当地苗族的房屋都是一楼用来关牲口，二楼才住人；汉族的房屋喜欢将大门建在正面，从房屋正面可以直接进家门，而当地苗族的房屋则喜欢将门设在侧面，从侧面进入房子里面。二楼从楼梯口开始有一条类似长廊的通道，一直延伸到堂屋，通道朝外的墙壁是一道类似栏杆的墙，约一米多高，上面没装玻璃，也没有窗。这样设计使整个房间通风和采光都比较好。

这种居住风俗习惯的形成与其居住的地理条件和气候条件密切相关。因为苗族大都居住在深山老林，山高水寒，地湿多雨，且毒蛇猛兽出没无常，于是大都喜欢住上楼下厩的吊脚楼，人住中层，既不潮湿也不会很热。从侧面进入房子里面主要是因为山地平地面积小，不宜在屋前面留出大片空地。现在雨卜村子里面大多就是这种房子。

改革开放后，尤其是 20 世纪 90 年代后，政府对苗族地区进行基础建设投资，在山区修筑公路、建电站、办学校。长期处于封闭的苗族村落从此逐渐开放，公路的开通使更多的人走出了大山，去接受外面不同的文化，同时外面先进的东西也逐渐传了进来。在外界的影响下，当地的房屋建筑突破了原来的格局，出现了水泥楼房。水泥楼房一般是单独一栋的，不过有的也在原来木板结构瓦房的基础上进行改造，像苗王贾围福家的房子就是这在原来的基础上进行改造的。在雨卜大寨屯，水泥楼房一共有三座，而离公路比较近的东兴屯相对比较多一点。现代的水泥楼房与传统的木板结构树皮房或瓦房相比主要的区别是：

(1)建筑材料改用水泥和砖。建筑材料的改变除了受外界的影响外，还有一个很大的原因是由于苗族村寨的房子大都紧密相邻，有些村子数百户人家，房子密密麻麻地建在一起，如果建木房，一家失火，家家遭殃。据不完全统计，1950 年至 1982 年融水全县共发生村寨火灾 438 起，光烧毁房屋就有 21690 间。建木房可减轻苗族人民的住房负担，因为苗族山区富含杉木；但是随着苗族人民生活水平的提高，家用电器的增多，防火的难度加大。从防火的角度来讲，更多致富了的村民更愿意建水泥楼房。(2)厨房外迁。传统的木板结构树皮房或瓦房，厨房都会建在主屋里，一方面是因为方便，另一个重要的原因是房屋全是由杉木建成，很容易长白蚁，而烧火时产生的烟是白蚁的克星。把火塘建在主屋，可以使房子经常被烟熏，既防虫也防潮，房子用很久都不会坏。而现在的水泥楼房既不怕潮湿也不怕虫，没有用烟熏的必要，而且当地主要的燃料仍然是柴火，把厨房建在楼房里烟不容易排出去，而且很容易把白白的墙壁熏黑，影响美观。所以建楼房的家庭都会在自家楼房的旁边再单独建个小房做厨房。(3)窗户改用玻璃窗。以前都是用木板做的窗子，关上后室内光线较暗，现在的砖房都用装有不同规格的玻璃窗，室内光线明亮，通风条件较好。(4)室内摆设也明显比木板结构的房子要好，房间数量较多，面积也较宽敞。(5)厕所改为水冲式户厕。传统的厕所是旱厕,用一个直径一米左右的大的木桶集储粪便,设在一楼;新建的房子大多用水冲式户厕,里面装有热水器等。

雨卜村卜令屯是融水县开发最早的民族风情旅游村之一。由于在卜令屯的后山有一条长50米、宽0.3米的裂缝,属不稳定滑坡,如遇强暴雨,将有可能会引起山体滑坡,严重威胁着卜令屯群众的生产生活及生命安全。为此,2006年11月,县党委政府决定对该屯实施易地扶贫搬迁工程,共涉及76户、300多人,搬迁的建设用地在雨卜村委旁的空地上。根据县乡村各级领导和群众的综合意见,新建的房屋必须突出民族特色和社会主义新农村的特点,即瓦结构民房居住建筑,续建人畜饮水工程、巷道、防洪堤等,总投资226万元。房子由政府统一规划,由政府出钱帮把一楼建好,建好后再将房分到各家各户去,但原来村民住的房子也不拆,好让游客来到这里时既能看到改良后的房子,也能看到当地最具居民族特色的建筑。

改良后的房子的结构是:一楼用砖建,二楼仍和以前的木板结构一样,屋顶盖瓦。统一装自来水,厕所全部改为水冲式户厕。每个房间都有玻璃窗,通风采光的条件都比较好,房间相对以前来说要小一点,但房间的数量要比以前多一些,主要是方便村民发展农家乐,开旅馆等,以提高村民收入。

之所以要建砖木结构的瓦房,主要是发展民族旅游的需要。因为水泥楼房虽能解决很多木板结构瓦房的许多不足,但随着当地旅游业的兴起,所建砖房夹杂在苗寨的木楼群当中,影响了苗寨建筑的整体景观。而新的砖木结构的瓦房既能保持苗寨木楼群的完整独特以吸引更多游客,又能满足村民想建水泥砖房以防火的愿望。

4. 注重个人卫生

苗族同胞一直都很注重个人卫生,过去苗族妇女全部留长发,挽椎髻于脑囟上。以前村民都喜欢用淘米水洗头发，但现在很少用淘米水洗了。中年妇女大多用茶麸洗头发，茶麸就在村里的茶枯加工厂买的，几块钱就可以买很多，洗头发时先用一块小布将茶麸包发了，再放进温水中，茶麸就会浸一种黄色的油状物出来，整个脸盆里的水也会变成黄色的，直接用盆里的水洗头就可以了，茶麸一般可以用好几次，不用了就丢到火炉里烧了就可以了。年轻一点的一般都会用洗发水，洗发水是去城里买的，用洗发水主要是因为方便，而且味道很好闻。但大多数的妇女还是觉得用米水洗头发最好，用米水洗过的头发很有光泽，头发乌黑发亮，容易梳理。

如今不用米水洗的原因主要有三个，一是米水洗太麻烦了，米水制作过程比较麻烦，平时煮饭时将淘米水用盆装起来，再将淘米水烧开，以防米水变臭，烧开的米水要用一个陶罐装好，并且要放在火炉旁边，烧火做饭时可以顺便加热罐里的米水，这样米水才不会变臭。米水放一个星期左右就可以用来洗头了。二是因为现在都用省柴灶或沼气做饭了，装米水的罐不能时常放在火边加热，很容易发臭。三是因为米水有点酸味，这对那些追求时尚的年轻姑娘来说是不能容忍的。

二、医疗卫生建设

医疗卫生直接关系着人类的生存与发展，每一个人，不论男女老幼都在不同程度上受到疾病的困扰。因而对疾病的预防与治疗，构成了人类生存和发展进化过程中一个古老而永恒的问题。人类的疾病不但影响患者及其伙伴的健康与生命安全，而且还会影响到人们的社会活动和经济生活。因此，人类各群体在不断适应和改造环境的同时，为了战胜疾病的威胁，逐渐形成了一个包括所有促进健康的信仰、活动、科学知识和该群体成员所贡献的技能的综合体系，即医学体系。[①] 医学体系是社会文化的适应调适策略，是整个文化的必要组成部分，与文化的其他部分密不可分。在许多少数民族地区，既保存着他们传统的、具有民族特色的医疗体系，同时现代医疗体系也逐渐渗透到当地，随着医疗体制的改革，其传统的医疗体系也不断发生变迁。

1. 苗族医药及医疗

(1)巫医：精神信仰

苗族崇奉鬼神，认为鬼是另外一种东西，它们无处不在。恶鬼常常加害于人，给人们带来灾难或疾病。常人肉眼看不见鬼的影踪，能与鬼相通的只有具备特殊能力的巫师(雨卜当地人称能与鬼沟通、会作法的人为鬼师或鬼公，也有叫师傅的，苗语为"古桑")。在生产和文化相对落后的漫长时期里，巫师既是沟通人鬼关系的特殊角色，又是当时掌握科学知识、音乐舞蹈、口头文学和历史知识的人。从这种意义上说，巫师就是当时的"知识分子"，是民族的智者。在每个社会中，只有少数人具有医治疾病所必需的技能，这些技能的获取方式因社会的不同而有很大的差异。人类学研究表明，早期巫医的产生不是通过选举产生，也不是世袭，而是由神鬼的意志决定的。[②]

巫医基本上是男性，年龄均在36岁以上，分大小巫医两种：小鬼师有一定道行，主要做"解"(驱病，化解灾难)；大巫医道行极高，主要做打斋、蒙脸问阴、安龙打教。巫医是不脱产的农民，平时在

---

① [美]福斯特、安德森著，陈华、黄新美译：《医学人类学》，桂冠图书股份有限公司1999年版，第49～55页。

② 张有隽：《瑶族传统文化变迁》，广西民族出版社1992年版，第108页。

家务农，以种田为主要生存方式和经济来源，有人请就前去作法。从这方面看，巫医是被动的，不是自己主动上门推销自己。巫医的市场极大，其身兼二任，他既是人，同时鬼又能附其身，他能与鬼通话，加上其常用的施术手段和巫衣、巫具，这些都巩固和加强了人们对鬼师的信赖和神秘感。因为驱小鬼要鸡鸭，驱大鬼则要猪牛，每次巫医驱完鬼后皆有肉可吃，这在那些饥荒的年代是很难得的。从这个角度来看，生产力低下也繁衍了巫医的队伍庞大。为什么现在巫医越来越少？除了人们的科学文化知识加深之外，另外一个重要原因就是现在做巫医没有什么利可图，如今生活温饱不成问题之后，更多人退出了巫医的行列，做自己的活路去了。

过去，村屯里的人们并不知道疾病产生的科学原理，认为患病与鬼魂有关。一旦某人患了病便认为是其撞到鬼了，随后马上去请巫医来作法驱鬼治病。在雨卜村，人们普遍认为肚子疼痛是因为生育过的妇女在死后变成鬼魂来折磨活人的；如果有某人摔死了便以为是被野鬼缠身所致。苗族人认为，给人们带来灾难、疾病、瘟疫和不幸的是恶鬼，这类鬼有东方鬼、西方鬼、凶死鬼、雷鬼、牛鬼、母猪鬼、家鬼、落水鬼、过路鬼、吊死鬼等百余种。这些鬼都是被遗弃或受委屈的灵魂和工具变成的，因而他们的作祟是对人类的报复。[①] 在雨卜苗族群众看来，人死后的第一表现是鬼。人们所以对死者很敬重，对死者的后事不得怠慢，也就是因为他们害怕人死后变成鬼致人疾病或是带来灾难。

巫医治病的第一个步骤是查找病因。巫医通过了解病情，观

---

① 李廷贵、张山、周光大：《苗族历史与文化》，中央民族大学出版社 1996 年版，第 178～179 页。

察患者症状后进行诊断，求得病因，再对症除病。笔者在雨卜调查到的比较典型的诊断方法只有一个，即占卜。

在调查过程中，笔者目睹过一次牛角卜的占卜过程。屯里陈家有一儿子在广东打工，患了感冒发高烧，父母通过电话知道后，便请寨子里的巫师杨雄武帮自己儿子解时辰。“解”的寓意是解病除灾，即在流年不利、易犯病遭灾期间，卜一个吉利的时辰，借助“解”来祛霉晦，以促进身体健康的恢复和消灾脱难。该卜的道具为一对相互吻合的牛角尖（即把一牛角尖平分为两瓣），长约 6 厘米，厚约 0.8 厘米。占卜“解”的适合时辰时，一边推算时辰一边轻抛牛角于楼板上。两瓣牛角叠合在一起代表吉兆，说明卜到的时辰是好的、适宜的；否则，时宜不对，得继续卜。巫师通过观察牛角卜的卜象来判断“解”的时间，最后把犯病遭灾时间解除。

苗族巫医对于疾病的治疗方法多种多样，不同病因有不同的方法，巫医要根据诊断结果进行驱鬼除病。主要可分为三类——(1)仪式：巫医是一种文化性现象，其仪式具有一定的艺术、表演、娱乐性质，根据治疗内容的不同而随之变化，寨中常见的仪式有招魂、解、蒙脸问阴等。(2)咒语：巫术的主要法力来源是咒语，仪式的主要作用是把咒传递或转移到目的物上，并在某些情况下，通过中介物的性质和它最后采用的方式强调咒语的意义。[①] 治病咒语是针对不同病症，巫医在仪式过程中所念的驱鬼送鬼的与鬼神沟通的话。一般而言，是苗语话、瑶话、壮话等多种语言混合在一起念，旁人很难听得懂，针对性极强，效果也不错。(3)符图：巫师用

---

① [英]马林诺夫斯基著、梁永佳等译：《西太平洋的航海者》，华夏出版社 2002 年版，第 391 页。

绢、纸、木之类绘制的各种符图，是表达天、地、人三才世界的载体，尽管其中的理性往往是模糊的，甚至是反常的，但它们仍然是一种用于解释世界、了解世界、联系世界的图式。

(2)草医：药物信仰

广西融水苗族自治县地处的云贵高原边陲大苗山，境内元宝山、摩天岭等系大苗山的主峰。这里山高谷深，峰峦叠嶂，树木繁茂，大部分地域海拔在1000米以上，其中2000米以上的山峰就有十多座，元宝山的最高海拔2084米，为广西第二高峰。这里土地肥沃，森林覆盖面积广，适合各种长草树林的生长，有“广西天然药用植物园”之美称，因而历来人们把大苗山称为元宝山、万宝之山、立体自然宝库和人间世外桃源。据考察，大苗山有药用植物约194科，1394种，近期发现的新品种30余种，其中生长在海拔1800米以上的稀有新品种——元宝山莵木岭，可谓大苗山苗药中的精品。经初步临床验证，该药止痛效果显著，誉满医界。还有其他珍贵药物的药理及开发还有待研究，发展潜力极大。

苗医用药多是植物药、动物药及少量矿物药。药的特征归纳起来有热、冷和不热不冷三种；热药可治冷病，冷药可治热病，和药可补体质、治亏损病。苗药对采制有一定要求。植物药在有效成分富足时采集，如根类药宜在植株茂盛至翌年抽苗前采集，茎叶宜在生长旺期，花类宜在待放时，果实在初熟间，芽力求娇嫩鲜美，皮类以浆汁富足为好；鱼、虾、虫、兽要辨别真假，腐败者不能入药；矿物、金属需剔净杂质。药物制作包括一般加工、炮制、提炼、合成及剂型改革等。

苗医的看病原理与中医类似，主要是望、号、问、摸，即观看病症、号脉、询问病情和触摸。待诊得病情之后，便对症开药，即能药到病除。诊病可从多方面获取资料，为疾病诊断提供有价值的依据，主要是考察以下三方面：(1)观察气魄的动态，皮肤的颜色，精神的变化，以及体温、脉搏、呼吸、心跳、血压、语音、反射等方面的异常，以对认定疾病的轻重缓急及预后提供参考资料；(2)观察人体的汁水、浆液、血气、排泄物、代谢物、病理产物、病原体等致病物以及各组织的实质等，以索取致病的物质证据；(3)观察病人外在和内在的物质结构变化情况，如查指纹、舌象、目色、鼻窍、咽喉、耳道、肛门、尿口、性器、淋巴、炎肿病灶、筋骨皮肉、内脏的形态结构变化等，以对诊病提供结构学的依据。通过一分为三的考察，再综合分析有意义的资料，才可以作出正确的诊断。

苗医对疾病的命名具有朴素、生动的形象思维特点，他们根据疾病外观征象，多以动植物形象、声音、金属色泽等取类比象命名，如双上肢抽搐像鹞鹰闪翅的叫"鹞子经"，膝关节红肿发亮、形如猫头的叫"猫头症"，色形如高粱的"高粱痘症"，色泽如铜、铁的"铜疔"、"铁疔"等。另有以主症、病因、病变部位命名或互为结合命名的，如米黄症、雪皮风症、寒风经、白口菌、男色证、月家乐证等。在苗族医生中流行着"病有一百单八证"的说法，但因地域及分支的不同，有将一百单八证分解为"三十六经、七十二症"，有叫"三十六症、七十二疾"，或称"四十九症、四十九翻、十丹毒"，据说这些数字只是为了应一百单八的概念，并非确切的定数。一般来说，苗医是根据各种疾病的某些共同属性而将疾病进行归类，分为经、证、翻、龟、小儿胎病、新生儿抽病、丹毒、疔、癀、花、疮等类。

苗医认为，毒、亏、伤、积、菌、虫是导致人体生病的六种因素，简称六因，而六因归根结底都要用产生毒害力的方式才能导致人体生病，所以苗医素有"无毒不生病"之说，如常可遇到的风毒、冷毒、火毒、气毒、水毒、盐毒等。诊断疾病是通过把脉、听声、观察颜色、询问病情，用手触、摸、扣、打、刮、按、搬、量等传统方法，治疗方法有简、便、廉、效等 20 余种，其中外治法别具特色。最著名的有熏蒸疗法、滚蛋疗法、糖药针疗法、化水疗法、挑筋疗法、发泡疗法、佩戴疗法、火针疗法、酒火灸疗法、烧药火疗法、放血疗法、药热敷疗法等，无一不是广大苗医和苗族人民的创造，而且临床效果都很好。各地苗医各有所长，除用草药外，还喜用耳针、硫黄针、糖药针、膏药外敷、放血、推擦、刮痧等外治法。融水苗医用药物煮沸淋洗治精神病、癫痫等，都很有效，常见的有：重感发病前要药来煮水洗澡；脸生"猪头肥"或皮肤过敏用"一堆臭"、黄皮树树皮或树叶来煮药洗；还有柚子叶、水晶葡、百花草，皆是发病前洗澡的常用药。煮效果还不好，则打针、吃药。

过去，苗族地区如果生病的话都会去找当地的苗医，苗医主要靠土产草药治病（故当地人又称苗医为"草医"），以外科、骨科见长。如雨卜寨里杨汉怀治外科不错，贾文笔、贾文林、贾文高三兄弟治断骨、折伤显著。在 2002 年，乡里有一名姓贾的教师，他患坐骨神经痛到县城人民医院看病治疗却不见效。经熟人介绍，他来到雨卜村找杨汉怀看病。杨医生根据其病情，一边给他打风湿针，一边打钢针，后来叫他煮中草药来洗澡，喝中草药泡的酒，吃了一个月药后，贾老师的病居然全好了，现在已经能够正常上班。另外，在杉木山有个姓李的农民上山打鸟时不慎从山上摔下，导致其两条腿全断。他找到贾文高医生，贾医生随后用祖传草药医治，现已全愈，能够挑一百多斤重的担子。

苗医的疗效不错，对症下药。据病理，看病况，若还不好则再加药材或加药量，有些药可做单方又可做配方，用药十分灵活，"非典”时期苗医都煮有自己的药水来预防，入药的有野橘皮、水晶葡、川芎等。苗族懂什么病用什么药，而瑶族懂“药浴”，融水同练瑶族乡的瑶族盛行“药浴”。苗族其实也有“药浴”，但与瑶族相比没有什么特别的秘方、配方。在调查中发现，雨卜苗族群众喜欢找中草药医生看病有三个主要原因：一是中草药医生懂得草药的使用价值，包括保健、防治疾病等；二是人们受经济条件限制，到乡卫生院或县城医院看病花费多，而采用中草药治疗则更为实惠；三是去医院路途遥远，交通不便，山里群众投医不方便，而找本地的中草药医生治疗则更便利、见效快。通过调查，得知中草药医生既懂各种植物的药性与功效，同时也具备一些西医的知识，家里常备有中草药和部分西药，以备急需。

总的来说，由于苗族历史上无文字，对其医药的发展，历代文献记载甚少，但经过近年的实际调查，发现了苗族医药历史悠久、特色鲜明，是苗族社区不可缺少的医疗构成，是人们最常用的治病方法，其与巫医建构起融水苗族的传统医疗体系，相互补充，帮助苗山人们摆脱疾病的困扰，克服人体生理抵抗自然的局限，塑造强壮的体魄，提高身体素质，从整体上减低社区发病率，发挥了强大的社会功能。

2. 现代医疗卫生体系建设

(1)村医疗卫生室

新中国成立以后，雨卜村设立了农村医疗室。1958 年，融水苗族自治县全县实现人民公社化，卫生室为生产大队集体所有。卫生员按社员同等劳工记工分、付报酬。1982 年以后，由于农村经济体制改革，农村集体医疗室逐步解体，私人诊所取代农村集体医疗室。

现在雨卜村里面有两个诊所，一个是唐绍辉医师开的雨卜卫生室，就建在村委会旁边，该卫生室所建的房子是 2006 年 9 月刚建成的，是融水苗族自治县县卫生局和柳州钢铁集团公司扶贫建的，县卫生局出了 1 万元，其余都是柳州钢铁集团公司给的。唐医师在 1965 年入融安民族卫校学习，是村里面选送去的，一共读了三年，当时的融水民族卫校开了医师班、卫生班、护士班三个班，而他所学的是医师专业，所学的内容涉及面比较多，有内科、外科、胚胎学、药理学等，学的都是西医，1968 年毕业。毕业后，他做起了赤脚医生，主要为村民解决感冒、拉肚子、发烧、头痛等小毛病，严重时上门医诊，但不帮接生。以前在保和、都兰电站卫生室工作，1996 年才在现在的雨卜卫生室工作，平时都是白天来，偶尔晚上也到卫生室值班。原来靠拿工资，现在搞个人承包，自负赢亏，房租费 1 元/天。唐医师只懂西医，所以给村民看病只开西药，卫生室里的设备比较简单，里面只有些常用药，也只能治一些小病小痛，如感冒、腹泻、胃炎、上消化道出血等常见病。

另一个是大寨屯的杨忠乾医师开的私人诊所，诊所就设在他家里，离村委大约 100 米的距离。杨忠乾出生于一个医生世家，父亲杨春喜在新中国刚成立时就由政府选去学医，现在许多中老年人一提起他就说他的医术十分高明，杨春喜既懂西医也懂草医，以前在雨卜村卫生室工作，他去世后就由现在的唐医生接管雨卜村卫生室的工作。杨忠乾从小受父亲的影响，或多或少也跟着学了一点，1998 年，他参加了县里的医疗培训，培训回来后就开了现在这家诊所。杨忠乾既懂西药也懂草药，用什么药好，一般视病情而定，一般的感冒、发烧、咳嗽什么的西药草药都可治好，但一般都拿西药给患者，觉得西医见效快，也比较方便，但治肝病都会用草药，轻的吃一个月的药就可以痊愈，重一点的要两三个月。

由于两家门诊的药物都不是很多，也不够齐全，再加上医用器物不够，所以如果遇到病情严重的，一般都会劝村民转院去乡里或县里的医院看。

(2)新型合作医疗制度建设

新中国成立后，实行农村合作医疗制度。1968 年，融水苗族自治县将各生产大队卫生室改为合作医疗卫生室(所)，每个卫生室配“赤脚医生”两三人，农村基层卫生人员由县负责培训，药品、器械等费用由社员个人筹集或由生产大队的公益金中开支。社员看病不交诊费，“赤脚医生”不收出诊费。卫生员报酬施行定时出勤、定额补贴，接生员实行误工补贴。“赤脚医生”对农村一般常见病、多发病可单独处理，并对农村实行新法接生、宣传计划生育、发放避孕药、推行计划免疫等。

1982 年以后，由于农村经济体制改革，农村联产承包责任的落实，农村办医形式也随之改变，至 1990 年，家村合作医疗已不存在，“赤脚医生”大都个体开业行医，群众看病诊费均由患者自负。没有了医疗体制的保障，看病难成为当地村民最头痛的问题，正如农民有句口头禅：“辛辛苦苦十几年，一病回到改革前。”说的就是农民因缺乏医疗保障，时常因病返贫的现象。

2003 年 7 月，广西作为全国新型农村合作医疗的“先头军”开始了试点工作，当年陆川、平果、藤县三个县作为第一批的试点。2005 年，试点县扩大到 15 个(区、市)，2006 年扩大到 40 个县(区、市)。柳州市 2007 年新农合试点工程日前全面启动，目前有鹿寨、柳江、柳城、融安及融水苗族自治县五个新农合试点县的参合农民。融水苗族自治县也被列为 2007 年实行新农村合作医疗的试点之一，笔者调查时村里的干部刚好召集村民开会，乡里干部也来到当地宣传新型农村合作医疗制度，鼓励村民加入到新型农村合作医疗中来。

参加新型农村合作医疗的对象是：户籍在本县的所在农业人口，以户为单位参加，每人每年交 10 元，中央及地方财政每人每年补助 37 元。

参加新型农村合作医疗报销补偿办法：(1)门诊报销：每人每年 7 元作为家庭门诊账户基金，可全家合并使用，用完为止，当年用不完可累计到下一年度继续使用。(2)住院报销：在县内乡镇卫生院治疗费可报销 60%(除自费项目外，下同)；在县医院、县中医院、县妇保院和市级二级医疗机构住院治疗费用可报销 35%；在市级三级医疗机构和自治区级机构住院治疗费用可报销 20%。(3)补偿：申请条件为一年内住院总医药费用超过 1 万元；住院费用达 1～2 万元(含 2 万元)按 10%给矛补偿，住院费用达 2～3 万(含 3 万元)按 12%给予补偿，住院费用达 3～5 万元(含 5 万元)按 15%给予补偿，住院费用达 5～8 万(含 8 万元)按 18%给予补偿，住院费用达 8 万以上的(不含 8 万元)一次性补偿 16500 元。孕妇住院分娩顺产的一次性补助 150 元，如果家庭困难的经本人申请、民政部门确认，可再补偿 100 元。

转院规定：参加新型农村合作医疗的农民患病，原则上持证到当地卫生院住院治疗，也可以自主选择到县内其他卫生院或县医院、县妇保院、县中医院住院治疗。凡需要转到融水县外医疗单位住院治疗的，需经户口所在地卫生院或所住院医疗单位的转诊证明到县新型农村合作医疗办公室审批。融水苗族自治县新型农合医疗定点机构是县合管办，村级的有悬挂定点新农合单位牌匾的村卫生所，乡镇的卫生院，县一级的为县医院、县妇保院、县中医院、县疾病控防预控制中心。

（3）新型农村合作医疗面临的困难与问题

虽然说新型农村合作医疗确实可以给村民带来很多好处，但新型农村合作医疗还面临着许多困难与问题。在雨卜村，大部分村民仍采取观望态度，有很多顾虑，担心国家政策随时都会变，担心自己把钱交给国家了，可到时却享受不了相应的报销政策。

在村民们看来，只能去乡里或县里的医院才能报销，在村里的私人诊所不能报，而乡里医院离村里太远了，来回就要花 4 块钱的车费，不可能为了一点小病小痛就跑到乡里的医院去看，到时可能车费比药费还贵，而且也耽误村民做农活的时间。还有的村民认为新型农村合作医疗制度规定的去那些医院看病，担心这些医院会以此为把柄，提高药价，得不到实惠，等等。部分村干部也不想负责发动村民加入新型农村合作医疗的工作，怕万一村民报销不了，或万一合作医疗基金被挪用，来找自己要钱就麻烦了；而且上面是规定任务了的，规定在某一个时间段要完成一定的人数，使村里加入新型农村合作医疗的人数达到一定的比例，万一完成不了，自己也不好交差。

3. 妇幼保健

以前雨卜村的临产孕妇一般在家里生小孩，有的是自己的家婆帮着接生，有的叫几个会接生的人帮接生，有的则自己给自己接生，在家中接生用的工具很简单。村中孕妇很少住院分娩，只有当遇到难产时，村民们才迫不得已将产妇送往医院，如果送得不及时产妇和腹中的小孩生命很有可能保不住，严重威胁着母婴安全。前几年上级发出“消除婴儿破伤风，消除妇女生育危险，减少死亡”

的口号，要求妇女生育必须到医院，并动员孕产妇到医院进行产前检查，宣传住院分娩的好处，动员产妇住院分娩，产后要按规定进行访视。现在孕妇住院分娩顺产的一次性补助150元，如果家庭困难的经本人申请、民政部门确认，可再补偿100元。所以现在大多数的临产孕妇都会去乡里或县里的医院住院分娩。

已婚育龄妇女必须参加一年四次的妇检和健康检查，积极配合做好生殖保健工作，如果无故不参加妇检的就会由村民自治领导小组收取违约金。另外没做结扎的妇女都会去卫生室领取避孕药，主要由唐医师负责发放，并做好避孕药的领用随访登记。

村里的小孩子生下来后都会打预防针，以前可以在雨卜村卫生室那儿打，因为雨卜村卫生室担负县里委派的传染疾病预防的任务，对新生儿童进行定期的接种疫苗，这些疫苗有卡介苗、乙肝疫苗、百白破、麻疹疫苗、背髓灰质炎糖丸疫苗，这些预防工作取得良好的成效，如经过接种卡介苗肺核发病率逐渐减少并几乎没有。但近几年上面规定不允许在村里的卫生室打了，要到乡里的卫生院才能打，有的一年要打十几针，很麻烦，村民对此也很有意见。

4.各种地方疫病、流行病的防治

以前当地比较流行的病有疟疾、麻疹、胃病等。新中国成立后，疟疾和麻疹也发过几次，近几年基本上也没有了。不过得胃病的人还有很多，以前是因为村民上山做活辛苦，饮食不规律，常常是饥一顿饱一顿的，容易得胃病；现在可能是村民生活好了，有钱买酒喝了。据很多村民反映，近几年村里的女人都很能喝酒，这也许也是导致村民得胃病的原因之一，不过也有村民认为是因为农药用得太多的缘故。

近几年村里突然有好多人得半边疯，手脚麻木，不能行走，而且得病的人之前都没有什么症状，都是突然倒下后就动不了了。村医认为这可能与近年来农药用得太多有关系，但有的得病家属则认为这是避孕药引起的，具体什么原因引起的现在还不知道。上级政府也还没重视这件事，暂时还没有采取什么措施。但对一些传染性比较强的疾病上级政府都会发相关的文件下来，让村干部宣传相关内容，如提高警惕，严防牲畜五号病传入，保护人畜健康，严防流感、非典等；有些病如肺结核等，还可以给患者免费发药品。

总的来说，当前雨卜村的公共卫生正经历着一个转型时期，应趁此时机，促使村民形成良好的卫生观念和习惯。尤其新型农村合作医疗制度的建立，是一个长期性、艰巨性和复杂性的工作，这就需要农民更多地参与，倾听他们的意见和建议，培育他们建设的自觉性和主动性。同时要从思想源头抓起，普及科学文化知识，加强对乡村医疗投入的扶持，保护好当地传统医疗技艺，从而建构一个良好的苗族社区医疗体系，以期有益于和谐乡村家园生态建设。

第三节　家园生态建设之二：布努瑶、红瑶村寨环境卫生比较

近年来，学术界相关农村环境卫生研究，主要集中在以下几方面：一是针对某一地区的农村环境卫生现状进行调查，对农村的住宅卫生、排水卫生及垃圾粪便处理等方面进行卫生评价；[①]二是对

① 汤大俊、鲜加平、冯忠海：《四川省马边县农村家庭卫生现状调查》，《预防医学情报杂志》2002 年第 4 期。岑给珍、张世明：《农村环境卫生示范村建设效果调查》，《广西预防医学》1999 年第 2 期。张志远：《内蒙古农村环境卫生现状调查》，《中国初级卫生保健》1996 年第 10 期。李君、张晓峰、鲍国霞、陈宇发：《唐山市陈家屯村环境卫生建设调查报告》，《华北煤炭医学院学报》2001 年第 2 期。

目前农村环境卫生存在问题进行分析;[①]三是从宏观层面对中国农村环境卫生的建设献计献策;[②]四是探讨环境卫生建设与其他因素的相互影响。[③] 以上研究虽有个案,但缺少比较分析,且较少涉及少数民族村寨,为此,本研究拟通过对地处西南石漠化地区的广西都安瑶族自治县加文村布努瑶寨和桂北山区的龙胜各族自治县大寨村红瑶寨两个瑶族村寨的个案调查与比较,来探讨影响民族村寨环境卫生的相关因素,并为民族地区和谐家园生态建设进言献策。

民族村寨环境卫生指的是人们所居的村寨环境能够防止疾病,有益于人体健康,它包括自然环境卫生如大气、水体、生活用水、土壤等,及生活环境卫生如公共场所、垃圾处理、家居等。结合当地环境卫生的突出问题,同时为了操作方便,研究选取了生活用水、垃圾处理、家居三个指标来进行描述。

一、石漠化地区加文村布努瑶寨的环境卫生

加文村位于都安县下坳乡南面,所在的地方是典型的大石山区,四周都是石山,植被特别稀少,可耕种面积很小,而且山高石多,旱涝灾害频繁,“一场大雨山弄涝,三天无雨草木焦”,村里没有

① 廖义智:《关于“村容整洁”问题的思考》,《衡阳通讯》2006 年第 1 期。曾权伟:《管管村庄里的脏乱差》,《乡镇论坛》2001 年第 5 期。兆勇华:《关于农村环境卫生问题的调查报告》,《江苏卫生保健》2000 年第 S1 期。

② 孙建民:《农村环境卫生长效保洁市场化运作的初步探讨》,《江苏卫生保健》2006 年第 1 期。魏国清:《目前农村环境卫生状况及其对策》,《中国农村卫生事业管理》2001 年第 5 期。

③ 李艳梅、黎兆阳等:《西吉县农村能源与环境建设》,《中国西部科技》2006 年第 1 期。吴远香、沈宏振、吕兆明:《庆元县改善农村环境卫生工作的实践与探讨》,《中国农村卫生事业管理》2000 年第 8 期。

什么树，村外光秃秃，水土流失严重。由于历史、地理、经济、文化诸因素影响，这里的生产、生活条件特别恶劣，经济落后，群众贫困。公共环境脏乱差现象严重，“白色污染”日益侵蚀着这个边远的小山村，一些死角粪便垃圾遍地、粪水污水任流，柴草杂物乱堆，苍蝇到处飞。大部分道路还是土路，坑坑洼洼，雨天泥泞行路难，晴天灰尘到处飞。近年来，随着扶贫力度的加大，加文村经济有了一定的发展，修建了公用水柜以及家庭水柜，基本解决了村民的用水问题，有的家庭还建了沼气池，村中环境卫生面貌总体上已有较大改善，群众的环境卫生意识也有所增强，但是环境卫生问题仍然突出。

1. 生活用水

(1)水资源贫乏，获取途径极不方便

加文村地表没有河流，所谓的“小溪”只有在下大雨时才有水，而且没几天就干涸了，村民们生活用水大多为雨积水，获取途径主要有以下五种途径：

第一种是家庭水柜。一般适用于盖楼房的家庭，但有的住在山脚的盖瓦房的村民也可以建。家庭水柜是用水泥和砖砌的一个圆柱形的水池，有钱的人还会在上面加个水泥做的盖子，以免脏东西掉进水中。家庭水柜大约可存 2 吨水，水柜里的水是雨积水，下雨时屋顶会积蓄大量的雨水，村民们用一根直径大约 1 厘米的铁管将屋顶的水引入水柜中存起来，以供平时生活用水。如果是住在山脚的盖瓦房的村民，也可以在下大雨时将山上的水拦截起来，引入水柜中，不过用这种方法引水的家庭较少。家庭水柜一般建在自家房屋边，提水比较方便，存满一次水大约可以用三个月，刚好够自己用，所以不能让其他村民提水。水柜有的是自己花钱建的，但大部分是上面的扶贫项目，即扶贫单位出一部分钱或提供一部分的材料，村民自己再出一部分钱，所以即使是扶贫项目，也只有经济条件相对较好一点的家庭才有私人水柜。到目前为止，全村共有私人水柜172个。

> 个案4-9：WJS家住的是三层的楼房，家中有一个家庭水柜，可存两吨水，是村里的扶贫项目，扶贫单位给了40包水泥，其余的水泥要自己花钱买，另外自己还要请人帮建，建好这个水柜，自己花了2000块钱左右。水柜有钱的话就加个盖子，但自己没钱了所以就没加了，水没有经过任何净化消菌处理。

第二种是去村子里的公用水柜挑水。这种方式一般适用于离村中公用水柜较近而又没钱建家庭水柜的村民。村中公用的水柜建于1989年9月，可存500立方米，它建在离内家队不远的半山腰上，下雨时山上的雨水会顺着山坡流入水柜中，水柜是露天的，水面上漂浮着很多树叶、小虫。这种方式相对较麻烦，因为水柜建在半山腰，村民每天不管刮风下雨都要上山挑水，山路窄小而颠簸不平，不是很好走，往往挑一担满满的水到家里只剩3/5了，造成水资源的浪费。

> 个案4-10：LMH家住在内家队，比起其他村民，家里离村中公用水柜的距离还算是比较近的了，平时自己去村里的公用水柜挑水，每天挑三担(6桶)左右，挑一次水往返要花十多分钟，衣服都在家里洗，脏水再倒给牛羊喝。

第三种是山上的闷水。所谓的闷水是下雨时水在某一个较大的低洼的地方存积起来，和水柜差不多，只不过水柜是人为的而闷水是天然形成的。闷水一般只够用一两个月，山上的闷水用完了，就得去村中公用的水柜挑水喝，取水也不便。

第四种是去别的村子挑水，一般是离村中公用水柜较远而离别的村子较近的村民小组，如下加队，村民家中没有私人水柜就要去离家大约3公里的耀南村挑水，挑一次水来回要花一个小时。

第五种是直接将地下水引入家中。这种取水方式比较方便，但仅限于加勒队，政府出钱将山上的地下水用水管引到村里面，地下水一般都可以满足加勒队的村民日常生活用水，但如果干旱了很长时间的话也会没水。据村民回忆，村中在1988年和1993年干得比较严重，地下水都没水了，村民只好去耀南挑水。

以上是村民常用的五种取水途径，除第一种和第五种相对方便一点外，其他三种都是挑水用，取水极不方便，如果出现大的旱灾，全村的人都得去离村子20多公里的大兴乡的澄江河挑水，来回就得花上近半天的时间，水源获取来之不易。

(2)水柜多为露天，饮用水未经消毒处理，水质不达标

在以上五种取水途径中除最后一种外，其余都是雨积水，这意味着村中90%以上村民的生活用水都来自雨水。未污染的雨水是中性的，水质软，但如果周围空气污染严重的话，雨水也跟着受污染，而且雨水里面含有很多细菌，加上长期存放，更易滋生细菌和其他微生物。而村中水柜除了加文小学的用水泥盖子盖了，蒙鸿志家中的水柜用塑料纸盖了一下外，其他村民们很少有人用东西盖，绝大部分是露天的。水柜中水的表面漂浮着很多的树叶、飞蛾、蚊子等，水质浑浊，水的颜色呈黑色，取水样滴在干净的白纸上，干后有污迹，饮水水质不达标。

(3)村民饮用生水，卫生用水意识不强

日常生活中，大部分村民直接饮用水柜里的水，没有烧开水喝的习惯，他们觉得这样对自己的身体没什么影响，而且觉得这是很正常的一件事。据村医介绍，村民中得食道癌、结石病的人较多，

几乎每隔一两年都会有一两个人死于食道癌。随着与外界的联系越来越密切,有些村民的卫生意识已有所提高,在笔者调查过程中发现有三户家中有饮水机,有电的时候他们就用饮水机烧水喝,饮水机一般是家里的小孩去外面打工时,从外面买回来的,也有的是外面的亲戚送的。

2. 垃圾处理

农村垃圾包括村民生活所产生的废弃物、人畜死后的肢体垃圾、人畜粪便、种植物秸梗、建筑工程垃圾、工厂垃圾等,所含成分复杂。如果这些垃圾处理得不好,就会成为农村的主要污染源,破坏了农村的整体环境卫生,威胁着人们的身体健康。在加文村,村民对不同的垃圾有不同的处理方法,主要有烧掉、丢进垃圾坑或某个固定的地方、做农家肥、卖钱四种处理方法。由于缺少统一管理或环保意识差,垃圾处理很不彻底,不仅影响村容整洁,甚至还危及人畜健康。

(1)生活垃圾乱丢乱倒,"白色污染"日益严重

加文村大多家里都会将日常生活垃圾扫到做饭的火炉里烧掉,也有的将垃圾扫到底层的牲畜栏中,做农家肥。但塑料袋很难腐化,村民也将它和其他肥料一起放入庄稼地里,污染环境。有的家庭为了方便,将垃圾倒在室外、路边,这些垃圾多半是白色垃圾。村里的小商店成为新的污染源,产生了大量的白色垃圾,有的商店老板也会不定期将垃圾烧了,但由于垃圾积累的时间较长,风等外力因素都会将垃圾吹得乱七八糟,弄得村里到处都有垃圾,而且这些垃圾很长时间都不会腐烂,严重影响了村中的整体环境,这是破坏村中环境的主要污染源。另外加文小学有一个比较大的垃圾坑,学校的垃圾都倒入垃圾坑中,但由于学生乱扔垃圾,在教室后

面的一些死角丢了很多的垃圾。

2000年以前，村中的垃圾基本上都是扔掉或烧了；2000年以后，每隔一段时间都会有人到村里收购一些可回收的垃圾，如鸭毛、塑料、酒瓶等，村民会将这些垃圾收集起来卖了换钱，一般废纸每斤可卖0.35元，啤酒瓶0.2元一个，塑料瓶1.2元一斤，鸭毛8元一斤。

(2)肢体垃圾

人去世后一般是土葬，一般是死当天就挑吉日下葬。下葬前要给死者洗身子，如果死者是男性则让他的儿子帮忙洗，女性则叫她的女儿洗，若没有儿子或女儿也可以叫死者兄弟姐妹的子女帮忙洗。洗完澡后还要给死者穿新衣，表示他(她)要上天了。当地村民认为死者的衣物里带有病菌和晦气，不吉利，所以在死者下葬时就会由道公把他生前用过的东西如衣服、席子、被子、蚊帐等，带到坟墓附近烧掉。

家禽、牲畜得病死后一般是农户自己煮了吃或低价卖给村民吃，但这容易造成人畜共患传染病。在加文村家禽每年都会发生一两次大规模的瘟病，一般是下大雨涨洪水后得病，绝大部分的村民家中的鸡鸭得病死后，大一点的都会自己吃，小的有的丢入厕所做肥料或者挖个坑埋了。猪牛羊死后，村民一般也是自己吃，有时也会低价卖给本村村民吃。当问及是否考虑过人畜共患传染病，他们都说没这种意识，觉得这没什么，丢了挺可惜的。

个案4-11：将得病的死鸡熏干后吃的MXY

MXY讲，2005年7月村中发生了一次鸡瘟，自己家中的几十只鸡全死了，到兽医站拿药也不管用，大一点的死鸡自己吃了，有时一下子死了太多一时半会儿来不及吃，就把鸡放在火炉上方用火熏干。小的挖个坑儿埋了或丢到厕所里，主要是觉得小个儿的去鸡毛比较麻烦。

(3)人畜粪便

在当地村民的眼中，人畜粪便是上好的农家肥，当地把厕所的粪便称为水肥，一般用来做蔬菜的肥料，有剩余的时候也用来做玉米的肥料。猪粪、羊粪、牛粪用来做玉米的肥料，但并没有经过任何消菌无害化处理就直接用做肥料。

但近年来当地政府鼓励农民发展山羊养殖业脱贫致富，山羊养殖成为当地农户家中的主要经济来源，几乎每家都会养，收割庄稼后，就会放养山羊、牛等牲畜，这些牲畜随处大小便，路上粪便随处可见，无人清理，成为村中环境污染源之一。

(4)其他

种植物秸梗如玉米秸梗多数是梗和叶一起扛回家中做柴火烧，有的堆在一堆，在自家的玉米地里烧了，用做肥料。用过的农药瓶子村民一般会把它丢到离家不远的山上较深的石洞里。输液用的瓶子也会丢入山洞中，输液管、针管打完后，收集起来烧毁。新建房屋时留下的建筑工程垃圾如水泥块、砖块碎片等，村民一般会收集起来丢到离家较远的山脚，但旧的已废弃的住宅却没人去清理，笔者曾亲眼看见两座废弃的房屋，残檐断壁地立在那里，很是荒凉，也很破坏村中的整体环境。村中的道路除通往外界的屯级路是用碎石铺了以外，其他的都是黄泥路或是石梯路，雨天泥泞行路难，晴天灰尘到处飞，也从来没有清扫过，村民也经常随手乱扔垃圾，路上垃圾随地可见。

3.家居

当地传统的房屋是干栏式建筑，外墙是用黄泥和一些小石块混合在一起的土坯墙，一般分上中下三层，上下层间用木板隔开。猪栏、牛栏、羊栏、鸡笼、厕所设在底层，有时也放些杂物等。中层设有堂屋、卧室、厨房等，一般是半边是地，半边与地面相接，底层与中层用木板隔开。顶层堆放谷物和一些杂物，主要起通风作用，也是用木板隔开。家里没钱就不隔，屋顶盖瓦。

住房和厨房又黑又暗，采光和通风条件差，几乎没有窗。大多数家里都没有单独的房间，全家住在一间既做客厅又做卧室的房间里，有的甚至人畜混居。家中也没什么家具，很多村民在屋内拉一条绳子，衣服随便挂在绳子上，蚊帐一年四季都挂着。因为中层与底层离得很近，木板间有很多的缝隙，猪牛栏里的蚊蝇很容易飞到中层，而且即使在中层，仍可以闻到底层的粪臭味。厨房与地面相接触，主要是为了防火。很多家里没有专门的洗澡间，在屋内的一个角落里用盆洗澡。屋外的排水措施也不是很好，有的只是随便挖个几米长的小沟将脏水引到屋子旁边，有的根本没有这方面的措施，脏水随便倒在屋前屋后，四处乱流，引来许多苍蝇。

村中有一半以上的村民都住着这种传统的房屋，比较富裕的建了新房子，新房子大体上的结构与传统的差不多，但也有些变化。新建的房子一般是楼房，墙用砖砌成，上下层间也不再用木板间隔，而是用水泥地板隔开，这样蚊蝇少了，人住在上面也不会闻到下层的臭味，采光、通风效果也比以前好了很多。

另外，少数家庭里建了沼气池，据用户反映，使用沼气节省了很多燃柴料，家中的厨房、畜厩、厕所的卫生比以前好多了。建沼气池是扶贫单位的扶贫项目之一，谁想建就到村委报个名，条件合格的话，扶贫办给 25 包水泥，自己再给技术员 1000 元钱，建一个沼气池总共花 3500 元左右，对于没钱的贫困家庭来说，仍然是可望而不可及，所以沼气普及率还不是很高。

二、旅游景区红瑶寨的环境卫生

大寨村隶属龙胜各族自治县和平乡，地处桂北山区的高山和半山地带，境内山体陡峭，地势险峻。村民世世代代在山坡上劳作，日积月累，建成层层叠叠犹如天梯的庞大梯田群，成为“天下一绝”龙脊梯田的重要组成部分，也是龙脊景区重要景点之一。2003年通四级砂石路，并开发了以农耕梯田和民居村寨的自然和谐风景为依托的金坑红瑶梯田的景观旅游，群众收入逐年增加，村容村貌迅速改观。

1. 生活用水

大寨村主要处于半山腰地带，一年四季山上的水源源不断地流下来，基本能满足人们的生活用水。以前村民一般去离家较近的小溪或者泉水边取水，小溪里的水下雨时就会变浑浊，但泉水不怎么受天气的影响，下雨时水照样很清，干旱时仍有水，且水质好，冬暖夏凉，村民都喜欢直接饮用。从2004年开始，在自治区水利厅、县水利局以及和平乡政府的共同扶持下，开始建设人饮消防工程。其中人饮消防池是由村民申请，实行“三个一点”的政策，即“农民出一点，政府出一点，政府筹集资金一点”，一般是由扶贫单位出建消防池和主管道的钱以及派技术人员来指导，村民出工就可以了。技术人员帮把水管接到家旁边，再由自己接入家中。村民们讲，现在用自来水方便多了，想用水时一开水龙头就可以了，不像以前还要跑到泉水边去挑水，既省时又省力，水池里的水基本上都够用。不过也有的水池容量太小了，大家都在一个时间段用水的话，水可能有点断断续续的，不够用。

人饮消防池一般建在地理位置较高的地方，将几条小溪的水引到一个大的池子中存储起来，条件好的村子也会将泉水存储起来，这样的水较为干净。因拦截了一部分的水源，上层的梯田会因无水灌溉而不能种，就由村民凑钱补助，按当年的亩产量，一年一年地给，一担谷子大概是80至90元。

村里每家都装有水表，但没有按用水量收费。据村主任说，以后将逐渐施行收水费的制度，按方算，具体价钱到时再定，这样做既是让村民节约用水，又比现在这样每户凑钱出管理费要公平得多，因为村民用水量不一样，像开旅馆就比一般家庭用得多。

自家附近水资源好的，也会自己将泉水引入家中，像壮界村的余某，家里虽然也装了自来水，但还是将离家80多米远的泉水引入家中，平时喝、煮饭的水就用泉水，而池水用来冲厕所用、冲猪栏用。

现在村里专门成立水利设施管理协会，设立了水利设施维护岗，指派专人管理人饮消防池，定期对水利设施进行检查，对水资源的管理也更为合理且制度化。

2. 垃圾处理

生活垃圾。以前是每家处理自家的垃圾，有的扫入火炉里面烧了，有的倒入牛栏与牛粪一起用做肥料。现在很多家庭里用煤气、沼气，烧垃圾不方便，而且旅游开发后，村里开始对垃圾进行管理，要求旅馆、村民将生活垃圾丢到停车场附近的垃圾池里。起先是村民怕被村干部抓后罚款，慢慢也就习惯了，觉得乱丢也不大好，所以都能自觉地做到垃圾入池。

公共场所垃圾。旅游公司雇用了两个村民专门负责景区内的卫生，每个月给他们150元。副村主任潘某说，旅游公司给清洁工的钱太少，要清扫的地方又多，所以有时做得不到位，现正准备要求旅游公司加两个清洁工。垃圾池里的垃圾由旅游公司叫垃圾车来拉，每个星期来一次。

人畜粪便。以前大多数农户家里没建沼气池，人畜粪便直接用做肥料。2005 年开始，村民建沼气池不用出任何费用，而且建好后政府还给 90 块钱的补助，所以村民建沼气池的积极性也提高了，2006 年上半年，村里就新建沼气池 57 座。村民们讲，使用沼气节省了很多燃柴料，家中的厨房、畜厩、厕所的卫生比以前好多了。

3.家居

大寨红瑶地区传统民居为全木制的干栏式建筑，除了瓦，其他材料均是木质制成，现在虽然仍住着这种传统的干栏房，但内部结构和外观都已经发生了很大的变化。在大寨地区曾出现过两次大的建房高潮，一次是 20 世纪 90 年代初，一次是 2003 年旅游开发兴起之后，这与两次“扶贫”有关，第一次是“天”扶贫，靠矿山；第二次是政府扶贫，靠旅游。第一次建房高潮的兴起是因为在 20 世纪 80 年代末 90 年代初时，当地发现了黄金，给村民提供了一个发财致富的好机会，富裕了的村民首先想到的是建房，现在村里的住房有近一半的是 20 世纪 90 年代初建成的。第二次建房的兴起是 2003 年旅游开发兴起后一直到现在，村里通公路后，交通便利，大批游客来到大寨，又给当地村民发财致富开拓了新路子，一些思想开放的人为了经营旅馆生意开始建房，随后很多村民也纷纷效仿。现在村里的住房因建筑时间段的不同而呈现出不同的风格。大体上可以分为新中国成立以前建的、新中国成立到 90 年代初建的、近几年旅游开发前后建的，从这三个不同时间段建的住房风格，我们也可以看见当地住房内部结构和外观的变迁历程。

(1)新中国成立以前

现在只有少数的几户人家仍住这类房子了。一般是在当时较富有而现在较贫困的家庭,这类是最传统的干栏房,建房以杉木为主,由于居山坡陡,难于平整宅基,建的是半边楼,即把宅基地砌为上下两层,一个或两个长柱脚落下层,上铺楼板,与上层宅地基平,其余柱脚落上层,开成一半实地一半楼。猪栏、牛栏、羊栏、鸡笼、厕所设在底层,有时也放些杂物等。二楼设有堂屋、卧室、厨房等,半边是地,半边与底层相接,房间很少,最多两个卧室,住的地方和厨房或堂屋在一间,进房间的门设在侧面。屋顶盖瓦。与现在的房子相比,这类房子面积窄,采光也不是很好,也没现在的房子高。

个案 4-12:PZP 家的家屋结构

PZP 家里的房子有 100 多年的历史了,是村中最老的房子,也是村中现存的最传统的干栏房,房子共有两层,上下层间用木板隔开。猪栏、牛栏、羊栏、鸡笼、厕所设在底层,有时也放些杂物等。中层设有堂屋、卧室、厨房等,半边是地,半边与底层相接,堂屋占的空间将近整个房子的 1/3 的面积,在堂屋的前面没有门,但开了一扇窗,以便增加室内光线,堂屋两边分别有两间房,因为与其兄弟共用一座房子,分家后每人只占一间房,自己住堂屋右边的房间,一边用来生火做饭用,另一边放了张床,面积比较小,房子没有正门,只在房子的左侧面开了一道门。现在看上去很旧,但在当时这座房子还算好的,因为以前家里是富农,家里经济还过得去,但现在没钱建新房子也没钱装修,旅游公司的人也没说要重建,只要把卫生搞好就可以了。

(2)新中国成立后至 20 世纪 90 年代初

现在村子里有一半以上的房子是这一时间段建的，与新中国成立前的住房相比，这个时间段建的房子要宽敞得多，一般是三层或者四层，底层关养牲畜，二楼设堂屋、杂物房、厨房等，半边是地，半边与底层相接，香火设在堂屋正中央。大多数二楼不住人，堂屋比较宽敞，有一道长廊，并开有一整排的窗户，条件好的在窗户上有各式好看的木雕做装饰，通风、采光效果都比较好，在二楼长廊洗脸用的镜框的窗户下面，有一个漏斗形的容器，下面有一根中空的竹筒与之相连，平时用过的脏水就可以通过竹筒流到一楼下面的排水沟中。三楼住人，一般是三至五个房间，呈“回”字形，像北方的四合院，中间是楼梯，四周是房间及过道。在当地有句俗语叫做“不三不四丢上去”，所以四楼放些不经常用的杂物，同时也起到调节三楼温度的作用，夏天通风可以起到隔热的作用；冬天上面有东西遮栏，也不会那么冷。从建筑的构建方式来讲，这个时间段的房子用几根较高大的柱子做框架，从一楼一直到顶楼都是完整的一根，没有分开，村民觉得这样建成好看一些，而且比以前那样建的房子更加结实一些。

(3)旅游业兴起前后

这个时间段的房子，有的是新建的，有的是在原来旧房子的基础上改建的，一般是四层，与前两个阶段相比，这一时间段的住房变化比较大，从外面看仍是全木质的干栏建筑，但内部结构已有了很大的变化：

一楼改为餐厅。为了迎合游客的需要，一楼是一块完整的平地，用做餐厅，即使没有开旅馆的家庭也是如此，据一名从外地来大寨小学教书的教师说，他们的这种变化是受到了龙脊平安寨壮族的影响。

猪圈外迁。室内没有地方可以关养了，所以就将猪圈建在室外，一般是在住宅旁边不显眼的角落单独建一座小房子。

厨房改用灶。厨房不再是传统的火炉，而是用水泥建的灶，上面铺上瓷砖，可以同时在好几个地方烧火做饭，与以前相比，这种设计既节约燃料又方便、干净。

房间数量增多，设计成并列的两排，中间是过道，在过道尽头开有窗户。每个房间里都有窗户，通风、采光都比较好。

香火位置的改变。以前的香火都设置在堂屋正上方的墙上，一进屋就可以看见，占据明显的位置，但现在一般都移至楼梯间的转角处，即在两层楼之间的地方，如惟馨阁；有的设在二楼的过道里，一上楼梯就可以看到，如龙脊咖啡店。

屋外水沟硬化。2006 年上半年，和平乡政府和龙胜县宣委传部决定扶助村民修水沟，由乡政府和宣传部出材料，村民出工，每户负责将自己房屋附近的水沟挖好，并用水泥将沟底以及沟两侧用水泥铺好，疏通并硬化排水沟，从而改善了村中的环境卫生。但现在只有大寨自然村是这样，因为大寨是游客的必经之地，去的游客也比较多，所以村里最先修大寨自然村的排水沟。

三、影响民族村寨环境卫生建设的因素分析

通过对两个瑶族村寨环境卫生的描述可知，民族村寨的环境卫生因其所处的地理环境、经济发展及社会规范等各方面的不同而呈现出截然相反的态势。布努瑶聚居的加文村，恶劣的生态环境引起了经济贫困、卫生状况差等连锁反应，而红瑶大寨则依靠其自然资源及梯田文化优势，建立了一整套行之有效的卫生制度。

1.地理环境

都安瑶族自治县加文村位于典型的岩溶地区，喀斯特地形明显，生态十分脆弱，村民稍不注意就很容易破坏山上的植被，造成环境恶化，环境一旦被破坏就很难恢复。这种客观自然环境决定了在广大的石漠化地区不可能以水稻种植为主，这也使得玉米的种植能在当地得以普遍种植。受这种地理环境的影响，村民日常生活特别困难，大多数人可说是徘徊在基本生存线上，因此根本谈不上卫生不卫生。而较差的卫生环境及其所引起的疾病等不良后果，反过来则进一步加剧了当地的贫困程度。

龙胜各族自治县大寨村地处桂北山区的高山和半山地带，境内山体陡峭，地势险峻，境内多为土山，水资源较为丰富，以水稻种植为主，村民世世代代在山坡上劳作，日积月累，建成层层叠叠犹如天梯的庞大梯田群。当原本的生态系统在外界影响下被打破时，仍有较长的缓冲阶段，村民可以利用这一缓冲阶段采取相应的补救措施。

2.经济

加文村和大寨一直是当地县里重点扶贫特困村，由于历史、地理、经济、文化诸因素影响，加文村的生产、生活条件特别恶劣，经济落后，群众贫困，21 世纪的头一年，全村人均产粮仅 135 公斤，人均纯收入为 1091 元，收入低于贫困线 25％的有 56 户 252 人，收入低于贫困线 50％的有 238 户 959 人。村民只能维持基本的生活，没有更多的钱用于房屋建设改造和道路、庭院、堂屋、卧室、厨房等硬化以及环境卫生设施的改善。在得病时，没钱去医治，只好自己用一些土方法，有的甚至什么药也不吃，任病情恶化。一直以来，加文村仍全靠传统的玉米种植生活，没有其他经济来源。

龙胜大寨红瑶地区以前也是县里重点扶贫特困村，大多的村民一直在温饱线上徘徊，但当地政府利用当地得天独厚的自然景观——梯田，重视开发当地旅游业，自 2003 年 9 月 27 日开发旅游业后，村民的生计方式不再是单纯的种地，有钱的村民自发开办农家旅馆，有的村民给游客背包、抬轿子都可以增加收入。据村副主任潘润六说，2002 年时村中人均收入 900 多元，2004 年有 1100 多元，2005 年有 1700 多元了。自从旅游业发展后村民收入增多，在解决日常生活开支后有钱节余时村民才有更多的钱去改善家里的家居环境，不断地改善当地的环境卫生。

3. 人口

环境所能承载的人口规模是有限的，这也是生态人类学中常说的负载力，环境所能承载的最适规模，即在这一规模上，资源、居住空间等足够保证种群成员的最大福利。人口增长以及环境变化能打乱人类种群所参与其中生态系统的稳定性，人类种群被迫适应新的条件，为减轻这种压力，只好以应急的文化改革（多数是技术方面的改革）来响应。但是，人口压力没有就此减轻，“贫穷”却增长。[①] 就目前的状况来讲，石漠化村寨加文村布努瑶社区与旅游开发后的龙胜各族自治县大寨村红瑶社区都面临着人口压力的问题，但两者引起人口变化的方式是不同的，加文村更多的是因为自身人口的不断增长，而旅游开发后的大寨红瑶村更多的是来自外界的人口压力。2004 年村接待游客 3.2 万人次，2005 年接待游客 4 万人次，随着基础设施的改善和旅游服务功能的逐渐提升，游

① ［美］唐纳德·L. 哈迪斯蒂著，郭凡、邹和译：《生态人类学》，文物出版社 2002 年版，第 175～176 页。

客数量逐年攀升。而当地总人口是 246 户 1153 人，总面积也不过 22.28 平方公里。显然，仅仅依靠本地资源很难满足游客的需求。最开始当地人给游客提供的是本地资源，村民通过给游客提供本地资源来挣钱，挣得钱后他们开始慢慢向外界引进资源，比如壮寨的千层天梯旅馆以及我们调查时所住的旅馆每隔一段时间都会去县城买蔬菜等生活物品。当地通过向外界引进资源的方式，不断地减轻人口增长对当地环境资源的压力，维持当地人口与自然的平衡。

4. 制度

两地环境卫生状况迥异，究其原因，很重要的一个方面是管理制度层面引起的。

加文村环境卫生搞得不好，脏乱差现象严重，管理制度不够健全完善，卫生清扫、监督、检查制度化、经常化等管理方法都没有提上议程。据了解，村中没有关于环境卫生方面的规定和管理制度办法，公共卫生无人打扫，环境卫生无人监督检查，放任自流，顺其自然。

在大寨，村民对村中环境卫生的管理方式已发生了很大的变化，逐步趋于制度化、系统化，专门定制了《文明卫生公约》，第二条规定：要讲究卫生，不随地吐痰、乱扔果皮、烟头、纸屑及一切废弃物，房前屋后做到每天一小扫，七天一大扫，每户至少要标准设置一个垃圾桶，并把垃圾主动拿到指定的地点堆放，房前房后不准堆放任何杂物及生产生活用品，堆放在室内的杂物及用品也必须整齐划一。第五条规定：客户必须管好猪、牛、羊、马、鸡、鸭、鹅等家畜、家禽，不能让其影响村卫生或损坏他人财物。《大寨村旅游管理村规民约》第六条规定：全村村民必须自觉搞好村寨的环境卫生，不乱丢乱倒垃圾，门前实行三包，各寨环境卫生督查小组定期进行卫生检查,赶马的村民要办理马运证,按规定牵马运输、自觉清理马粪,门前环境卫生差且乱丢乱倒垃圾的农户,经教育不改,扣其应得的梯田维护费来请人清理环境卫生,不办理马运证或不自觉清理马粪的养马户、牵马户,发现一次罚款10元。

除以村规民约的形式规定村民做好环境卫生工作以外,村中还以通告的形式,要求村民加强环境卫生工作。以下是笔者在调查时在村中看见的一则通告,具体内容如下:

通　告

为了搞好我金坑的旅游事业,做好旅游景区的环境卫生、保持交通道路的清洁,现经我大寨屯的广大群众讨论决定,凡是牵马人员必须自备马粪篓一个,不备马粪篓者禁止在交通要道上牵马运输,若发现谁的马在交通道路解便,每次罚款伍拾元(50元),希牵马人员给予合作。

特此公告

大寨屯的广大群众

二〇〇六年六月十九日执行

村里还有一套奖励机制,设定"十星级文明户",对各方面做得都比较好的家庭授予"十星级文明户"的称号,而"卫生星"是授予称号的考核标准之一。除此之外,村中还有专门的清洁工,负责村中公共卫生的清扫,对垃圾的处理形成一整套的处理系统。

5. 乡规民约

在新中国成立以前,大寨村一直存在着族缘、地缘性的寨老组织,并设有石牌律,村民都会自觉地遵守石牌律上的规定。新中国成立后，寨老组织已不复存在，但这种经过协商制定村规解决问题的文化传统一直都保留着，所以当村里遇到新的问题的时候，村中的头人都会召集村民开会，尽快地制定出相应的解决问题的办法或规定，而且当村委会制定出相关的规定之后，只要合理，村民都会自觉地遵守，并且很快适应这种制度。

在大寨村顺通旅社前道路右边至今仍放着三块石碑，两块大的是《万古流芳》，长约 1.5 米，宽约 1 米左右；小的那块是《永古遵依》，长约 1.2 米，宽约 1 米，这些石碑刻的就是当时的“法律”。在《万古流芳》碑中规定：“高山矮山，四处封禁，不许带火乱烧，如有砍山烧耕地，土要宽拔开火路，不许乱烧出外，又清明挂青，各要铲尽坟前烧纸，不许乱烧出外，如有乱烧，拿获查出，众等公罚银二两二钱。”“春冬二笋，各管各户，不许扯挖。又有入别人山捡干柴，不许带刀乱砍，拿获者众等公罚银一两二钱。”这一传统一直保持到现在。开垦梯田时与梯田相连的山脉中，最高的那座山是不能开垦的，即使开垦，最多只能到半山腰，而且山顶的树木也不允许乱砍。山顶树木繁茂，可以防止水土流失，而且只有山顶水源不断，才能保证山下梯田有水，庄稼才能获得丰收。为了保证山下梯田有水，当地村民还形成了一套灌溉系统，如在两座山头间架涧，将地理位置高的山头的水引到位置相对低的山头的水，因此，有的矮一点的山头即使山顶也被开垦成田地，但仍有水源供给。另外，当地的梯田宽度很小，小的只有 1 米左右，但很长，依山形而开垦，从山这头到山那头，一层层开垦梯田，有利于防止水土流失。

6. 外来者

文化传播的范围或借用的程度决定于两个民族之间接触的持续时间与密切程度。除传统文化不同以外，两地的文化与外界的接触方式与频繁程度也不一样，受外界的影响程度也不一样，这也导致了两地村民环境卫生观念发生了不同的变化。

在石漠化瑶族地区，当地与外界的接触方式主要有两种：一是村民去外面打工或去外面求学，觉得外面的东西好就引进家里，但村民与外界接触的人数比较少，仅限于年轻人，中老年人基本仍然待在家里，因此受外界影响的个体相对较少；二是政府的指导性变迁，如建沼气池、推广剑麻种植、修水柜等，但政府下乡扶贫的次数是有限的，频率较低。虽然有些村民的环境卫生观念已发生了一些变化，但受影响的面还很小，不能影响整个村子环境卫生观念的整体变迁，更多的村民沿袭了千百年来不讲环境卫生的习惯，即使看见垃圾遍地、蚊蝇满天也见多不怪，习以为常。受这种传统观念的影响，村民环境卫生意识不强，更不会积极主动地保护自己的环境，创造美好的家园。

旅游开发后的瑶族社区，当地与外界的接触方式以及接触的持续时间与密切程度都大为加强，接触方式既有村民去外面打工后或去外面求学觉得外面的东西好，就将外界的技术或先进的东西引进家里，也有政府、扶贫机构、旅游公司、游客、志愿者以及外界各种先进技术的传入等因素的影响。诸多因素与当地村民产生互动，并最终导致了当地村民传统环境卫生观念的变迁，其受外界的影响主要表现在以下几个方面：

(1)政府以及扶贫单位为改变当地环境卫生现状的指导性变迁

政府以及扶贫单位为改变环境卫生的指导性变迁更多的是对村中基础设施的改变，提供资金、材料、技术上的支持，如龙胜县水电局和乡政府共同扶助四个自然村建人饮消防工程，改善村民的饮水条件；县扶贫办、能源办以及乡政府鼓励村民搞“一池三改”工程，大大改善了村民的卫生现状；县计划局和乡政府扶助村民修建公路，改善了村民的交通，便利了村民与外界的联系；县扶贫办、农业局扶助村民种植桃树、毛竹、大肉姜等绿色农业，减少化肥农药对当地环境的污染等。他们都是有目的地介入到当地的环境卫生中，而村民对此也是积极接受，对自己有利时都会积极地配合扶贫单位的工作，当村民有什么需要的时候，都会向村干部反映，再由村干部向乡政府反映，由乡政府与扶贫单位联系各种扶贫项目。但村民对此也逐渐地产生一种依赖心理，有些自己可以解决的事，也等着扶贫单位来扶持。以前大寨村里祖祖辈辈都有修路建桥亭的传统，每年农历的八月十五都要修一次路，每家每户都要叫一个人去，修路那天自带午餐。当地人认为“修路”是“修阴功”，修路后就有功德，本人一年都会走运。从大寨到潘内有一条很长的翻山的石板路，是大寨与潘内的红瑶同胞们共同修建的，大寨村民从山这边修，潘内村民从另一边修。现在村中每年也会修路，但要更多地依靠扶贫单位和旅游公司。

(2)旅游公司和旅游局、建设局规划管理委员会对村中环境卫生的介入

旅游公司和旅游局主要对村中的整体环境做规划，维护村中的整体环境卫生面貌。如对村中公共场所垃圾的处理，要求村民将垃圾丢入专门的垃圾池中，派车定期将垃圾运走。建设局规划管理委员会主要负责管理旅游区内建筑物的统一规划，包括新建房屋桥梁等建筑物的位置要符合整体布局，风格式样要展现当地传统干栏式建筑的特点，防止景区内乱搭乱建破坏景区内景色的整体效果。面对建设局规划管理委员会的介入，村民大多数情况

下都会屈从于这些与旅游开发有关的外部压力，上面叫怎么做就怎么做。去年潘石保建了座房子，方向与旅游局的规划不同，旅游局要求搬迁，否则要叫人拆了，没办法，潘石保只好重建。在今年建村口的风雨桥时，村民要求建石桥，因为村民觉得建石桥可以通车，方便村民的交通，而且用了很长的时间都不会坏，另一方面建石桥的成本也要比建木桥便宜，但旅游局和旅游公司不让建石桥，要求要按传统的建筑风格建成全木质的风雨桥，最后仍是按上面的要求建了木质的风雨桥，结果花了 6 万多元，比建石桥的钱还多。村民认为厨房和卫生间用木质材料建不好，用砖建厨房和卫生间可防火防潮，而且耐用，但这与建设局规划管理委员会要求村里全都建木质的干栏房相冲突，而村民采取的措施是先用砖建好内部，再在厨房的外面用木板包起来，这样从外面看仍是传统的干栏式建筑，既不破坏景区内的整体环境，也方便村民使用。

(3)游客

游客的介入与当地文化更多的是形成了一种互动的影响，这种影响完全是在自然的状态下进行的，但影响却是深远的，游客对当地环境卫生的影响更多的是观念的影响。旅游开发后，进入村中的旅客日益增多，他们来到一个与原来居住环境完全不同的地方，更多的是新奇，当发现与自己所处环境不同的地方时就会主动地问村里人。比方见到村里的瑶嫂个个都留着长长的头发，难免有所好奇，就会问一些与头发有关的事，问的人多了，瑶嫂们也逐渐认识到自己的头发是吸引游客的一大"亮点"，并继续传承以前留长发的传统，而游客也从瑶嫂那里知道了护理头发的知识，当他们离开后又会与自己周围的人说起自己游玩的经历，或者是上网发帖子或在自己的博客上写些游玩的感受，这在无形中也传播了红瑶的习俗。当游客去农户家里吃饭时，发现下面养猪，而人在上面吃饭，可以闻到下面的臭味，他们也会跟村民提建议，村民认识到这样不好，就会想着怎么去解决这个问题，而办法就是将猪圈外迁，一楼改为餐厅，这导致了他们家屋结构的变迁。另一方面为了吸引更多的游客，村民会迎合游客的要求，也会促使把家里的卫生以及个人卫生都做好。

个案 4－13：爱“捡”垃圾的法国客人

大多数村民认为村子里的垃圾大多是游客丢的，尤其是中国的游客喜欢随地丢，因为村里的人很少吃糖、饼等零食，也没什么垃圾可丢，不过有些游客也比较注意卫生的，吃完东西的垃圾自己放在袋子里装好，遇到垃圾桶时再丢到垃圾桶里。外国人比较好些，都比较注意卫生，垃圾自己收好，有的还会主动捡垃圾。大寨旅馆潘祖葵家里住了一位搞摄影的法国客人，在他家的旅馆里住了差不多一年了，每次出去看见路上有人丢垃圾就捡起来，用袋子装起来带回家。法国客人还经常会跟我们说中国人乱丢垃圾的习惯不好，旅馆里哪有垃圾他也会收拾干净，所以自己也经常打扫卫生，不乱丢垃圾，怕客人不满，渐渐地也就养成了不乱丢垃圾的习惯了。

(4)志愿者

近几年，大寨村几乎每年都会有“三下乡”的大学生志愿者来。如 2005 年暨南大学的学生来了，2006 年暑假广东外语外贸大学和中山大学管理学院的学生也来到了这里，他们多是宣传教育，宣传一些科学的知识，使村民认识到他们传统的卫生观念里面存在的不好的地方。在我们调查时，广东外语外贸大学和中山大学管理学院的学生给当地村民发了很多有关疾病传染方面的传单，村民看后大为震惊，并对笔者说："我们这儿最爱吃生鱼片了，没想到这竟也能感染疾病，以后要少吃点了。"

四、讨论

从加文村和大寨比较中可看出，目前乡村环境卫生建设受到了多方面因素的影响——自然环境、经济发展、管理体制、外来干预……但人的因素无疑是最重要的。和谐家园生态建设需要每个村民自觉参与，这就需要每个村民自觉接受和谐生态观念，并付诸行动。比如沼池建设，在加文村村民可能是出于经济的原因，但在大寨，同样刚开始也没几户愿意建，后来村干部自己带头，也有一些思想开放的人尝试着去做，才逐渐地被村民所接受。

因此，在和谐家园生态建设中，要大力宣传环境保护的现实意义，宣传垃圾污染的严重性，倡导移风易俗，转变村民的观念，提高村民的环卫意识。引导村民树立"人人讲文明、个个讲卫生"的新风尚，把保护环境、爱护卫生变成群众的自觉行动。同时政府应高度重视，强化管理，充分认识农村环境卫生建设的重要意义，制定环境卫生保护的规定，建立环境卫生检查、评比、监督、奖惩机制。

当然，针对像加文村这样地处大石山区的贫困民族村寨，政府要加大扶贫力度，提倡科学的种养技术，将当地经济发展与环境保护相结合。加强对农村基础设施建设的投入，尽可能使更多的村民能建家庭水柜、沼气池、洗澡室等，抓好当地道路建设，引导和扶持农户改造住房，做到住房及厨房宽敞明亮。通过这些硬件建设，既改善了农村环境卫生，也为当地和谐乡村生态建设奠定了基础。

第五章　超越村落与村落重构
——民族地区和谐乡村社会建设

民族地区和谐乡村社会建设的目标包括两个方面:一是促进民族地区乡村社会整体协调发展,以实现中国社会和谐;二是缩小区域内农民群体差别,以实现民族地区乡村社会和谐。基于问题本身涉及乡村经济、民主政治、法制、社会保障机制等建设内容,因而参与讨论的学科面也较广。本章研究试图从农民社会资本和弱势关怀两个视角进行分析。

和谐社会归根到底是人的和谐,因而和谐乡村社会建设应该通过各种方式以实现农民群体的和谐。外在的市场经济环境和制度保障是非常必要的,但这些环境和制度最终要体现在农民身上,要通过每一个农民才能发生作用,这就要增强他们的自我发展能力,增加其自我发展机会。在社会资本理论看来,这实质上是农民社会资本的扩展过程。这对时下民族地区和谐乡村建设十分重要,因为中国乡村社会来已从封闭走向开放,从经验走向科学,从同质性到异质性,从熟人社会走向市场社会……这一切都从根本上改变了原有的建立在血缘、地缘基础上的乡村秩序和以"差序格局"为特点的乡村人际关系。在最根本的意义上,改变了农民的社会资本格局和社会资源获得能力。农民必须适应新的发展环境,重构自己的社会资本。在这个过程中,他们主要面对的不再是自己熟悉的乡亲乡邻，而是乡村外部的市场、城市和各式各样的发展干预者。毫无疑问，他们必须超越村落，超越乡土，以实现社会资本的扩展。

基于群体内部差异，农民社会资本扩展在结果上必然有弱有强，具有不均衡性，进而影响到乡村整体协调发展。这就需要有弱势关怀视角，不只是增强他们的自我发展能力，还应有针对性的群体研究，如乡村的养老、妇女发展、返乡农民工、留守儿童等群体。村落公共空间是村民们获取社会资本的重要场所，是维系村民们乡土认同的主要媒介，故本章通过濑浩屯的例子剖析现代村落公共空间的结构及功能，讨论其在和谐乡村社会建设中的意义。

第一节　超越村落：文化农民社会资本的扩展及其结构

文化农民是个复合体，除了有知识、懂科技、会经营、能变通等之外，良好的社会资本也是关键要素之一。随着土地承包制度和市场经济制度的实施，原先处在相对封闭状态的村落已经全方位开放，农户已成为相对独立的生产单位，这就对农民提出了更高的要求。也就是说，随着村域经济的转型，农民不再仅仅是田种好就了事，而是有许多问题如农产品的生产与销售、资金和技术的获取、外出务工、子女教育等都得靠自己解决。[①] 传统的以血缘或地缘为核心的社会资本已不能满足农户这些新需求，因此扩展并拥

---

① 王景新：《村域经济转型研究反思》，《广西民族大学学报（哲学社会科学版）》2008年第3期。

有良好的社会资本对于农民来说就变得极为重要。事实上，学术界在这方面也进行了一定的探讨，如孙英[①]，汪小勤、汪红梅[②]对农民社会资本变迁的研究；陈颖[③]、蒋玉凤[④]对农民社会资本在乡村建设中重要意义的分析；王道勇[⑤]、杜旭宇[⑥]谈论了社会资本在农民增收中的作用；吴剑辉[⑦]、李佳[⑧]等对乡村精英社会资本的分析等。但这些研究由于过多地侧重农民社会资本的功能性，因而在结构性分析上有所不足。故本节拟以南宁市周边三个村庄为例，对文化农民社会资本的扩展及其结构加以探讨，以期有益于文化农民的培养以及乡村和谐社会的建设。

这三个村庄虽同属南宁市"社会主义新农村建设"试点村，但在产业结构上各具特色。上林县白圩镇马安庄以网箱养鱼和良种山葡萄、油葵等经济作物种植为主，全村共58户，243人。汉族占95%，2006年人均收入4100元；武鸣县城厢镇大皇后村自2000年以来就开始兴办企业，规划建设水产养殖示范基地，目前已形成以工业、养殖业、运输业和建筑业等为主的多样化产业结构，全村

---

① 孙英:《城郊农民社会资本模式解析——以成都城郊农民为例》，天府新论，2007年第6期。

② 汪小勤、汪红梅:《我国农村社会资本变迁的经济分析》，《福建论坛(人文社会科学版)》2007年第12期。

③ 陈颖:《社会主义新农村建设视角下的农民社会资本培育》，《湖南师范大学社会科学学报》2007年第4期。

④ 蒋玉凤:《增强农民发展能力的关键:积累社会资本——兼谈农村社会发展理念、路径和目标》，《传承》2007年第5期。

⑤ 王道勇:《社会资本视角下的中国农民增收》，《甘肃理论学刊》2004年第6期。

⑥ 杜旭宇:《社会资本与农民增收的关联分析》，《经济体制改革》2006年第2期。

⑦ 吴剑辉、俞红莲、黄志坚:《农村致富带头人成长的社会资本分析》，《乡镇经济》2008年第1期。

⑧ 李佳、郑晔:《乡村精英、社会资本与农村合作经济组织走向》，《社会科学研究》2008年第2期。

共350户，1492人，壮族占大部分，2006年人均收入5000元；陆西村位于南宁市市郊西乡塘区，产业结构以种植绿化草皮、苗木、速生桉苗圃等苗木花卉业为主，全村共475户，1839人，汉族占大多数，2006年人均收入3570元。在田野调查中，我们主要采取深度访谈和参与调查等方法，持续时间为2007年11～12月。

一、农户传统社会资本功能淡化及其成因

对社会资本及其结构，学术界众说不一。就结构而言，一种是将分析的层次划分为个体和群体组织，如林南；另一种是将分析的层次分为微观、中观和宏观，如布朗。[①] 本节则采用微观（人际关系网络）和宏观（关系网络规范）两分法。因为在微观层面，社会资本指人们通过社会交往（往往是直接的）而形成的某个特定范围内的社会关系，如常见的家庭、家族、街区、社团以及朋友熟人等人际交往网络，网络成员在这些交往网络中可以从其他成员那里获得所需要的短缺资源。社会资本意义上的人际交往网络是以获得所需要的短缺资源为目标的，因而是互惠性的交换网络、权力（获得自己需要的短缺资源）和义务（提供他人需要的短缺资源或有着较高的信任度、遵守规范等）的统一体。在这一意义上，社会资本又具有了宏观体制上即关系规范的含义，包括诸如信任、规范以及网络，它们能够通过促进合作行为来提高社会的效率。[②] 这也正如布尔迪厄所认为的："社会资本是指某个个人或群体凭借拥有一个比较稳定、又在一定程度上制度化的相互交往、彼此熟悉的关系网

① 张文宏：《社会资本：理论争辩与经验研究》，《社会学研究》2003年第4期。

② 陈健：《社会资本结构分析》，《经济研究》2007年第11期。

而累积起来的资源的总和。”[①]那么,具体到农户,其传统意义上的社会资本有着什么样的表现及特征呢?

1. 农户传统社会资本

要理清农户传统社会资本,首先得确定传统乡村制度下农户的身份。这里有两个参照:一是国家或封建王朝给予的“编户之民”,也即“编户齐民”。“编户”,是指正式纳入国家户口登记序列的人口。“齐民”,是说凡登入国家户籍之中的人口,一律都是皇帝的臣民,原则上都要纳税服役,所谓“溥天之下,莫非王土;率土之滨,莫非王臣”。另一个是因聚居所形成的“村民”、“乡民”。这也源于户籍制度。秦汉时的户口编制,与先秦相比,发生了两个大的变化。其中之一是以秦国“户籍相伍”为标志,先秦户口编制中的种族之别被打破,即原则上不分本族异族,一律编入同一组织之内,实现了严格意义上的按地域而不是按血缘来划分居民。[②] 依此来推,农户传统社会资本可分为两大类型:

一是官方社会资本。这是基于国家强权而形成的农户—国家均等互惠性交换网络,以及从中派生出的农户—管理者对等互惠性交换网络。在这方面,以往的研究多使用“村落共同体”或“公社共同体”等一笔带过,但实际上不是村落、公社或邻、保、牌、里、甲等国家的代理机构,而是国家与农户直接构成互惠性交换关系,即社会资本依附于国家的强势权力而存在,这对于每一农户都是均等的。农户从国家那里获得土地、公民身份、农用资金等短缺资源,同时又需履行纳税服役、课植农桑、劝导乡里、助成风化等义

① 布尔迪厄著,刘成富、张艳译:《科学的社会用途——写给科学场的临场社会学》,南京大学出版社 2005 年版,第 18 页。

② 宋昌斌:《编户齐民——户籍与赋役》,长春出版社 2004 年版。

务。这一互惠交换网络自战国确立之后一直被沿用至今，且在20世纪六七十年代达到顶峰。[①] 不过，由于国家代理机构的“首脑”代表国家行使权力，因而又派生出农户—管理者的对等性互惠交换网络，即农户短缺资源的获得与否以与管理者的亲疏为转移。尽管自秦代以来实行中央集权的郡县制，县及县以上的各级官员由中央直接任命，县以下实行户口编制，其负责人原则上实行民推官任，多少带有一些民间自治的味道。但由于手中有权，以致“专理词讼，不便于民；党与爱憎，公行贿赂”，作恶腐败就在所难免。从历史上看，在王朝更替、国势衰退之际，农户—国家常常与农户—管理者合而为一，国家强权演变为地方霸权，容易造成农户对管理者的过度依附。

二是民间社会资本。这是建立在户籍制度基础上，因血缘、地缘或姻缘等近远、亲疏关系而形成的对等互惠性交换网络：关系亲近的，信任度高；往来密切，互惠性强，反之亦然。最后所形成的基本格局便是亲属或熟人之间合作程度高，短缺资源交换表现为礼物、义务、情感、责任。非亲属或生人之间合作程度低，短缺资源交换的是商品或货币。[②] 正所谓俗语云：“亲帮亲，邻帮邻，自己人帮的是自己人。”其中，人际关系亲疏不仅是衡量信任、规范以及网络的标准，也是农户传统社会资本建构的基本准则。“早期儒家经典《论语》中有‘孔子于乡党，恂恂如也，似不能言’的描述，从中可见孔圣人当年在乡党中恭顺待人的态度。这是因为，在按‘乡党’之法编制户口时，要求人们礼仪相交，患难相助。住在乡党之内的

---

① 宋昌斌：《编户齐民——户籍与赋役》，长春出版社2004年版。

② 程昆、潘朝顺、黄亚雄：《农村社会资本的特性、变化及其对农村非正规金融运行的影响》，《农村经济问题》2006年第6期。

人，平时来往较多，关系也较为密切。此外，长期住在同一个地方，不能自由迁徙，容易通过婚姻结合等途径形成或近或远的亲戚关系。人们重‘乡党’之情，也就在情理之中了。”①

2. 农户传统社会资本的延伸

从理论上讲，社会资本常常因直接的社会交往而建构，但事实上在乡村传统交换网络中，每个成员在机会上都是均等的，即成员间可以互相获得或提供短缺资源，但并不一定有直接交往关系。其中的原因便是“乡村网络专家”的存在，这便构成农户社会资本的延伸，类似于格兰诺维特所说的充当着“信息桥”的弱关系资本。②

乡村网络专家又称中介人、中间人、线人、和事佬等，指人际关系圆融、有途径联系并能利用有影响的人为乡民们提供帮助的乡下人，是乡村中的“头面人物”。他们处于一个中介的位置，其人际关系的主支或扩大支系中也许存在有势力的人；或者其本人也可能就是有势力的人，能够利用职务或职业之便，通过职权来帮助他人。这些乡村网络专家人数不多，但他们具有控制和调动官方与民间社会资源的权力和威望，都很吃香，成为在广大底层民众中极受欢迎的人物，③典型的如媒婆、师爷、族长、绅士、行会的头儿、戏班班主、航船主等。除了乡村网络专家外，传统乡村社会还有拟亲属关系，如行会、秘密社会、地域化宗族、义亲等，也可看做是传统乡村资本的延伸。④

---

① 宋昌斌：《编户齐民——户籍与赋役》，长春出版社 2004 年版。

② 程昆、潘朝顺、黄亚雄：《农村社会资本的特性、变化及其对农村非正规金融运行的影响》，《农村经济问题》2006 年第 6 期。

③ 周大鸣、秦红增：《中国文化精神》，广东人民出版社 2007 年版，第 185 页。

④ 麻国庆：《走进他者的世界》，学苑出版社 2001 年版，第 127 页。

当然，话又说回来，乡村网络专家、拟亲属关系的存在，在一定程度上延伸了农户的网络关系，但并没有改变传统乡村社会资本的基本性质。这基本性质即是建立在户籍制度基础上的，基于血缘、姻缘、地缘等各种关系而建构起的差序格局特征。另外，在此需要特别指出的是，除了差序格局以外，农户传统社会资本还具有国家意义上“均等”的一面，这是以往的研究中所忽略的。

3. 农户传统社会资本功能淡化及其成因

对农户传统社会资本功能的淡化，一些学者已做了相关研究。如在资金需求方面，强关系比重下降，弱关系的“信息桥”作用将更加明显；农户之间的合作越来越少，农户需求的满足更多地依赖村社所提供的公共服务与市场所提供的商业服务；乡村人际关系的“二元结构”特征越来越明显。①

在国家体制改革不断深化和市场经济在乡村逐步建立健全的新形势下，农户传统社会资本功能淡化是必然的，这主要表现在以下几个方面：

一是国家职能的转变及户籍制度功能的衰退。在传统乡村社会里，国家对农户的职能主要是控制，以便获取税收或兵役等。反过来，农户的一切生产和生活需求都只能从国家那里获取，国家乃是农户短缺资源的提供者，当然也就有权力让农户纳税，或将农户限制在土地上，农户也有义务遵从国家的规定。但是随着土地承包政策的推进及市场体系的建立和完善，国家对乡村由控制变为促进发展，不再给农户提供其生产和生活的所有需求，而且绝大多

① 王习明：《村社公共服务与乡村建设——成都平原村落经济社会结构变迁研究》，《广西民族大学学报（哲学社会科学版）》2008 年第 3 期。

数的发展项目、资金、技术等也都是通过市场中介来运作。这么一来，市场而不是国家便成为农户短缺资源的供给者，加之随着农业税的取消，国家也不再需要通过“编户齐民”制度来控制税收，也就自然而然地放松了对农户的控制。

二是农村人员的强流动性。随着市场化和城市化进程的不断推进，劳动力已成为影响不同地区经济发展的关键因素。相应城市产业的高回报及国家的一系列鼓励和扶持政策，如降低农村人口进入城市的门槛、地方政府积极组织农村劳务输出、进城务工的各种优惠政策，都增加了农村劳动力外出就业的机会，也吸引和加快了农村人口向城市的流动，从而对传统的人际关系网络形成了强有力的冲击。

三是农户需求的变迁。市场经济、外出务工、生态农业等，使得农户希望获取的短缺资源与以往相比有所不同。拿生产方面来说，以前农户种田靠的是经验，农具自己有，劳务靠互助，可说是不需要利用外部资源，但现在凭的是技术。更重要的是以前是所谓的“小农经济”，劳动成果除了上缴国家税收外，余下的自己吃，只有极少量的用于交换。现在则是市场经济，生产的目的是为了交换。这就决定了农户不能再以亲疏远近来建构人际关系，而必须借助各式各样的行业或协会组织来扩展自己的社会资本。

四是农户可利用资源的扩大。随着市场经济体制的完善，以及政府“反哺农业”政策与各种各样组织的扶持项目的实施，农村发展干预不断增多，农户可利用资源也不断扩大。这就决定了农户打交道的对象不再只限于国家、官员或同一地方的人，而是扩展到各种各样的外来者，如经销商、公司、发展援助者等。

五是村落人际关系的变迁。在传统乡村社会里，大家长期居住在同一个地方。“低头不见抬头见”，一家有事，大家帮忙，从而形成了一个亲密的社群，而且这种亲密的情感关系对限制冲突和竞争有着重要的功用。但在市场经济条件下，以情感为纽带的乡村人际关系逐渐向利益化趋势发展，农户在尽可能地获取短缺资源的同时，因为潜在的竞争关系，也会限制别人，从而导致人际关系的紧张和冲突，这无形中就弱化了传统社会资本的功能。当然，农户传统社会资本的淡化并不等于彻底消失，而是在新的形势下与别的要素结合在一起，形成了农户社会资本的扩展与重新建构，即形成了超越于村落的业缘资本、市场资本、科技资本，其信任关系亦超越熟人信任，走向契约信任。

二、文化农民社会资本的扩展及其结构

社会资本因人们的需要而产生，也因需要的不同而发生变化。在此，我们可以将其区分为两类：一是先赋性的，即因血缘、姻缘或地缘关系而建立，另一是因短缺资源的获取而建立。在传统乡村社会里面，由于两者差不多是重合的，因而农户们的社会资本就表现出较多的差序格局特征。但在现代社会里面，随着市场经济制度和乡村社会的发展，农户的需要发生了变化，且超出了村落地域范围，关系网络的构建不再以先赋性而是以能够获得短缺资源为转移，这就形成了社会资本的扩展。在微观和宏观层面，其结构性特点主要表现在四个方面。

1. 超越血缘的业缘资本

业缘资本是指人们以职业或行业为纽带而结成的人际关系网络。随着乡村市场交换的发达和多种生产经营，以及发展干预的增多，农村已有了许多行业分工，如种植业、养殖业、商业、屠宰业、

运输业、制造业等等，自然而然地也就形成了各式各样的行业圈子，而农户只有进入这些圈子，与圈内成员有密切的往来和交流，建立相应的行业关系，才能获取自己的短缺资源，如行业信息、技术和资金，甚至垄断性的行业地位等等。我们根据互惠性对象的不同，可将其分作外源性和内生性两类。

(1)外源性业缘资本。外源性业缘资本指农户与政府或公司等乡村发展干预的外来者所结成的相互协作关系。“反哺农业”政策以及乡村土地流转、农产品供给市场的形成等，都使得农村有了更多的发展干预，这不论对农户还是对外来群体而言，都是一种有效的生存策略。在这一相互协作过程中，发展干预者在将资金和先进技术等给予农户的同时，也获取了土地的使用权、农产品或劳动力等短缺资源；反过来，农户也获取了自己所需要的资金、技术、市场等。由于政府是最大的发展干预者，因而农户—政府官员便成为主导性的外源性业缘关系，这也与目前政府职能的转变是一致的。此外，外来的公司、科研单位、农技协会等非政府组织也是农户发展外源协作关系的重要因素。

个案 5-1：农户与发展干预者的协作关系

马安庄养鱼户 QYH 说，2001 年当初搞网箱养鱼的时候，政府每个网箱制作补助 600 元，又帮农户担保向农村信用社申请无抵押贷款。如果没有政府和银行的扶植，他们的养鱼产业难以开展和继续。QFC 说，2006 年南宁市百洋食品有限公司来村考察，认为清水河的水质非常好，适合养殖，于是百洋公司与他签订养殖罗非鱼的养殖和购销合同，合同规定必须要用百洋公司生产的饲料来喂养罗非鱼。他每年从百洋公司进购 30 吨左右的饲料。每吨饲料 2000 元左右。百洋公司给养殖户收购的保底价为3.2元/斤。公司一般收购鱼的规格有：鱼重0.7～1斤是2.7元，1～1.5斤是3.4元，1.5斤以上为3.8元。鱼从每年4月份开始养，7月至9月，由于气温高，天气好，鱼吃得多，也长得快，到了10月鱼就可以出售了。种植户QHL说，2006年他通过别人介绍认识了区农科院园艺葡萄研究所的彭所长和都安密洛陀葡萄酒业有限公司曾总经理。该公司购买了野生葡萄酒生产的专利，投资4000万元搬迁办厂，生产的密洛陀葡萄酒是朝阳产业，全自动化生产程度高，效益好，于是，他们和政府、公司就合作种植园艺专利产品NWJ196良种野葡萄。

(2)内生性业缘资本。内生性业缘资本是指农户之间所形成的互助合作关系。由于个体竞争能力比较弱，分散的农户无法面对开放的大市场，他们迫切需要联合起来以提高自身的竞争力，同时农业规模化、产业化的发展，也推进了农户间的互助合作关系，这便催生了专业合作社、专业协会等农村经济组织的建立。对农民而言，农村经济组织增强了他们的归属感，它不仅使农民之间由竞争对手关系转变为竞争—伙伴关系，而且在生产过程中能为农户提供可靠的供求、技术等信息，同时也是农民与政府等发展干预者相互协作的桥梁。大多数农户加入协会的原因，也是为了扩展自己的社交圈，以便通过这些组织网络，用较小的成本获得较大的收益。

个案5-2：马安庄网箱养鱼协会

以前，马安庄是一家一户分散网箱养鱼，由于鱼病防治技术水平低，且在出售鱼的时候经常出现不计成本、竞相压价的恶性竞争等问题，不少养鱼户因为网箱养鱼病死过半或成品鱼卖价过低而亏本。因此，农户们非常希望建立一个既能够给他们送技术又能够协调好养殖秩序的机构。在县、乡政府的引导下，马安庄于2003年6月成立了“网箱养鱼协会”。协会成立后不断壮大，会员也逐步扩展到附近村屯的养鱼户。为了使网箱养鱼效益最大化，协会实行统一贷款、统一购网、统一购苗、统一管理、统一销售的经营模式，把分散的农户和资源整合起来，使得马安庄的网箱养鱼走上了规范化的路子，也促进了村庄养殖产业的持续发展。

另外，除了乡村发展干预的扶持和农村经济组织的帮助，农户自己也主动走出去，通过各种渠道来扩充业缘资本。如马安庄QFJ讲，他以前在南宁读过大学，又在钦州工作过很多年，所以现在门路广。通过这些关系他养的鱼每年都很快销完，贷款也比别人容易。同时他经常到南宁周边的鱼苗场买鱼饲料和鱼苗，认识了一些网箱专业养鱼户和鱼苗场老板，经常和他们交流养鱼经验，现在都成了朋友。再如大皇后村的QY讲，他有个朋友现在南宁明园饭店工作，养的鱼直接销售到那里。现在他非常支持年轻人出去打工，因为这样可以结交很多朋友，社会交往的圈子就宽了（图5－1）。

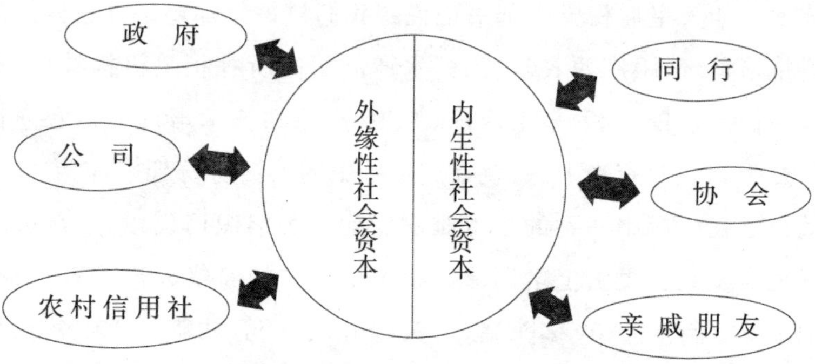

图5－1　农户业缘资本网络

2. 超越经验的科技资本

科技资本是指农户为了获取现代农业生产技术而结成的人际关系网络。以前的农业生产，基本上都是靠经验的积累和传承，但现在则讲求科学，农业生产的几大元素种子、农药、化肥、田间管理、土地耕作等，每一样的技术含量都很高，且都由外部供给，以致人们很难将农业与工业、科研区分开来，这也正是现代农业被称为工业农业、科学农业、化学农业的原因。因此，农户只有向别人学习现代农业生产技术，才能跟得上时代的步伐，满足市场需求，这也就形成了农户科技资本的建构。其主要途径有：

(1)学习和模仿其他农户，即通过邻里、亲友、科技示范户等习得现代农业生产技术。如大皇后村村主任说，村里每年都组织村民去广东、南宁、柳州、北海、东兴等地考察学习养殖技术和经验，待他们回来后先示范，成功后再传授给大家。几年来，许多新品种、新技术在大皇后都能率先实施与推广。马安庄农户 QDH 也说，他经常在南宁周边走访网箱专业养鱼户，通过请客吃饭的方式，陆续从他们那里获得养鱼技术。

(2)参加科技培训班，即通过各类科技人员习得现代农业生产技术。如大皇后村党支部书记说："我们村每年都要举办三四期的科技培训班，跟广西农学院、区水产品研究所等相关机构挂钩，邀请他们的教授、专家来上产前、产中、产后的技术培训课。农户们只要听到有专家来上课，就都放下手中的农活纷纷赶来，向专家求教自己在生产中遇到的技术难题。"除村委组织培训以外，部分村民也自发到县里去上培训课。如大皇后村的养猪大户 QWM 说，他 2007 年养了 200 多头猪，一头赚五六百元，共赚了 10 多万元，他经常到县培训中心参加养殖培训，回来后就应用新的养殖技术，所以养猪场虽然规模不大，但采用了科学的消毒、管理方法，猪都很少生病，出栏率也高。

（3）接受龙头企业的指导，即通过龙头企业习得现代农业生产技术。眼下在农村，依托龙头企业采取“公司＋基地＋农户”的农业产业化经营模式较为普遍。在这里边，由于公司掌控着生产的标准，因此也就负有向农户宣传、普及现代农业生产技术的义务。如大皇后村木薯淀粉厂 QMC 说，淀粉厂每年在榨季结束后，经常组织厂里的文艺队深入各村屯进行科技宣传，鼓励农民参加木薯种植技术培训。并请区农科院的技术人员来基地对农户进行技术指导。再如马安庄的 QJD 说，他们与自治区农科院园艺研究所和都安密洛陀葡萄酒业有限公司合作种植园艺专利产品 NWJ196 良种野葡萄后，常去他们的实验基地考察学习。公司为了推广新品种，扩大基地建设，种植的葡萄每株补贴 1 元，每年都派专家来传授新品种葡萄的种植技术，进行田间指导。

（4）自己学习，即通过阅读书籍，收看电视、收音机或上互联网等现代传媒习得现代农业生产技术。现在的农村大都建有图书室或信息服务站，这些都大大扩展了农户们的科技资本。如马安庄的 QJN 说，他在河边打鱼二十多年，平时爱看些关于养殖方面的书，边学习边摸索。再如大皇后村的农户 QX 经常上网搜寻资料，他说由于鱼饲料的价格年年上涨，为了减少生产成本，他从科技网上搜来了鱼饲料的沉料配方，先自己配制试验，成功后再拿着配方去村口菜市场买好原料大量加工，加工出来的每包通常比厂家价格要便宜 10 元。

个案 5－3：大皇后村电子信息服务站

2006 年，武鸣县政府、广西电信分公司、大皇后村联合创建了大皇后村“三农信息服务站”，开通了“三农信息服务热线”，把分散在不同地方的农业技术服务、农业科技推广、农业生产、农产品市场、农业政策、就业服务等信息集中共享。通过电话语音、短信、互联网等各种方式，让农民获取致富信息。另外还开通了“农村信息化网站”，内容涵盖咨询服务、村务信息、政策传播、市场行情、供求信息、网上教育等，制作了大皇后村的门户主页和信息第一村专门彩铃，为宣传提升大皇后村的知名度，以及大皇后村的经济发展和农民持续增收起到了显著的带动作用。为了使村民掌握电脑操作，村里还邀请电脑专家登门入户给农户具体讲解电脑操作基本知识和网上获取信息方法等。现在村委会装上了宽带，配备了10台电脑开设电脑阅览室，方便了农户上网发布信息和查阅有关技术资料。

从农民获取科技资本的途径可看出，随着农村交通条件和信息传播的改善，农民已形成了以现代农业技术的习得为目标的、且跨越乡村社会本身的人际关系网络（图5－2）。这个网络的建立，不仅有助于农民现代农业生产生活技能的提高，而且强化了农村社区内部的联结与信任关系。

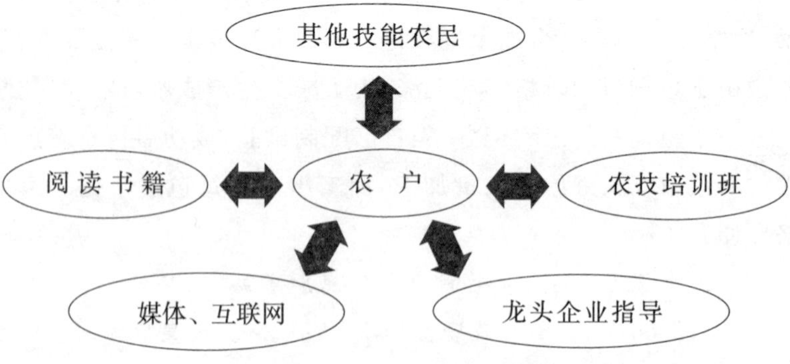

图5－2　农户科技资本网络

3.超越地缘的市场资本

市场资本是指农户为了生产交换而结成的人际关系网络。市场是农户必须面对的，基层市场满足了农民家庭所有正常的贸易需求，既是农产品和手工业品向上流动进入市场体系中较高范围的起点，也是供农民消费的输入品向下流动的终点。但是随着村域经济转型，农户成了相对独立的生产单位，生产的主要目的是为了交换，这就决定了乡村市场应是围绕特定产业需要而形成的联结，以产业需求来确定市场边界，如生产资料市场、技术市场、资金市场、产品销售市场、劳务市场等。由于这些市场形成的主导因素并不在于乡村，从而决定乡村市场不再是基层性的或区域地域化的，而是有着广泛的区域性或全球性。农户在融入市场的过程中，也就建构并扩展了自己的市场资本。

在传统乡村社会，基层市场与较高市场体系的联结点大多为定期到村里来的小贩、在村里有固定地点的零售店及航船主等购买或销售代理人等。[①] 在现代乡村社会中，这些联结点还不同程度地存在着，但已显然不能也无法满足农户的生产需要。这一方面产生推力，迫使农户向外扩展自己的人际关系网络；另一方面也产生拉力，为外部市场进入乡村大开方便之门。而更主要的原因在于农户作为农业生产的主体地位被打破。虽然土地承包后，农户生产上有了更大的自主性，但是随着农业产业化的整体推进，以及乡村发展干预力量的增加和强势，事实上作为相对独立生产单位的农户不仅逐渐丧失了自身的独立地位，而且在生产上对外界形成了过分的依赖。换言之，表面看来，耕田种地是农户自己的事

---

① 费孝通：《江村经济——中国农民的生活》，商务印书馆，2001年版，第204～220页。

情，但实际上却为政府、企业、公司等这些发展干预者所操控，正是他们把农民带入了更为广阔的或全球化的市场。

仍以“公司＋基地＋农户”这一主要农业产业化经营模式为例。在这一模式里面，为了实现标准化生产，农户所需要的技术、化肥、种子、农药、饲料、农用机械等，基本都由公司来提供，在农产品销售上，更是由公司一手包办。当然这并不意味着只有公司或企业才是农户的市场代理人，在大多数情况下，农户为了保护自身的利益，常常会由协会出面与公司商谈，或代理市场事务，像马安庄养鱼协会所扮演的角色那样，这也正是目前农业产业化经营模式朝“公司＋基地＋协会＋农户”方向发展的主要原因。另外，必须看到政府的强大作用。作为乡村发展干预的最强势力量，在此虽然不能将农户直接与政府联系到一起，但是政府的影子却无处不在。因为其所提供的技术、资金等，往往是通过龙头企业和农协会渗透到乡村与农户中去的，这也正是后两者之所以能将农户联结在一起的主要原因。还有，目前农户主导性的生产形式还是多种经营，即除了一、二类主导产业与公司或协会发生联系外，自己还独立从事一些生计活动，如小规模的养殖或经济作物种植等，这就使农户的市场资本融进了更多因素。下面以马安庄村民覃某为例来剖析农户的市场资本网络（图 5－3）。

覃某是一名普通农户，家里的生计主要以种植水稻、野葡萄、网箱养鱼为主。农用物资需求方面，覃某通常是到白圩镇上供销社购买化肥、农药等，村里面也有代销店，但规模小，品种不齐全，价格也贵，除非应急时才去买。野葡萄种植苗由都安密洛陀葡萄酒业有限公司提供，而鱼苗、鱼饲料一般是通过村网箱养鱼协会从南宁市百洋、国雄、通威等公司统一购买，这样价格相对便宜些，也

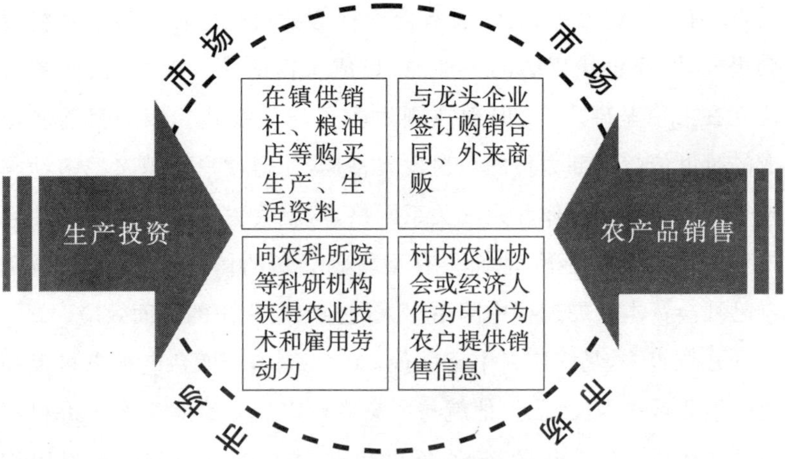

图 5-3 农户市场资本网络

符合生产标准。农产品销售上，稻米覃某通常卖给来村里的小商贩或镇上的粮油专卖店，野葡萄由都安密洛陀葡萄酒业有限公司统一收购，鱼如果与公司签了合同，就由公司收购；如没有签合同，多半是由协会出面联系买家找销路，但要缴纳一定的中介费。覃某也认识一些从南宁、柳州等城市来的鱼贩子，协会和鱼贩子哪个出的价高，他就卖给谁。

从覃某的例子可看出，目前农户的生产交换主要是通过供销社、龙头企业、农协会、外来商贩等完成的。借助这些市场中介，农户的市场网络从乡村一直扩展并延伸到区域中心城市，并由此而进入更为广阔的市场。相应地，他们的社会资本也会跟随着这种市场网络的扩展而扩展。

4. 超越熟人的契约信任

契约信任是指农户基于契约来维持其在生产交换中所结成的人际关系网络。信任关系的存在对于人类社会来讲是非常重要的，没有信任就没有合作，没有合作社会就很难运转。传统乡村社会里面，大家世代累居同一地域，形成亲密的熟人关系，信任常常建立在习俗基础之上，但现在则发生了质的变化。因为目前所形成的过度依赖外部力量的乡村发展格局，使得农户们越来越多地与外来者形成生产合作和人际关系网络，这就失去了习俗信任的关系根基。在这种情况下，他们只有重新确立新的信任基础，才能避免自己社会资本扩展过程中因陌生人的介入所带来的负面效应。

在调查中，马安庄村书记就说，2006 年，有个贩鱼老板来村里买鱼时给假钱被他发现了，他就与大家商量以后不给那个老板进村买鱼。他还说以他多年的经验，不讲信誉，难做生意。路西村村民们也讲，与不熟悉的人打交道要变得可信和有保证，就必须有其他因素作为媒介。这也从另一方面表明了农民现代法制观念的觉醒。事实上，在笔者研究的三个村庄，农户早已通过契约来建立信任关系，寻求合作伙伴，扩大合作范围。如在马安庄，农户在政府帮助下与广西农村信用社签订了无抵押联保贷款合同，与龙头企业签订了购销合同。在路西村，该村文书说，无论是本村村民、外村人或厂家来承包土地都要签订合同，只有这样双方的权益才能得到保障。

以大皇后村村民黄某为例来分析农户的契约信任网络（图 5－4）。黄某家经济收入主要是靠养鱼。他先是在政府的帮扶下与广西农村信用社签订了贷款合同，获得生产资金。然后与村委签订了土地承包合同，获得鱼塘的使用权。再通过市、县农科院等科研机构获得养殖技术。同时，他也提高了自身的养殖技术，通过了农业部和广西出入检疫局的考核，获得了出口食品种养基地检验检疫备案证书和国家水域滩涂养殖基地使用证。有了这两个证，很多老板对他的产品质量很放心，2007年南宁市百洋食品有限公司

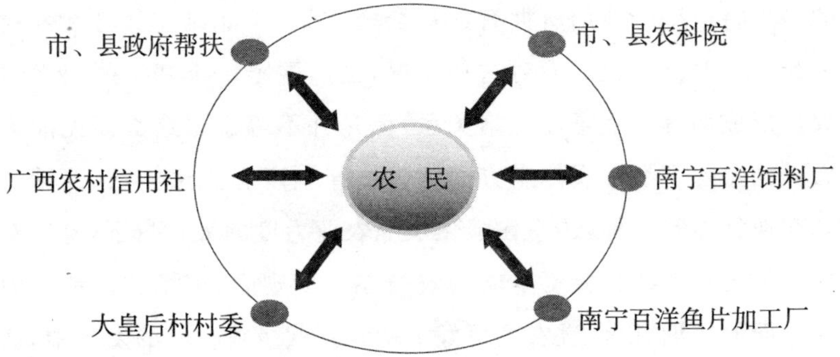

图 5-4　农户契约信任网络

下辖的百洋肉片厂和百洋饲料厂与他签订了购销合同。合同规定养殖场地和鱼的质量要求，养鱼的塘必须要深，水质要好，要求黄某购买专用的百洋饲料来喂鱼。而厂方以 4.3 元/斤的保底价收购鱼（鱼价根据市场来定，最低不低于 4.3 元/斤）。由此可看出，在当代乡村社会，契约信任能更好地减少市场经济交往活动中欺诈、排斥等行为，增强行动的可预测性，降低信任的风险性，从而有利于扩大农户的社会交往与合作范围。

5. 结语

随着乡村社会的转型与发展，农户的社会资本已由基于户籍制度而建立的地缘、血缘、姻缘等关系，扩展为以自身生产需求为核心来建立的行业、技术、市场等人际关系网络；不再以有差等的互惠性为主，而是以平等的交换关系和契约信任为主；交往范围也由传统的本地熟人扩大为外来的陌生人；而且在宏观体制意义上，农户的社会资本在一定程度上也与外部的制度与规范进行了接轨。不过应清醒地看到，由于户籍制度功能上的弱化以及市场介入等因素，国家通过市场、发展项目或龙头企业等中介将农业发展的资源非均衡地分配给各个农户，这就意味着每个农户获取资源的多少将取决于他们所拥有的社会资本量，长此以往势必在乡村引起新的两极分化。面对这一境况，虽然国家不再基于强权而与农户形成均等的互惠性网络关系，但是并不等于在这方面无能为力。国家除了在宏观体制方面完善法律制度和执法体系，保障市场交换秩序等之外，还应在强化反哺农业力度的大背景下，有针对性地加强对那些社会资本弱的农户在法制观念、市场意识和能力等方面的培训，以促进农民更好地融入现代乡村社会的发展中，这也正是文化农民培训的关键所在。另外，学术界尽管目前在农户的信任机制方面进行了一定的研究，如张康之①、徐爱忠②等，但还不够系统和深入，因此也应加强与乡村发展实际的对话能力，以更好地为乡村发展提供学术服务。

第二节　民族地区家庭养老土地支持方式

学术界一般认为家庭养老是中国农村养老的基础。所谓家庭养老指的是以家庭为单位、由家庭中的年轻成员赡养家庭中的年老成员，在物质生活以及精神生活上给予照料的养老方式。对其理论解释主要有三种观点：(1)生产方式决定论，以家庭为生产单位的生产方式决定了生产资料为家庭成员共同所有，家庭成员共享劳动成果和剩余产品，家庭成员赡养老人是责无旁贷的，

① 张康之：《“熟人”与“陌生人”的人际关系比较》，《江苏行政管理学院学报》2008年第2期。

② 徐爱忠：《公司和农户缔结的超市场契约及其治理的信任机制》，《南京农业大学学报(社会科学版)》2008年第3期。

因为老年人创造的剩余产品都积累在了家庭内;(2)交换论,家庭养老实际上是一种代际均衡互惠的交换,对子女和父母都是有利的;(3)崇老文化论,中国儒家传统文化强调孝,以老为尊,赡养老人是每一儿女的内在责任和自主意识,是其人格的一部分。由此可知家庭养老的支持力:孝文化规范力、财产(土地)吸引力、权威约束力和多子供养力。在这四种支持条件的影响下,家庭中的年老成员拥有了在经济资源、精神资源、生活资源中的主动地位,有着较强的养老资源的获取能力,家庭养老模式也就作为中国最主要的养老模式被延续与巩固下来。[①]

但是近年来,随着乡村社会的转型及城市化浪潮的影响,家庭养老的这些传统支持力却逐渐下降,具体表现在:一是在市场经济、外出务工、生态农业等大背景下,以家庭为生产单位的"小农经济"生产方式发生了质的变化,劳动互助关系不再以家庭成员,而是以各式各样的行业或协会组织、经销商、龙头企业、发展援助者等外部资源为主,[②]父辈与子辈代际生产合作渐趋弱化;二是农村家庭结构的核心化或空巢化,导致家庭养老失去了组织基础,相应地,建立在家庭之上的崇老文化权威就不断弱化;三是农业比较收益的降低、养老费用的提高,导致土地养老保障功能下降,[③]财产吸引力也不复存在。在这一背景之下,国家适时推出了新型农村合作医疗制度、新型农村社会养老保险制度等社会保障机制,力图

① 王冬桂:《社会转型中的农村新型养老模型建构——华北平原地区一个村庄养老问题的实证研究》,山东大学 2007 年硕士学位论文。

② 秦红增:《超越村落:文化农民社会资本的扩展及其结构研究》,《中国农业大学学报(社科版)》2009 年第 4 期。

③ 韩芳:《农村土地养老保障功能的调查与思考》,《经济研究导刊》2008 年第 14 期。

使农民养老从土地保障过渡到社会保障,并完成与城镇居民养老保险的对接,最终实现城乡社会养老保险一体化。① 不过许多学者也指出,家庭养老具有国家、社会等其他方式无法代替的文化社会功能,同时家庭养老的巩固、继承与发展依赖于土地提供的养老支持程度,因而应采取措施来增强土地养老的保障功能,如"以土地换保障",就是农民在转让出承包土地或被征用土地的情况下,应当得到经济补偿,并用经济补偿为其建立社会保险;再如通过土地股份制改造、促进土地流转、调整产业结构、发展旅游服务业等途径,提高土地的养老保障功能,使农村家庭养老与社区养老、社会养老有机结合。②

这也就表明,土地养老支持力的提高与非土地因素有着密切的正相关性。除了土地使用制度、产业调整等,其他因素如老人自我、家庭成员、社区合作组织等也非常重要,因为这些支持力能够为老人的土地收益提供可靠的劳动力或组织保障,因而应当被看做是家庭养老土地支持的组成部分。同时基于经济与社会发展的差异性,各个村落的土地养老支持的具体方法及表现也各有不同,而以村域为单位的比较分析,使土地养老支持不仅能够做到因地制宜,而且对相互借鉴及机制完善均有所裨益。

一、土地养老支持力的村域特点

1.马安庄:农业生产收益

马安庄的经济发展属于农业产业类型,老人养老经济需求的

---

① 陈林、董登新:《中国农民养老:从土地保障到社会保障》,《西部论丛》2009年第10期。

② 韩芳:《农村土地养老保障功能的调查与思考》,《经济研究导刊》2008年第14期。

满足基本依靠农业生产收益。虽然近些年来随着农业产业化的发展，良种山葡萄、油葵等经济作物种植和网箱河鱼养殖已成为当地农民土地收入的主要来源，农户与一些龙头企业如百洋公司、都安密洛陀葡萄酒业有限公司等结成了协作关系，但以农户为主体的家庭土地承包经营模式并没有改变。因此，马安庄家庭养老土地支持力便呈现出老人自我、家庭成员与社区合作组织的合力特点。

(1)人口特征与家庭类型

马安庄 243 人口中 ，男性 125 人，女性 118 人，性别比较平衡。不过从年龄特征来看，一是 1～15 岁中男性占绝对的优势，受计划生育政策、传统的男尊女卑观念的影响，有的家庭宁愿罚款，也要一胎一胎地生下去，直到生了男孩为止，且只给男孩上户口，因此户籍上便反映出男女比例严重失调(男 30 人，女 19 人)；二是 60 岁以上的老年人中女性多于男性(男 14 人，女 17 人)，其原因在于女性大多从事家庭劳动，而男性大多从事户外繁重的体力劳动，健康状况不如女性。此外，步入老年期人口 12.8%，即将迈入老年的中年人群 18.8%，青壮年人群 47.7%，人口老龄化问题较为突出。

从家庭类型来看，全村 60 岁以上的老人一般是与小儿子一起生活，其他儿子通常都会分家单过，不过也有因经济或小儿子外出打工等原因，老人与其他儿子生活。还有个别与外出打工的儿子一起住在城里，但老家的房屋没有变卖，春节举家回村过年。村里没有老人与已成婚的女儿组成家庭现象。女儿成家后就被认为是外人，传统的“养儿防老”的观念根深蒂固，所以三代同堂家庭在当地较为普遍，但随着经济的发展，外出打工的人群增多，家庭中基本剩下老人、妇女及孩子，40 岁以下的青壮年几乎没有。另外，马安庄全村都是覃姓，村里有个公共祠堂，每年逢清明、春节有两次大的祭祀活动，各家各户自愿出钱出物，女性也可以参加。

(2)农业生产收益及其支持力

老人自我。在马安庄，老人虽与儿子共同居住，但也帮子女做一些力所能及的事情，且大多数都在从事田间劳作。特别是青壮年都外出后，老人不仅承担了家中的杂务和农活儿，而且还要照顾孩童。用他们的话讲是从小劳动了一辈子，现在让自己歇下来会不习惯。老人们都以自己能劳动为荣耀，觉得自己在家中是个有用之人，把不劳动看做是不光彩的，是没有能力的表现。

马安庄老人这种“活到老，做到老”的行为与观念，可说是农村养老土地支持的内因。究其原因，除了老人自己勤劳，家中的经济因素也是主要原因。村里年轻人虽常年在外打工，但大多只能从事一些劳动强度大、技术含量较低的工作，收入并不高，加上城里的消费水平又远远高于农村，能寄回家供养老人的钱往往不多。反过来，老人觉得自己有劳动能力，且随着农业生产技术水平的提高，与传统耕作相比，网箱养鱼和经济作物种植劳动强度虽小，但经济收益却高，老人们也能应付。因而在马安庄，老人们积极采取“自救”的方式，通过自己的农业生产收益来供养自己。即便是一些儿女较为富裕的老人，也依然从事养鱼、种地、喂猪等劳作。

当然，老人自我支持力的前提条件是老人的身体健康状况都比较好，没有丧失劳动的能力。这一点在马安庄表现得较为突出，村中 80 岁以上高龄的老人也做些自己力所能及的劳动。另外，还应看到的是，个别老人是自己积极劳动也未必有明显成效的，还主要依靠“他救”来解决养老问题。村中就有这样一对相对贫困的残疾老人，不仅有社会的资助还有政府的扶助。

个案5-4:自食其力的老人

覃某,男,71岁。老伴20多年前就已去世,有两个儿子。大儿子大学毕业在外地有份不错的工作,小儿子也跟大哥外出一起做事。儿子们为老人建好了新房,但老人却愿意住旧房,且靠自己的劳动来养活自己。除了养鱼喂鸡,还种有一亩葡萄、一亩油葵。其他土地给亲戚朋友种,种的人负责老人的口粮。老人家中没有电视,但整天忙忙碌碌,过得却很充实、自在。什么时候想吃了就自己做饭,想打鱼了就去河边,不想做活了就在家中休息。

莫某,女,72岁。老伴两年前去世了,有三个儿子四个女儿。女儿都出嫁了,大儿子在三十多岁时因为放炮被炸死。老人以前与小儿子生活,后来小儿子去当兵,现与二儿子住在一起,但是儿子儿媳都出去打工了,留老人在家照顾三个在乡里读初中的小孙子,孙子们一个星期回来一次。老人自己种菜,养猪、鸡、鸭等,还有一头牛,老人说虽然家里不种地了,牛还可以借给亲戚用。老人早晨六点起来煮粥,八点多的时候喂猪、喂鸡、喂鸭、牵牛,然后洗衣服种菜,忙个不停。

覃某,男,66岁;韦某,女,65岁。老夫妻有两个儿子一个女儿,大儿子在城里已成家,女儿已出嫁,小儿子外出打工(未婚)。老夫妻的院子是全村最干净、最美的。覃阿公喜欢种果树花草,韦阿婆爱干净,每天都要清扫鸡棚、猪圈。老两口养有几箱鱼,种有六亩水稻、两亩葡萄和两亩油葵。家境也好,电视、冰箱、饮水机,样样都有。儿女们不让老人劳动,但老人习惯了。访谈当天,笔者与夫妻俩一起早晨到田间收割稻谷,中午去河边帮忙卖鱼,下午在院子里忙着晒谷子。一天的时间里老人总是笑容满面，但话很少，阿婆由于不会说普通话只是一个劲地冲我们笑，并叫笔者“去家里吃粥”。

家庭成员。马安庄有相当部分的老人与儿子一起生活，组成一个主干或扩大家庭，与儿子、儿媳共同劳动，养鱼、喂猪、种水稻，管理葡萄、油葵。另外，全村人都是同宗同族，老人生产生活中如有什么不方便，村里人都会帮忙，外出打工的年轻人也相对安心。

个案 5－5：与家人生活的老人

覃某，男，69 岁；莫某，女，69 岁。老人与自己的儿子、儿媳及两个孙子、一个孙女组成主干家庭，两个女儿已经出嫁。大女儿在糖厂工作，经济比较宽裕，经常回家看望父母及弟弟，并给予经济上的资助。儿子因为眼睛有残疾，从未外出打过工。一家人在村里经营一间代销店，卖些日用品及非处方类药品。代销店主要由老两口照看，儿子、儿媳主要是养猪，种植水稻、葡萄、油葵。由于全家没有外出打工人员，劳动力还算充足，还租别人家的地种。

全家人一天的安排是：清晨六点半，莫阿婆起来煮好一锅玉米粥（当地人习惯喝玉米粥，白天什么时候干农活回来也喝，中午饭一般不专门做，只有晚饭才做），覃阿公也早早起来打扫院子。待全家人吃完早饭，莫阿婆便去喂猪、喂鸡，牵牛，覃阿公、儿子、儿媳去喂鱼或到田间劳作。笔者调查期间，正是收割稻谷的时候，早上十点多，阿婆忙完家务，再去田间帮收割稻谷，儿子喂完鱼也来收。到下午三点多，儿子、儿媳又回家运来打谷机在田里打谷。莫阿婆忙到五点多，回家准备晚饭，又忙着喂鸡、喂猪。覃阿公则是在河边鱼饲料仓库忙了一整天。下午六七点的时候，儿子、儿媳拉稻谷回来，全家人一天的劳作算是结束。晚上一家人主要还是看电视，不过老人睡觉早，一般九点左右就休息了。

社区合作组织。20世纪90年代以来，随着中国经济发展，以及城市化进程不断的加快，二、三产业急剧上升，城市对劳动力的需求极其迫切，表现出了巨大的拉力。随着农民工的大量涌入城市，广大农村渐渐只剩下老人、妇女及儿童，不仅使农村出现抛田、荒田等良田无人耕种或无心经营的现象，而且由于主要劳动力的缺乏，使得农业生产新技术难以得到推广和应用。特别是在相对落后的西部农村，情形更为严重。像马安庄，前些年村中基本上见不到18岁至40岁的青年人。但2002年以后，在地方政府的支持下，由村党支部和经联社领导班子带领群众，以"支部+协会+公司+农户"的运作模式，大力发展网箱养鱼业，走出一条适合本村发展的路子。此外，还积极拓展良种山葡萄、油葵等经济作物的种植，基本完成了全村的农业产业结构调整，实现了良好的经济与社会效益，不仅减轻了农业生产的劳动强度，而且为老人们相对独立地完成田间劳作提供了可能。

2. 大皇后村：土地分红与打零工

与马安庄相比，大皇后村的经济发展属于工业和农业产业混合类型，且经营模式以集体经济为主。20世纪80年代初期，农村开始实行家庭联产承包责任制时，大部分农村都采用"块田均占"法将村集体所有的土地分到各个农户，但大皇后村村委则保留了一部分土地及鱼塘、山林等作为集体用地。后来，在建设工业园区和家禽、水产养殖示范基地时，为了提高土地的使用价值，村委在征得村民同意的前提下，把部分已承包的土地以赔偿方式从承租者手中收回，并与原来的集体留地整合起来，然后再以村的名义承包给入住园区的企业或养殖专业户。村民以土地入股的方式参与企业的投资经营，按照企业当年的利润与土地的份额提取土地承包金；而承包给养殖专业户的土地，则按约定好的承包租金收取，再平均分配给村民。此外，企业的入住也为村民们提供了一定的就业机会。因此，大皇后村老人养老经济需求的满足基本依靠土地分红和打零工。由于土地归村委统一出租，社区合作组织和老人自我在家庭养老土地支持力方面就表现得特别突出。

(1)人口特征与家庭类型

依据 2006 年村委统计，大皇后村共有 6 个村民小组，344 户，1497 人。其中男性 769 人，占 51.3%；女性 728 人，占 48.7%，性别比大体平衡。幼年、学龄期人口比重 10.9%，老年期人口比重 7.8%，但即将迈入老年的 50 岁以上的人口达到 15.9%。自 1996 年以后，村里多独生子女，因而从目前来看，大皇后村老人和小孩的负担虽相对较轻，但潜在的人口老龄化问题依然存在。

在以前，大皇后村与马安庄一样，老人一般是与小儿子一起生活，与成婚的小儿子组成主干家庭或未婚儿子组成核心家庭。家中一旦有儿子成人结婚后都会分家，其余未婚子女与父母一起生活。女儿成家后一般就认为是外人。近些年来，由于产业结构的调整及工业园区的建立，大皇后村的经济迅速发展起来。工厂大量吸纳当地青壮年农民进厂务工，同时当地的人们也愿意在自己村打工，因而全村基本上没有“空巢”家庭的出现。而且，随着村域经济和家庭经济条件的改善，全村基本上都盖起了两层以上的住宅楼，2006 年，村委还在村文化广场旁的坡地上，规划建一个小康新村(26～28 户)，目前已初具规模(近 20 户)。

不过，在大皇后村，随着经济、住房条件的不断改善，父辈和子辈共居现象却不复存在。其原因是多方面的，如子女辈多在工厂务工，有着严格的上下班制度，而父辈一般在木材加工厂或陶瓷厂里打点零工，上下班时间相对松散些，加上各自生活习惯不同，因而大皇后村的老人们大都与儿子分居，自己吃住。家中有小孩的，都由老人负责去村里幼儿园接送，老人生病或碰到困难，儿子们也会马上赶到。在村中只有极少数身体状况较差、需要人长期照顾的老人才与儿子同住。

在村落权威方面，大皇后村虽是个单姓村落，全村人绝大多数为覃姓，壮族，但村委在村里事务中有着绝对权威。在村委的号召和组织下，不仅形成了新的经济发展格局，而且成立了"老年协会"，强化了村里尊老、敬老之风，充分发挥了老人们的才干，从而把养老提升到了一个新的水平。

(2)土地收益及其支持力

老人自我。大皇后村建起工业园后，土地大多租给工厂，余下的也用来挖塘养鱼。养鱼主要是年轻人利用上下班空闲时间来养，每天喂两次鱼，每次二十分钟。因此，与马安庄相比，村里的老年人已不再需要从事农业生产了，他们的收益主要靠土地分红。但相同的是，大皇后村的老人们也不习惯被人供养着，他们积极地从事着力所能及的劳动。如经营一两分菜地，供给自己和儿女们菜吃；到村中的工厂打零工赚钱，尽量不让儿女负担自己的日常开销。在笔者调查期间，老人们就每天三五成群地在木材加工厂剥树皮，酬劳是两毛五分钱一根。大清早出门，带上一把镰刀和干粮，虽然累了可以回家休息，但大多数老人都是饿了就喝两口粥，累了就坐在地上休息一会儿。边干活边聊天，有的兴致上来了还唱几句山歌，因而给人的印象是，老人们干活并不是为生活所迫，在这里他们是快乐的，他们能证明自己还能干活还有价值，并不是家里的负担。此外，出来打零工的老人们可以聚在一起，劳动场地就成了老人们娱乐及情感的交流场所，这也是老人们之所以闲不下来的重要因素。

家庭成员。基于工作、经济及生活习惯等因素，大皇后村的老年人大多与儿女们分居，子女与父母建立起“分而不离”的家庭模式。老人平时帮儿女们照看小孩、帮点小忙，儿女们做一些老人们力不能及的家务活，逢节假日与老人团聚。因为有土地分红和打零工等收入，老人们在经济上也相对独立。但这并不等于子女们不构成土地支持力，因为有土地分红，我们可将这种支持力称为家庭成员的“集体支持力”，即全村年轻人在工厂的劳动保障了老年人的土地收益。

社区合作组织。1997 年，在村委会的领导下，大皇后村依托地处西江河畔，水资源丰富，水利设施比较完善，交通便捷，以及紧靠国家级“中国—东盟经济园区”和武鸣县工业集中区的优势，积极进行产业结构调整，加大招商引资力度。目前新的产业格局已初步形成，老人们的土地分红也相应有了可持续性。一是打造皇后工业园区：先后建立大皇后淀粉厂、皇氏乳业养殖公司，引进了圣康制药厂、八桂纸业、木材加工厂等六家企业；二是创建标准化养殖示范基地：依托利源公司，采取“公司＋基地＋农户”模式，扶持 56 户年出栏肉鸡 1 万羽以上的养鸡专业户；建立武鸣县皇氏乳业奶牛养殖基地，目前已进场养殖的奶牛有 300 多头，日产鲜奶 2500 公斤以上；建立大皇后标准化水产养殖基地 2150 亩，其中 200 亩养虾基地，300 亩广西水产引育种中心推广高中档品种鱼苗基地；800 亩标准化鱼塘。产业结构的调整，不仅使村民富裕起来，而且壮大了村集体经济。2006年全村人均收入已超过5000元，集体经济收入60多万元。

随着村集体经济的壮大，2006年村里成立了“老年协会”，老人全是老年协会的会员。老人们在文艺、治安联防和村容整洁方面都发挥着积极作用，如由老年协会组成的清洁队，定期清扫全村；夜间老人们还组织起一支联防队，负责村中的治安和巡视鱼塘的安全；老人们还组织了一支秧歌队，现在已经能够边跳边变换出多种造型，逢年过节都在当地演出。当然，对老人们的劳动，村里也拿出一部分钱来给予补偿。特别是每年的重阳节，村里都会组织老人们参加游园活动，下午活动结束时老年协会都会对一年的工作进行认真总结，表彰做好事的老人们，鼓励老人们发挥余热多做好事，参加总结会的老人每人有一包糖和15元钱。村中的老人都说这天是他们每年最开心的一天，对于每年的重阳节他们都很期盼。这也就表明，在大皇后村，社区合作组织不仅形成家庭养老的土地支持力，而且进一步丰富了老年人的精神生活。

个案5-6：老有所为的晚年生活

覃某，男，67岁；陆某，女，62岁。两老有两个儿子，一个女儿。两个儿子都在村里的工厂上班，女儿已经出嫁。为了方便照顾孙女，两老与大儿子生活在一起。阿婆种些蔬菜自已吃，也拿点到村广场旁的大榕树下卖。阿公在淀粉厂打零工。此外，老两口还喂有七八头猪，经营一亩鱼塘，经济基本上是自给自足。

覃某，男，65岁。老人有三个儿子，两个女儿，现与小儿子一起住，老伴几年前就去世了。两个女儿都已出嫁。儿子都在村里的工厂上班，同时养鱼。老人在附近的一家工厂看门，工资每月有400多元。平时在家主要负责接送小孙子上学。老人自己的鱼塘租给别人养鱼，土地给儿子种。每天的娱乐就是在村委前的大榕树下与人下棋或在文化长廊与人打牌。

覃某，男，67岁；韦某，女，66岁。两老有两个儿子，两个女儿。女儿已经出嫁。儿子在村里的工厂上班，都在村中的小康村盖了新楼，老两口住在老房子里。老人们自己留有一亩多地种菜，其余的都以村集体的名义租给工厂，鱼塘给儿子养鱼，两老主要是在木材加工厂打零工，每天到那里刨树皮，与他们一起剥树皮的老人有二三十个。老人们每天剥树皮也不觉得辛苦，都觉得自己还老当益壮，还能自给自足，都挺满足的。

3.路西村老直坡：土地分红

老直坡是路西村的一个自然村，位于南宁市北面邕武公路12公里处。路西村1959年划归广西林科院管理，称为“广西林科院附属路西农业生产大队”，2005年又划到南宁市西乡塘区安宁街道办事管理，同年9月成立第一届路西村村民委员会。凭借优越的地理位置和林科院的技术，从1998年开始，老直坡村民就经营花草苗木，形成了苗木花卉产业和罗非鱼养殖产业两大产业格局。在经营方式上，从2000年开始，老直坡就开展了土地集约化经营，除每人分1.2亩地外，其余土地全部收归集体经营，由村里把土地整体包租给村民和商家，所得资金收归为集体所有，然后再重新给村民分红。这样一来，土地发挥了最大效益。原来一亩地的收益是1500元，现在已经达到了3000元左右。因此老直坡村老人养老经济需求的满足基本依靠土地分红。由于土地归村集体统一出租，社区合作组织在家庭养老土地支持力方面就表现得特别突出。

(1)人口特征与家庭类型

老直坡现有78户,人口345人。其中男性178人,占51.6%;女性167人,占48.4%。全队一户黄姓,四户潘姓,其余都是周姓。从人口年龄特征来看,一是0~15岁中男性占绝对的优势,其中男39人,女24人,原因与马安庄基本相同;二是老年期人口比重7.2%,即将迈入老年的50岁以上的人口达到12.5%,而作为主要劳动力的青壮年人口则达62%,因此,老年人的赡养负担相对较轻。

过去,老人一般是与小儿子一起生活,与成婚的小儿子组成主干家庭或未婚儿子组成核心家庭。家中一旦有儿子成人结婚后,一般都会分家,自己组成新的家庭。其余未婚子女与父母一起生活。一旦所有子女成年后,老人一般与家中最小的儿子一起生活。但是1998年以后,土地都回收村集体统一调配经营,大大提高了土地的经济效益,家家户户都盖起了新楼房。年轻人一般都喜欢住进新房,而老年人则喜欢待在自己的老房中,自己开伙,或是不定期地在子女家中小住几天。由于有土地分红,老人在经济上基本独立,无需子女负担。儿女的赡养主要体现在日常生活的照料及精神的慰藉,因而"分而不离"的家庭模式更为明显。

(2)土地收益及其支持力

老直坡每年人均土地分红3000多元,由于土地集中,老人们都不干农活,这3000多元可看做是老人土地的主要收益。村里的土地基本上由村集体统一调配,用来种林木花草和养罗非鱼,因而,社区合作组织就构成核心土地支持力。

以种植草皮为例,他们在村集体的统一协调下进行,如成立生产互助小组，为了保证草皮出田时的质量，避免参差不齐，每次种植草皮都需要一支互助的队伍。现在村里本着自由组合的原则，一般都是五户组成一个小组，进行联合种植，大大提高了土地效率。割草皮需要专业的机器和技术，现在活跃在路西村的有 8 支队伍，每个队 10 多人，专门负责割草皮。现在村里有专门从事销售草皮的经纪人 15 人，他们不但做活了南宁的市场，还把生意做到云南、贵州等地。另外，村里的年轻人种植草皮或是进行花卉苗木栽培，或承包鱼塘来进行罗非鱼养殖，几乎没有人外出打工，对于自己的生活也比较满意，村里也没有"空巢"现象。与大皇后村一样，由于有土地分红，家庭成员也形成"集体支持力"，即全村年轻人的劳动保障了老年人的土地收益。

总之，在老直坡，对于老人们来说，土地分红已经基本满足自己的日常开销，不用干重体力活，平日里除了忙活自己的一日三餐，就摆弄院子里的花花草草。不过，老人们还是闲不下来，愿意做些自己能做的活，如有的编竹筐拿到村口的集市上卖。村里老人最集中的地方是两个代销点周围，老人们总是老头一堆，老太太一堆，坐在大榕树下各自聊着自己喜欢的话题。

个案 5－7：老有所依的晚年生活

黄某，女，73 岁。老人精神很好，喜欢用头巾包着头，有两个儿子，三个女儿，都成家了。儿子都建了新房，老人喜欢住在老房子里。老伴十几年前就去世了。现在自己煮饭，说是和年轻人的口味不合，不愿意和他们一起吃。每天就是煮煮饭，打扫一下院子，然后在村里走走，大多的时间都是在代销点与朋友们聊天。老人的收入主要是年底的土地分红，除了生病住院需要儿女负担，平时的生活老人可以自给自足。

周某，男，80岁。老人丧偶，现与孙子一起住在老房子里。老人不愁吃穿，土地的分红已经够老人的日常生活。但还是闲不住，他是附近几个村有名的土医生，擅长医治骨刺、骨质增生和痔疮。每个月平均有五六个人找他看病，老人对此很自豪，说他看病不是为了挣钱，而是为了活得充实些。

二、土地养老支持力的比较分析与启示

上述田野资料表明，基于村域经济发展的类型，以及人们在生产、分配中的地位及其交换关系的不同，老人自我、家庭成员、社区合作组织对土地养老支持的表现程度也就有所差别。

1. 老人自我

在所调查的三个村子中，老人自我对土地养老支持程度呈逐渐弱化态势。尤其是在老直坡，老人几乎不用从事田间劳作，便可以分到足够自己养老所需的土地分红。这一方面使老人有充足的闲暇，能更好地安排自己的晚年生活；另一方面也提醒人们，随着近年来土地流转的灵活性，农村集体经济、合作经济的不断壮大，应采取特定的措施和制度来保障老人们的土地分红，在不下降的前提下有所提升。同时，尽管老人自我的支持程度不断弱化，但老人们并不是被动地等待子女和政府来供养，而是尽己所能为家庭做些事情，这也可说是老人们重要的精神慰藉。正如我们在马安庄和大皇后村看到的，老人们都把能劳动看做是快乐的，证明自己还有价值，并不是家里的负担，即便在老直坡队，老人们还是希望干些自己力所能及的活来打发时间。这一点我们在制定相关政策时应该特别加以注意，也就是说，尽可能地不剥夺老人们的劳动权。

2. 家庭成员

中国是个有着几千年历史的农耕国家，家户经营、小农经济为其主要生产特征，家庭、家族、村落构成传统乡土社会的主要组织，[①]相应地，养儿防老、家庭互助就成为传统习俗。这些习俗不仅仅是道德的约束，而且更重要的是生产方面的合作需要。不过，尽管20世纪80年代至今实施的家庭土地承包制，在某种程度上可看做是家户经营的延续，但实际上，基于城市化浪潮和政府发展干预的增多，乡村社会已发生了质的变化，其中乡村公共服务体系的突显便是很好的例子。[②] 而且，在市场经济、科技下乡的大背景下，家庭作为一个生产单位，也发生了巨大的变化，因此，家庭成员对家庭养老土地支持程度就不断弱化，并以“集体支持力”的形式表现出来。即便是在马安庄这样以农耕为主的村庄，表现得也不算突出。这表明，在农村养老问题上，家庭成员更多地关注精神慰藉。

3. 社区合作组织

中国传统乡土社会采取的是“编户齐民”制度，将农户按地域而不是按血缘组织起来，即人们常说的“村落共同体”或“公社共同体”，并形成了互惠性交换网络。新中国成立后，先后经历了互助组、合作社、人民公社等运动，试图从经济体制上用“大集体制”将农民组织起来，让集体成为农民的靠山。但由于无法解决生产效率问题，因而改革开放以来，又实施了家庭土地承包制。在20世纪八九十年代，村集体实际上在生产事务方面难有作为。不过，近

---

① 庄孔韶、李飞：《作为文化的组织的人类学研究实践》，《广西民族大学学报(哲学社会科学版)》2010年第2期。

② 王习明：《村社公共服务与乡村建设》，《广西民族大学学报(哲学社会科学版)》2008年第3期。

些年来，随着龙头企业、专业合作社、专业协会等农村经济组织在农业产业化进程中引领作用的不断突显，[1]不仅密切了农户间的合作关系，而且使得这些社区合作组织在农民的日常生产与生活中发挥出愈来愈重要的作用，对土地养老支持程度也不断强化。另外从前景看，除了工业化和种植、养殖产业化外，以乡土文化、生态农业、民族风情等为核心的乡村旅游，也构成乡村发展的主流方向，而很多个案表明，乡村旅游更需要统一的社区合作组织来管理与协调，因而如何进一步完善社区合作组织在农村养老方面的保障作用，乃是急需解决的关键问题。

4.启示

尽管社会保障是中国农民养老制度建设的方向，但就目前及今后相当长一段时期内，土地保障依然有着无法替代的作用，这也许与中国两千多年来的农业文明相关。“但存方寸地，留予子孙耕”，对土地的依恋情结，既反映出中国人传统的文化心理，也折射出现代社会保障机制方面的某些缺失。不仅在农村，而且在城市也是如此，持续多年的“楼市热”正是表现出城里人对土地的依赖性。基于此，也有不少学者提出了“以房养老”的城市养老方式。

不管土地保障何时退出中国人的养老领域，眼下当务之急是在进行养老制度改革与建设的同时，如何提高土地养老支持的程度，以尽可能地降低社会转型过程中的成本。从本研究来看，土地养老支持的村域差别较为明显，自然生态、产业结构及距离城市的远近都直接影响到养老支持的形式与效果。但相同的地方是，社

---

① 黄锡富:《农业现代化过程中的龙头企业发展研究》,《学术论坛》2009 年第 9 期。

区合作组织在其中的重要性越来越突显。各个地方应该因地制宜,采取多种形式和手段,完善社区合作组织在土地养老、公共服务等乡村事务中的功能,以确保乡村和谐社会的顺利建设。

第三节 乡村生计转型视野下的返乡农民工再就业:以石丰村壮族为例

生计构成民族地区和谐乡村建设的重要内容,意指当地人通过不同的资源利用和生产方式满足人们生存和发展需要的策略。生计没有一种固定模式,总是处于不断的变迁之中,总是与一定的资源状况、生态环境、社会经济、文化等外部环境相适应。[①]

传统社会中,农民是指以农业为基本生计来源、以家庭经营为基本方式、以家庭为基本单位的乡村居民,主要的生计方式就是种养。家庭联产承包责任制的施行开创了农户和国家双赢的局面:对国家来说,粮食问题开始得到根本解决,农产品从此丰足;对农户来说,在解决了温饱的同时,很短时间内收入有了明显的提高。但随着中国经济制度的转轨及城市改革的推进,城市的拉力明显增强,于是在20世纪80年代,形成了外出打工的"民工潮",出现了所谓的"农民工"。"农民工"称谓是从社会阶层结构定义的,实质上受到城乡二元结构及户籍制的约束,农民工的根本身份还是农民。农民工群体经过30年的发展、流动,出现了分化,有的已经变为城市的"新市民",有的还在城市漂泊,也有人选择了返乡再就

① 秦红增、唐剑玲:《瑶族农民的生计转型调查研究——以广西大化县七百弄布努瑶为例》,《广西民族大学学报(哲学社会科学版)》2006年第6期。

业或创业。

与农民工城乡流动相伴的是乡村社会的变迁。在科技下乡、农业产业化和新农村建设等干预行动的影响下，农村的发展已呈现出多元化色彩，农民的生计方式已有了根本性的变化。比如，虽然身份还是农民，但不再是单一的种地为生，而是可以外出务工，从事旅游、经商等非农生产，或者从事专业种养、基地种养等现代农业；在生产目的上，不再是自给自足式的小农生产，而是为了满足市场交换需要的商品生产；在经营方式上，不再是家户单个经营或农户间的小范围合作，而是出现了以股份合作制、农民专业协会制等为核心的、以“公司＋协会＋农户＋基地”为模式的现代企业化合作；不再是靠天吃饭、凭经验种地的小农生产，而是在现代农业科学技术主导下的“工业农业”或“生物农业”；在交换方式上，不再是互惠性的人性往来，而是借助商品和货币来完成，如此等等，都表明中国乡村生计处在转型时期。

众所周知，2008年年底因金融危机造成了大量农民工回流，为世人所瞩目，中国政府也为此出台了一系列的惠农政策。本节拟通过广西南宁马山县古零镇石丰村为例，剖析在乡村生计转型背景之下，返乡农民工再就业的类型及其支持力，以期探讨探讨返乡农民工再就业与乡村生计转型的关系，同时对如何更好地解决农民工再就业问题提出可行性建议。

石丰村位于风景秀丽的大明山脚下，距210国道6公里，是全县人均养羊最多的村之一。全村辖11个自然屯，共803户，4175人，全部为壮族。其中劳动力2432人（男1250人，女1182人）。土地总面积3.34万亩，耕地面积4426亩（其中水田2130亩），人均耕地1.06亩。村民传统的生计方式是种养，主要农作物有水稻、玉米、花生，20世纪90年代末开始出现比较多的村民承包土地发展规模种植的现象，主要种的是甘蔗、红薯和木薯。养殖的品种主要是黑山羊和鱼，石丰村饲养山羊历史悠久，新中国成立前，养羊是该村的主要副业之一，但在2003年注册“黑山羊”商标之前黑山羊养殖幅度发展缓慢，1969～2002年全村黑山羊存栏量在500～1200只。据村支书介绍，现在全村黑山羊约有4000只。本次调查时间为2009年5月和2010年春节前夕，第一次调查是摸底调查，涉及马山县两个村，一是石丰村，二是邻近的瑶族村，对47位村民进行了访谈，其中男性36人，占76.6%；女性11人，23.4%。第二次调查是选取典型的访谈对象进行回访，这些调查对象集中在石丰村四黄屯。访谈对象的年龄集中在18～51岁，平均年龄30岁，属青壮年。

一、返乡农民工再就业类型多样化促进乡村生计转型

关于农民工返乡再就业的类型，白南生[①]、王春超[②]等很多学者认为，绝大多数回流劳动力返乡后仍以从事种植业和养殖业等家庭经营的传统行业为主，对此，有学者持不同观点，魏君英等指出从事农业的人明显减少，而且返乡后大部分是从事规模化养殖；另外，开公司的人明显多了起来，主要是投资一些投资少、见效快的项目；也有很多人在外面赚钱后回乡做起了小生意，或跑起了运

① 白南生、宋洪远：《回乡，还是进城？——中国农村外出劳动力回流研究》，中国财政经济出版社2002年版。

② 王春超、李兆能、周家庆：《躁动中的农民流动就业——基于湖北农民工回流调查的实证研究》，《华中师范大学学报（人文社会科学版）》2009年第5期。

输，或在村或镇上开起了美容美发厅。[①]

1.规模种养

农民工从城市回到村里，首先想到的生计自然和农业有关，但这又并不是简单地重操旧业，而是发展规模化种养，养殖的品种主要有黑山羊、猪、鹅、鸭子、鸽子、鱼等。

个案5-8：立体养殖

HMY，女，1976年生，有一个7岁男孩，家里三口人，现在一家人住在娘家。2009年6月回家，在家发展立体养殖。现在自家鱼塘边上有两个鸭棚、三个猪棚，用鸭粪、猪粪可以喂鱼，再喂点青草、玉米就可以了。养殖场地距家有三四百米，比较偏僻，晚上她丈夫要在那儿守夜。每天丈夫要喂两次鸭和猪，喂一次鱼，即用水冲鸭粪流到塘里喂鱼，也用一部分猪粪来喂鱼，剩下的粪晒干用来施肥。妻子主要负责种菜、割草等工作。

2.本地务工

除了发展现代种养业外，部分返乡农民工选择了本地务工，这部分人主要是中年男性，用他们的话说，在城市打工那么多年，已经不习惯种地养猪的生活，总要想点别的办法赚钱。村里本地务工的主要工种有：开货车拉货、在矿山开铲车、在矿山点炮。这些都是有危险性或是重体力的活，干这些活的都是男性。

个案5-9：在家附近帮人开车

HNX，男，33岁，壮族，初二文化程度，已婚，有两个儿子，大儿子9岁，上小学三年级；小儿子3岁，上幼儿园。妻子

① 魏君英、何蒲明：《农民工回流对新农村建设的影响研究——基于湖北省的调查分析》，《乡镇经济》2009年第3期。

湖北人，现仍在深圳打工，不愿意干农活。HNX于2008年12月份回家，花6万块买了一辆小四轮拉货，2009年4月已拿到农机车驾照，目前就等着出车拉货。

2010年春节前重访HNX，他现正在学车，计划考B类驾照。他说有驾照要方便很多，在家帮人拉货，一天得几十块钱。但是车子太小了，只能拉四五吨，太重了又不好开，村里自己有车的人家很多，竞争激烈。有时候路上车坏了到半夜三四点才到家，太累了，不想做拉货的工作了。HNX说现在家里附近帮人做点事，具体什么事他没透露，据村里人说他在帮在县城附近开赌场的老板开车，一天收入至少100块以上。

HNX家里虽有10亩田地，但是只种了8分，只是够一家人吃的。他说自己比较懒，不想再种田，做老板也做不了，只能是帮人打工。返乡后不论是在家发展种养或是帮人打工，还是在家附近开店都属于积极就业，这部分人占调查总人数的60%左右。从年龄上看，一般是三四十岁，这个年龄段一般是已婚，并且是上有老下有小。从经验上看，农民工思想较为成熟，外出经历也较为丰富，从事过很多种职业。从技术上看，自身通过某种途径获得了技术，能够省去一笔学习成本。从资金积累上看，经过多年外出打工，积累了一定的创业资金，或者有自己融资的渠道。从社会网络上看，有创业观念的农民工在打工的过程中，都会织造一张有利于往后生活的社会网。

3. 经商

部分返乡农民工在外打工多年，积累了不少经验，也掌握了一定的技术，拥有一些资金，开拓了新的人际关系网络，返乡后他们选择开店，一般也从事与他们在打工地学到的技术密切相关的行业。

个案5－10:原来在村里开网吧,后到武鸣开灯饰店

HHY,男,已婚,33岁,有两个孩子。在村里跟人合伙开一个网吧,还承包村里的自来水管安装工程。网吧有七台电脑,五台新买的,两外两台两个合伙人一人一台旧的,新的花了一万多,估计一个月能赚几百块左右。但是这只是暂时之策,谈到以后的计划时,他计划以后到武鸣开灯饰店,预计租金为一千左右,相比马山的两三千租金,还是比较划算的。因为自己出去外面这么多年,学到了有关灯饰制作的技术,以及流程,还有也结识了不少人脉,对于自己回家创业很有帮助。已经在武鸣考察过了,买配件再请人装,能省很多。以后如果能做大的,应该在马山、武鸣一带建立乡镇级代理店,到时会形成二三十家经销商,遍布马山、武鸣等地。

2010年春节前我们再到石丰村,HHY在村里的网吧已经关门不做了。听村里人说他到武鸣开了一家灯饰店,生意特别好,很成功。

HHY能够在村里开网吧、在武鸣开灯饰店都是需要投入不少资本的,他之所以能开网吧是因为曾经在珠海学过网络技术,后来开灯饰店技术也得益于多年打工的学习。从1993年开始在灯具厂工作,从底层做起,后来当过主管、厂长。HHY积累了十几年的经验,为他现在开灯饰店打下了坚实的基础。

二、乡村生计转型对返乡农民工再就业形成新的支持力

农民工在外打工期间,乡村自身也在新农村建设的背景下发

生着变化，在石丰村，2004 年成立了黑山羊协会，2010 年初成立黑山羊专业合作社。政府有关部门也采取了许多措施，如针对返乡农民工设立了创业就业基金。乡村生计方式的良性变迁所产生的资金、技术、政策、协会等支持在不同程度上促进了返乡农民工再就业的顺利进行。当然，返乡农民工再就业也受到一些因素的制约。

1. 资金支持

在城市打工多年的农民工随着眼界的开阔、资金的积累、经验的增长都很有自己的想法，有不少农民工对未来的就业都有一个美好的想法。我们访谈的对象有 21.3％的人希望以后能到外面开店，但是都没有能将自己的想法付诸实施，为什么呢？对于就业遇到的困难，23 人提到了资金困难，占 48.9％；5 人提到文化水平低，占 10.6％；4 人提到缺乏技术，占 8.5％；6 人提到家人需要照顾，占 12.8％。有近一半的调查对象切实提到了资金问题。在笔者看来，可能实际情况要远高于这个数字。有的农民工认为资金问题是很难解决的，所以干脆就选择去打工，不去创业，对于打工而言，不存在什么资金问题。

农民工想创业但缺乏资金，据一项外出打工返乡农民现状的调查显示，被调查者中 88％的人认为回乡办企业最缺的是资金。在投入办企业的资金来源总额中，自有资金占 52％，向私人借款占 18％，银行贷款占 28％，政府资金占 2％。政府和银行支持的资金总计不足 1/3。[①] 我们通过调查发现，返乡农民工再就业所运用的资金，基本上都是自己在打工过程中所积累的资金。但是这

① 胡明文等：《外出农民工回乡创业现状分析——以江西省万年县为例》，《江西农业大学学报（社会科学版）》2006 年第 3 期。

部分资金是非常有限的，打工所积累的资金大部分都投入到建新房中去了，再加上在城市打工时开销比在农村要多得多，而且不少人每个月还得给家里寄生活费，所剩的资金就更少了，所以只得向亲戚、熟人借钱。

有不少被访者曾经去了解过针对返乡农民工小额信贷的情况，但他们都没有贷到款，谈到原因有："银行的人说我们不符合返乡农民工的条件，只有那些没有土地的非农户口才能放贷；合伙人不好找；没有担保人。"

个案 5-11：利用打工积蓄，回乡再就业赚钱后又投入新资金

HJR，男，1978 年生，已婚，有一子一女，现在家里养鸽子、养猪。2009 年 4 月花 2 万多买了 30 头瘦肉型猪，借亲戚的场地，七八月份把猪卖了，得了三万多。

卖了 30 头猪有一点钱，再加上自己的积蓄，花了 5.2 万元买了一辆小四轮，包括上牌一共花了 6 万元。考了 B 类驾照，花了三四千。姐夫的朋友说 2008 年都安拉甘蔗的车少，但是 2009 年他去那里时拉甘蔗的车就多了，赚不了多少钱。开车收入是按路程计算的，一般近的三四十公里，一两百元一车；远的三四百元一车，一车十吨甘蔗，一般一天能拉一车。

个案 5-12：向亲戚借钱发展养殖，跟村里人赊账买猪仔

HMY，女，1976 年生，已婚，有一个 7 岁男孩，家里三口人，现在一家人住在娘家。2009 年 8 月份回家。向在广电局工作的哥哥借了二三万块钱发展立体养殖。在自家的场地和鱼塘养有猪、鸭子和鱼。

买猪仔的时候是赊账的，卖了猪仔后才有钱还给别人。

猪仔是跟村里人买的，当时买猪仔是 6 块钱一斤，现在已经降到 4 块多钱了。觉得现在猪仔的价钱便宜，想再养一批，卖了之后想投入 1 万多块钱扩建养殖场，把原来的猪棚拆除，重建一个两层的场地。养猪要自己养母猪产猪仔这样可以降低成本才划算，听去海南打工的老乡说海南猪品种好，自己也打算以后养这种品种。扩建养殖场和扩大养殖数量是计划之中的事情，不管得不得到政府补贴或扶持都要做的。

个案 5－13：想开店缺乏创业资金

HNX，男，33 岁，初二文化程度，已婚，有两个儿子。想过在广东或者武鸣等地开个快餐店，需要投资 10 万元左右，但是认为开店会很辛苦，资金也不足，贷款政策是一个户头能贷款 1 至 2 万元左右，三个户头一起可以贷 10 万元，但是必须找搭档，而且还不起钱的话搭档要承担连带责任，所以找人合伙不好找，贷得的资金也太少，根本不够用。

2. 支持

很多农民工在外出时出于从业需要，学习、掌握了某项技能，这些技能对农民工返乡后的生产经营活动不一定有直接影响，但也有些技术与他们返乡后的生产经营活动有着紧密的联系。如上文中提到的 HHY，他打工时学习的灯饰制作技术对其开灯饰店的作用是不言而喻的。还有一部分农民工是对于某些技术产生兴趣，或是感觉到掌握某项技术对自己将来的就业有帮助，从而选择了返乡前或返乡后开始学习。技术支持的渠道除了自学以外，还有利用政府相关部门的技术支持或利用自身的人际网络。

个案 5－14：兽医站技术支持

HJR，男，1978 年生，已婚，有一子一女，现在家里养鸽子、养猪。养猪是在镇上兽医站工作的老乡推荐的,技术也是从他那儿学得的,经过一次养猪已经基本掌握养猪技术,遇到见过的病情自己可以处理,若有特殊情况,就去向兽医请教,兽医也会经常来看。

据杨圩兽医站的工作人员介绍,杨圩街上设的兽医站点是属于古零镇兽医站的,古零镇兽医站从属于马山县水产畜牧兽医局。古零镇兽医站的工作人员有 8 名,此外还有 14 个防治员,负责到各个村去做防治工作。从 2009 年开始,有关部门加强了对兽医站工作的重视,原来只有春防和秋防,现在是一整年都在开展防治工作,原来防治员每年只能拿 200 块钱,现在每个防治员每月基本工资是 150 元,下乡给猪打针每打一头还可以得 2 块钱。由此可以看出政府有关部门对兽医站的重视加强了工作人员的积极性,也给发展养殖的农民带来了好处,提供了有力的技术支持。

个案 5-15:利用人际网络

ZLY,女,33 岁。有一子一女,女儿上小学四年级,儿子 9 岁。她有外出打工 18 年的经验,从 2003 年开始和自己的丈夫跟随大哥去广东潮州帮老板做陶瓷如花盆、茶具、碗之类,到 2009 年春节后回来。陶瓷老板人很好,养了很多鹅,觉得他们老实和投缘,所以就给他们提供养鹅的技术和鹅蛋,叫免成本先拿回去养,要打针的药剂他会及时寄送过来,老板还说如果鹅到时销不出去会帮助解决销路。

2010 年前夕重访 ZLY,她说从 2008 年 5 月到现在已经卖了 130 只鹅,有外面的人到村里来收购,但是销路也不是很好,卖得 10 块钱一斤,现在还剩 20 只。第一次养鹅,由于自己养鹅经验不足，鹅蛋孵化成活率相当低，一些孵出来的小鹅都被踩死了。后来听人说拿鹅蛋去孵化场孵化比较好，就送了100个鹅蛋到南宁孵化场孵化，孵化一个蛋要一块钱。

现在种有5亩多地，其中有一亩多是别人的地。在亲戚的帮助下，她收了稻谷以后种了一亩多的草，主要是用来喂鱼、喂鹅，花了400块钱。收了草，就可以自己留草种，然后开始种稻谷。

从这个个案可以看出，ZLY在返乡前就通过自己的人际关系学到了养鹅技术，而且注意还与技术授予者保持一定联系。ZLY是第一次养鹅，虽说学到了养殖知识，但在实际操作过程中还是需要技术的支持，这时向周围懂技术的人寻求建议和帮助，使她避免了大的经济损失。

3. 政府支持

政府作为公共管理的责任主体，在扶持农民工返乡再就业问题上应该担当起重要的责任。受金融危机影响，农民工再就业问题是一个事关社会安定的重大问题，其实这早就引起了国家及各地区有关部门的高度重视。2008年11月初，国家人力资源和社会保障部组织六个调研组赴部分沿海地区和中部劳动力输出省市调研金融危机对农民工的影响。12月20日国务院办公厅发布了《国务院办公厅关于切实做好当前农民工工作的通知》，要求采取多种措施促进农民工就业，加强农民工技能培训和职业教育，大力支持农民工返乡创业和投身新农村建设。广西壮族自治区人民政府2009年1月22日发布《2009年广西返乡农民工创业就业基金实施意见》，决定本级财政安排资金10亿元设立创业就业基金，支持返乡农民工创业就业。其中包括创业补贴和贷款贴息、小额信贷担保等内容。自治区人民政府制定了《2009年广西返乡农民工创业就业基金实施细则》等政策,大力扶持返乡农民创业、就业。

个案5-16:办理《返乡农民工优惠证》,感觉用不上

HJR,男,1978年生,已婚,有一子一女。2009年6月份以25元一对的价格买了80对鸽子,还买了6套养鸽专用铁笼及配套用品,每套140元。现在鸽子是养在二哥家的三楼,通风不是很好,如果有钱的话想在平地建养鸽房,可以四面通风。养鸽技术是从卖家那学得的,一般养五个月后鸽子就会下蛋,这时下的蛋基本孵不出小鸽子,要再过一个月才能正常孵化。孵化以后40天就可以把小鸽子拿到杨圩街上卖掉,零售30元一对,批发25元一对。冬天孵化鸽子成活率比夏天低,一般养了五六年后就要淘汰了。养鸽子要养三五百对才更有赚头,现在规模太小了。如果能贷款想贷5万块,建猪圈3万块,计划养50头猪。在家养殖少的话不如在外面打工赚得多,如果养殖规模扩大,妻子可以在家养殖,自己拉货赚钱。

听村委会的人说可以申请办理由广西劳动和社会保障厅颁发的《返乡农民工优惠证》,用这个证贷款不用利息,他和妻子都办理了优惠证。HJR已经报名申请创业补贴,是在镇上兽医站工作的老乡帮忙办理的,但是到现在还没有批下来。感觉优惠证用不上,元旦去镇上问有没有返乡农民工就业贷款,信用社的人说没有,可以办理普通贷款,但是利息太高。

根据我们在杨圩兽医站了解的情况显示,通过工作人员入户调查,已经确认享受一次性创业补贴2000元的返乡农民工名单,

补贴也已经发放到这些返乡农民工手中。HJR 觉得《返乡农民工优惠证》用不上是因为养殖的规模没有达到享受补贴的标准，他养猪最多的时候是 30 头，而生猪养殖补贴标准是常年存栏 100 头以上，此外他养鸽子 80 对，即 160 只，远没有达到肉禽养殖常年存栏 1000 只以上才享受补贴的标准。《2009 年广西返乡农民工创业就业基金实施细则》规定："返乡农民工在第二、三产业成功创业并已办理营业执照，正常营业半年以上的，给予一次性创业补贴 2000 元；从事规模以上种植业、养殖业，正常经营半年以上的，给予一次性创业补贴 2000 元。"这一规定意味着农民必须进行前期投资，才能得到补贴。但是广西大部分地区农民长期生活贫困、缺乏资金积累，能够进行前期投资的只是极少数。[①] HJR 自己也想扩大养殖规模，他觉得在家养殖少的话不如在外面打工赚得多，但是手中的资金没有这么多，想要申请返乡农民工小额担保贷款，他的养殖量也没有达到政策中所规定的规模种养。在石丰村，想申请这个专项贷款的返乡农民工不在少数，但是据我们了解的情况显示，到目前为止，村里符合规模种养的返乡农民工还没有人成功申请到贷款。

个案 5－17：对政策失望

HQL，女，1986 年生，2009 年 3 月返乡，先是帮助家中投资种养，养了 100 多只黑山羊、57 只鸡、58 只鸭，黑山羊的价格 10～12 元/斤，一只能有 30 斤，还有小鱼塘养鱼，小果园种 20 多棵李树，一年收入 500 元左右。家里有三亩多地，收回

① 韦云凤：《广西返乡农民工就业困境及对策》，《广西民族大学学报（哲学社会科学版）》2009 年第 9 期。

的粮食除了吃之外，就拿来喂鸡鸭等家禽，家庭收入成分主要是种养。但是父亲的胃溃疡也花了不少钱，家里也没有那么多钱支持。她一直想开一家手工加工的串珠店，为了实现梦想，在打工中抽空用五个月通过自己看书自学串珠的技术。预计投资资金最低5万元，其中店面租金2800元/月，加上办营业证和各种税费、资金周转以及生活费用等，5万元是最底线的资金。不过家里虽然支持，但是没有那么多的资金，所以只能先在家帮忙种养，但还是很有信心把店开起来。2009年5月我们第一次下乡调查时，HQL说知道有支持返乡农民工贷款的优惠政策，打算用自家的山羊去抵押贷款，能贷2万块钱左右，但是从3月就去银行问，到了5月都说没有名额了，而且银行说她不符合返乡农民工的条件，只有那些没有土地的非农户口才能放贷，她对政府政策的实施表示失望，不过说还会继续关注这个贷款的信息。

2010年春节前夕，我们再次来到石丰村，因为HQL不在村里，已到南宁开店，我们通过电话联系了HQL，她婉言推辞了我们的约访。她说返乡农民工已经不是什么新鲜事了，普遍得不能再普遍，政府也不再关注。从她去年回家以来，包括我们在内有三批人曾去她家了解过她返乡后的养殖情况，但是她表示政府的优惠政策仍得不到落实。

4. 协会支持

在这里协会支持指的是黑山羊协会。马山县有黑山羊协会，古零镇石丰村也组建了自己的黑山羊协会，并建立黑山羊养殖示范基地，推动黑山羊产业的发展。

马山县饲养山羊历史悠久，晚清以来在港澳市场一直占有相当大的份额。新中国成立前,养羊是该县石山区农村的主要副业之一。以前的马山山羊个体小、生长慢、毛色杂,而且产奶能力极低,从 1984 年开始,经过十多年的技术改良,培育出了一种毛色纯黑、繁殖力高、生长发育快、肉率高的新型品种——马山黑山羊。2000 年,马山县在广西出入境检验检疫局注册了“马山县供港活羊中转场”。2003 年,马山县在广西区工商局注册了“黑山羊”服务商标。

个案 5-18:马山县黑山羊协会

马山县黑山羊协会于 2004 年 11 月成立,以“民办、民管、民受益”为办会宗旨。协会成立后,严格按照有关法律法规,积极开展协会活动,不断吸收新会员,壮大了协会组织。2006 年会员遍及百龙滩、古零、古寨、永州、里当等八个乡镇。马山县黑山羊协会的主要作用是,为广大农民及会员提供黑山羊产前、产中、产后服务。协会通过组织会员外出参观学习、聘请专家培训及指导等方式,使大部分养羊户掌握了一些养羊新技术。为了加强行业的信息交流,协会还依靠马山县科技信息网,无偿为会员提供行业动态、政策法规、专家论坛、市场动态、专业知识、供求信息,受到了会员的好评。

个案 5-19:石丰村黑山羊协会对村民的支持

HHJ,1982 年生,未婚,初中毕业去深圳某制衣厂打工,底薪 900 元,月收入一千三四百元。工厂有 2 万多员工,所产商品主要销往国外,受金融危机影响,裁员 30%。自己是因为工资低,于 9 月离职返乡投资养殖。11 月份花了 2 万元,买了 30 只羊,目前已生产出五六只小羊,12 月 3 日,花了 7000 元买了 30 头猪。他说会参加黑山羊协会组织的培训,每年一次,会有县里科技局专家下来,每次大概有一小时。

2004年7月15日石丰村黑山羊协会成立,选举产生了机构,并建立规章制度,坚持入会自愿、退会自由、民办民管、民受益的原则,现有会员62名。协会为会员提供产、供、销一体化服务,发动会员大力种植优质牧草、扩大圈养、科学饲喂管理。据石丰村村支书介绍,村里的黑山羊协会每年都会举办一两次活动,主要是请县里的专家到村里来讲课,每次都能吸引很多村民前来学习。2010年初,村里还在工商部门注册登记成立了黑山羊专业合作社,目的是带动黑山羊养殖户进行规范化、标准化的饲养管理,严把饲养、消毒、防疫、诊疗关,定期进行设施维护。同时组织收购农户出产黑山羊,把黑山羊销售到更多的地区。

三、结论与建议

首先,石丰村的个案表明,乡村生计转型为农民工返乡再就业提供了良好的条件。农民工返乡再就业是在中国乡村经济转型这个大背景下进行的,国家政策的放开是农民工返乡再就业多元产业结构的基础。目前,大量的第三方社会服务组织主要包括NGO组织和其他法人的出现,为发展公共事务多元化管理提供了更加广阔的舞台。他们可以协助农民工返乡再就业工作更有效地开展,黑山羊协会及黑山羊专业合作社正是在这样一个历史背景下获得了发育与成长的制度空间,在支持农民工返乡再就业上也起到了一定的作用。

第二,返乡农民工在城市多年的打工经历使得他们不再是普通的农民,他们脑子活、懂技术、有一定的基金积累,也掌握了一定的人脉,他们无疑能够充分利用并发挥现代农业的技术、市场等优势,从而给乡村生计转型注入了新的活力,有利于推进新农村建设,构建社会主义和谐乡村社会。对于返乡农民工,政府应采取灵活多样的培训的方式,加强职业教育和培训,为他们再就业创造条件。对于第一次接触养殖某种物种的返乡农民工或是初次经营有技术含量的商店的返乡农民工,他们都需要得到更多的技术支持。尤其是暂时没有工作的返乡农民工,他们一般都缺乏技术,因而应加强对返乡农民工进行先进种养技术的培训。①

第三,我们应清醒地看到,目前农村已经出现资金困难、因外出务工而不安心农业等不利因素。在我们的调查中,近50%的返乡农民工提到再就业的资金困难。农民工返乡再就业的资金支持主要还是依靠自身积累或是想向亲戚借钱,政府的资金支持力度不够。因此,想要切实解决好农民工返乡再就业的资金问题,政策惠及的人数还有待提高,惠农标准也有待调整。此外,2000元的创业补贴也只是杯水车薪,解决不了实质性的问题。虽说有返乡农民工贷款优惠政策,但应该得到进一步的落实,不应让符合贷款条件的返乡农民工失望。

第四节　民族地区留守儿童教育问题:以石丰村为例

石丰村外出务工823人,占全村总人口的19.71%。其中男性517人,女性306人。务工流向分为四种:县内53人,市内县外141人,省内市外201人,外省428人。务工时限分为三类进行统

① 刘光斌:《对农民工职业培训的思索》,《农村经济与科技》2009年第3期。

计，长年在外 543 人，每年季节性在外 110 人，短期(半年以内)170 人。这足以看出该村外出劳动力的去向以及时间呈现一种“久远型”农民工。

在表 5－1 中，留守儿童是指父母或者其中一方外出务工半年以上，年龄在 15 周岁以下的未成年人。按照镇里组织委员的话说，那些大于 15 岁的青年属于团组织管理的范围，他们只管这些还未进入某些组织的儿童。

表 5－1　石丰村留守儿童情况表

性别	男	217	
	女	106	
父母外出务工情况	父亲在外	74	
	母亲在外	86	
	父母都在外	163	
父母务工流向	县内		
	市内县外	15	
	省内市外	37	
	外省	271	
接受教育状况	学龄前	21	
	小学	152	
	初中	106	
	高中	2	
	小学阶段辍学在家		
	初中阶段辍学在家	3	
父母回家探望情况	每月可与父亲或母亲见一次面	71	
	每季度可与父亲或母亲见一次面	38	
	每半年可与父亲或母亲见一次面	27	
	一年以上可与父亲或母亲见一次面	143	
何人照料	祖辈	214	
	其他亲朋	54	
	无人照料	11	

一、留守儿童教育现状

许多研究者认为，留守儿童学习成绩相对较差，性格容易出现偏差，出现任性、冷漠、内向、孤独等的现象。留守儿童的行为问题也比较突出，许多留守儿童在家里不听祖辈的教导，或顶撞祖辈，或保持沉默，或行为不端、我行我素。在学校，许多留守儿童表现为不太遵守学校的规章制度，说谎，小偷小摸，打架，欺负同学。据老师反映，留守儿童中早恋的比例也较大。此外，有的孩子迷恋游戏机，夜不归宿，甚至个别有敲诈、吸毒等违法行为。[①] 但是我们经调查发现，留守儿童的教育呈现两种情况：成功与不成功的。但是这样的分类只是个大概，并不能看到明显的界限，并且加上了留守儿童本身、家长、学校、社区、政府的主客观评价，才分出了这样的两种类别。

1. 留守儿童教育现状：个案概述

(1)成功个案

个案 5-20：HTT，女，12 岁，六年级，家中四口人。

父亲曾经离异，妈妈在她 10 岁时就离家不回来了，以前妈妈还在的时候，也很少在家里，都是去广东打工，所以和妈妈的交流比较少。妈妈因为妹妹的不幸夭折而离开。现在有了一个后妈，后妈生了个小弟弟，爸爸去广东打工，具体做什么也不太清楚。自己一直是和自己的爷爷奶奶一起生活，爷爷奶奶还种地。自己同父异母的小弟弟才 3 岁，也是爷爷奶

① 林宏：《福建省"留守孩"教育现状的调查》，《福建师范大学学报(哲学社会科学版)》2003 年第 3 期。

奶带着，所以有时候也要帮忙带弟弟。爸爸、妈妈都不打电话给自己，想妈妈但是又没办法，长大以后也想去找妈妈。

在家会做很多家务，煮饭煮菜，洗碗，洗衣，农忙时也做点轻农活。喜欢看各种课外书，自己买，也会去学校图书馆看。一般在学校很少出去玩，都是在教室里面看书或者做别的。她的理想是像堂哥一样考上大学，大堂哥现已经在读大三了，二堂哥刚进大一，两位哥哥都是读的工科学校，理科都很好。自己也喜欢理科的东西，堂哥总是很热心帮助她，让她在学习上更加容易。在学习上遇到问题时总是自己先思考怎样做，实在不懂问同学，最后问老师。因为堂哥总是教导她要善于思考，这样才能学得更好记得更牢。这一次考试成绩不错，语文 94，数学 90，英语 96。以全镇第八名成绩被县城的合作初中录取，成绩较好这所中学才会录取，否则一般都是上三村联合一起办的杨圩初中。平时在家，也是把堂哥的所作所为记在心里，他们对爷爷奶奶、爸爸妈妈也很孝顺，总是感觉很温暖，所以她告诉自己，要认真学习，等以后有出息了就报答家人。

个案 5－21：HHJ，女，12 岁，六年级，准备升初一，家里五口人。

18 岁的姐姐准备去读技校，9 岁的弟弟读三年级，妈妈在家。妈妈以前也出去打工，后来要照顾小孩就回来了，爸爸在广州五金厂打工差不多十年了，一年回家一次。自己家还种有四五亩地，都是妈妈一个人在弄，妈妈很辛苦。一个月打一次电话给爸爸，跟爸爸聊天，每次都谈学习，爸爸老是问有什么吃的没有，自己就问爸爸有工做吗，也希望爸爸能够回家，但是可以理解爸爸现在不能回家。

每天吃完晚饭就帮忙洗全家人的衣服，农忙时还到地里帮妈妈干农活，周末和假期还帮忙家里放牛，放牛是早上放出去，赶到离家几公里的山上，晚上去把牛牵回来。

平时经常和好朋友一起学习，去树下聊天。做作业遇到问题就问老师和同学，上语文课时，很积极回答老师提出的问题，但数学课就不怎么答，平时在学校做完作业才回来。老师知道自己是留守儿童，一般比较关心。这一次小考成绩是语文 89，数学 93，英语 98，可以去民族中学读初中。

自己的特长是打篮球，会打乒乓球，但是六年级很少打，因为学习比较紧张。郁闷时经常会听歌，经常自己去买碟回来通过 DVD 来听，自己还会到县城去买。朋友经常来自己家一起玩。

不经常生病，但是偶尔也会有发烧一下，妈妈就带去看病。不怎么和妈妈谈心，爸爸经常督促自己学习。中秋节喝过一点酒，每天晚上看两个小时的电视，一般看偶像剧。没有去过网吧，也不会打什么游戏。理想是继续读书，想上大学，这样才能好好报答爸爸妈妈。

(2)问题个案

个案 5-22：HDC，男，13 岁，初一，下学期升初二，家里有四口人。

18 岁的姐姐，也出去打了两年工，爸爸妈妈在广东潮州打工，一年春节回来一次，以前几个月大时就寄宿在外婆家里，直到一年级下学期才回来村里的小学读书。妈妈在自己 5 岁的时候就回来照顾自己，自己上初中了，妈妈就又出去打工。自己可以理解爸爸妈妈为什么出去打工，爸妈给自己留了一个手机，所以每两三天就接到爸妈打的电话，一次电话打几分钟，一个月话费 10 元，暑假了爸妈也叫他去潮州，但是他不愿意去，这么大了也没去过广东，去离家最远的地方就是武鸣县城。

自己会煮饭菜、扫地、洗衣服，家务从很小就全会做，平时没放假时，就在学校住，周末就回家，自己家的田地给亲戚种，然后他们每年给一些米来当做租金，平时就是拿这些米去学校蒸着吃，一个月的伙食费是 120 元，每一周给 20 元的零花钱，爸妈交代邻居家的奶奶拿的钱，每周就直接跟那位奶奶拿钱。周末回家大伯叫他过去吃饭，但是他都不去，宁愿自己在家煮。暑假，和堂姐两个人搭伙在家里煮饭菜，每天都买点猪肉回来，有时候也买烧鸭来吃，青菜就在大伯家或者别的邻居家拿点，不然就是到街上去买点回来，自己家里有冰箱，但是冰箱里的东西都很少。

老师知道自己的爸妈不在家，爸妈经常打电话给老师，但是自己的成绩不是特别好，每次考试都是“特码分”(六合彩的中奖号码都是小于或等于 49 的数字)。在学校里面生病时自己照顾自己，发烧的时候打电话给老师，叫老师带去看病，同学也帮忙。自己比较喜欢数学，英语就觉得比较难，看书碰到问题了就问同学和老师。上完课就是玩耍，和同学一起玩，有心里话也不跟别人说。自己不怎么喜欢说话，比较喜欢安静。

个案 5－23：HZY，男，9 岁，三年级，下学期升四年级，家里四口人，还有一个 5 岁的弟弟上学前班。

爸爸在家，妈妈从他刚上二年级时的广东进厂打工到现在没回来过，6 岁时曾经跟随爸妈去过他们打工的地方。很想妈妈，妈妈十几天打一次电话，每一次都打到电话没电。通电话的内容是叮嘱他写作业，他觉得很烦。每次电话里妈妈都说过几天就回来，但是她每次都是骗人，没见她回来过。在家里还有奶奶，照顾着他们两个，爸爸经常也是外出，整天不在家，最怕的是爸爸，不怕奶奶，奶奶只会动口说他，爸爸就会拿皮带打他，弟弟偶尔也被打，每天家里给的零用钱是一元钱，拿来买零食，还有会攒一些钱来买游戏卡。游戏坏了，就砸机子，还闹着奶奶去买个新的。自己也会洗衣服，用煤气炉煮饭。还帮忙奶奶带着弟弟，暑假每天早上起来奶奶就出门干活，自己必须带着弟弟一起玩，但是弟弟很顽皮，不好带，老是把东西搞坏。

考试成绩为语文 51，数学 81，英语 91 分。喜欢数学，数学课上老师提的问题只要自己知道都会抢着回答。不喜欢写作文，觉得英语简单。做作业遇到问题时就放着不管，也不问老师同学，因为同桌比他还差，和同桌的关系就像“敌人”，课桌上有“三八线”，不能超过这个线。自从会打游戏已经买过三个游戏机，自己去街上买的游戏卡，游戏机是连在电视上的那种。会一点电脑游戏，电脑游戏就喜欢打那种武打游戏。喜欢看电视动画片，喜欢灰太狼、喜洋洋等角色，因为它们很有办法。

不喜欢骑自行车，会游泳，一般叫玩伴一起去，去之前先告诉奶奶，游泳是一年级时就学会的。感觉自己不孤独，烦的时候就出去玩。自己感觉思想品德课没有什么用，不会按照里面说的来做。

从以上四个个案，可以大致看出留守儿童的教育现状。个案

5－20 和 5—21 的儿童成绩比较优秀，都考上了相对不错的中学。在当地，一般能考上比杨圩初中好的学校，就意味着他们未来能够接受相对较好的教育，能够考上大学的机会也就相对较多；个案 5－22 的成绩是总是处在离及格线还有一些差别的分数上徘徊，这样的情况就很难进入好一些的高中，能够进一步深入学习的机会较少。个案 5－23 的孩子偏科比较严重，主要是表现得较为情绪化，喜欢哪个老师的课就认真，否则以消极的态度来对待。在性格的养成上，个案 5－20 和 5－21 主要表现为大方得体，情绪上表现得比较平稳；个案 5－22 和 5－23 两个儿童的性格有个暴躁，有个过于安静，是一种不怎么稳定的脾气，这些孩子往往沉浸在自己的世界里，与人交往的频率较少，找不到情绪发泄的出口。家庭的影响上，前两个个案中，个案 5－20 是单亲家庭，长期得不到父母的关爱，但是大家庭的环境在这一方面得到了补充，比如得到爷爷奶奶伯父伯母的关爱，以及堂哥的指导。个案 5－21 虽然父亲不在家，母亲也整天忙于劳动，但是父亲经常关爱并督促学习还打电话给自己，这也使得不完整的家庭教育关爱环境得到一定程度的缓解。后两个个案，个案 5－22 的孩子虽然在家时已经能够自己照顾自己，但是由于从小缺乏父母的关爱和教育，也没有兄弟姐妹在一起，独自一人孤单生活，没有任何途径缓解这种局面，导致性格上面比较安静，对于生活没有自己的太多想法。个案 5－23，由于父亲的不定时暴力导致了小孩子的性格也比较火暴，家中还有一个弟弟，要帮忙照顾弟弟，一个小孩身上就有了如此厚重的压力，没有人帮助他减轻一下自身的压力，所以对于很多事情就是以不好的方式来解决。

2. 留守儿童教育现状：学校的管理

以下是对石丰小学教导主任兼班主任黄老师的访谈记录：

黄老师，在学校任教已经七年，之前是在初中做教师，由于各种原因回到小学教书，他说能为自己的母校服务也是一件很光荣的事。石丰小学是一所村级小学，到了新校舍，学校建了新的宿舍楼提供给寄宿学生，住宿条件比以前好很多。县教育部门并没有要求建立寄宿学校，但是由于该村有些同学的家住得比较远，要翻山越岭才能到家，为了提供方便，就一直保留着这个传统。所以遗留下来的传统对于留守儿童也算是一种福利，特别是家住比较远的学生。对于留守儿童的关照可以说是学校里每一个老师的责任，现在并不是说只有自己班上的学生，每个老师都有监督每个学生的责任和义务，对于他们的违规行为都及时制止或纠正，目前已经在学校中形成一种很积极的氛围。自从上级下达文件之后，学校从 2006 年开始对留守儿童建立留守儿童档案以及家长通讯录，并成立领导小组进行组织开展关注留守儿童的工作。学校领导要求每个老师和教职工要了解留守儿童的基本情况，但并不是说特殊对待，而是在需要关心时，如在校学生生病或者碰到突发情况时，确保学生有人照看，按“以人为本”的原则进行管理，做到对家长、学生、自身都有交代。因为学生都很小就独自来学校，所以当天气变冷时，老师如果发现学生没有穿够衣服，马上就要求同学添加衣服，以防生病。学校很缺教师，现在还缺三名教师，但是由于地方偏僻没有人愿意来到这样的地方执教，所以领导和老师都负起了后勤人员的义务。现在的老师都是以前的代课教师经过考试转过来的，没有经过专业的训练，只能是自己知道多少就教学生多少。

石丰小学学生宿舍管理制度（2009～2010 学年）

小学生年龄小，生活自理能力差，离开了父母的关照，为使他们能安心在校住宿，我校在学生住宿管理工作中制定如下制度：

1. 成立“住宿生之家”，全体老师就是他们的代理家长，把他们当成自己的孩子一样关爱。教育他们在生活上互相关心，互相帮助，让他们感受到家庭的温暖。

2. 对于新到学校住宿年纪较小的学生，老师们从生活细节上加以照顾和引导，手把手地教他们叠被子、挂蚊帐、洗衣服，使他们学会生活自理。

3. 制定《内宿生守则》，组织学生认真学习，按章执行，并在执行过程中不断调整和完善，坚持表彰先进、鞭策后进的原则，使他们自觉遵守规则，实现自我达标、自我管理。

4. 对住宿生进行登记造成册，编室编床就寝，午休晚休由室长向值勤老师汇报就寝情况。严格执行请假制度，有事需请假方能离开学校。

5. 学校投入资金，修建壁柜、晾衣亭，并严格要求学生整理好自己的内务，严禁在宿舍内东晾西挂，使宿舍经常保持干净整齐。

从以上对学校教师的访谈和学校制定的管理条例我们可以知道，学校的老师真像学生的父母，除了管学习，生活上的管制也这么让人感到温暖。虽然学校的师资条件比较缺乏，但是老师们还是把学生当自己的孩子来教育。用黄老师的原话说，有些留守儿童到周末都不愿意回家或者去亲戚家，宁愿待在学校，因为学校既有老师又有同学。在学校中感到很温暖，他们现在办的是一种“亲情式教学”。曾经也有一些调皮的孩子由于原学校不收而转学过来的，经过学校老师的关爱和教导，孩子变得很听话，也学会了尊重人，我们“自有一套”。“爱心、匠心、恒心”为留守儿童撑起一片天，这是石丰小学的老师们对留守儿童的保护和关心的方式。

除了老师外，当地政府也对留守儿童教育问题进行了关注。如马山县委组织部从2007年开始就关注流动的农民工，他们提出了相关的对策，并且实施政策内容，并认为留守儿童是未来的建设者，解决这个问题需要长远目标计划和短期的时间计划同时进行：一是强化学校教育主体地位，为留守儿童创造温馨的校园环境；二是加大环境综合整治力度，为留守儿童创造良好的周边环境；三是广泛动员社会积极力量，为留守儿童创造有利的社会环境。

镇政府也为留守儿童教育做了实事。镇委组织委员覃委员说，其实留守儿童很早就存在了，只是这几年才更加关注起来，但是他们以前就已经开始关注这个群体，长期关注本镇的留守儿童群体，经常下基层了解他们的情况。他说：

留守儿童的工作室是从2007年开始进行的，马山县举行的“先锋连万家，三情促和谐”活动在我们镇搞得是最好的。特别是在进行关爱留守儿童老人方面，在乔老村已经通过爱心人士建立起了爱心超市，反映也很好，得到了上级部门的认可和支持，也得到了社会各界以及村民们的赞赏。但要建立一个爱心超市是需要有条件的，如有持续的爱心人士捐赠才能保证这个爱心超市能一直办下去，乔老村这个点算是比较成功的，所以我们也在积极寻找一些爱心人士，争取能在更多的地方建立这样的便于留守儿童和老人的便利超市，在物质和心灵上给留守儿童做补偿。关于留守儿童很极端的情况在我们镇没有出现，甚至可以说没有，但并不是说没有就不关心，做一些扶助的工作是非常必要的。

二、留守儿童的教育期待

每个人或者说是主体心中都有衡量事物的标准，关心留守儿童的教育包括家庭、学校、政府这三大主体。留守儿童教育成功与否主要在于这些主体的要求标准。

1.家庭主体对留守儿童的要求

家庭是儿童初级社会化的重要场所，家庭中的生活态度、生活方式以及蕴涵其中的文化和心理、人际关系氛围，是影响儿童成长的教育环境。外出打工的家长只要求自己的子女听家人的话，学会做人，不做出格的事；不要只会看电视、玩耍等，而是要会帮家里做简单的家务如洗菜、扫地、洗衣服这样不是很重的体力活。相反，如不听话，性格暴躁，一心只想着玩，无心学习，跟不良青少年结伴，则被认为是留守儿童的失败行为。比起现在城市里面的孩子来说，留守儿童的压力是没有那么大，城里父母总是希望自己的孩子能比同龄人优秀、能干，因此总是在放学后或者假期参加各种各样的技能培训，这样才能在以后的生活学习中占有更珍贵的资源。农村的家长对于孩子的学业没有施加很大压力，主要是以劝说引导为主，还是尊重子女的意见，让子女自己来决定是否继续读书。这给留守儿童的选择没有造成很多的负担，如果留守儿童自身不觉得学习是在压抑自己，而是一种兴趣或者是一种动力，那么对于留守儿童的教育容易成功；但是留守儿童有些在这时期仍属于“他律”的阶段，如果自觉性不够好，往往会造成学业上的散漫等行为，导致教育上的失败。

个案 5-24：HHM，男，14 岁，初一，下学期升初二，家里四口人，有一个在金伦中学读高一的 16 岁的姐姐，姐姐放假了就带小堂弟去叔叔广东海州那里玩。爸妈在广东潮州打工三四年了，一年春节回家一次，自己一直和奶奶一起住，周末打一次电话，电话里爸妈常常叮嘱自己不要上网太多，帮奶奶做事，自己则是叫父母放心。以前爸妈也把自己带去潮州读书，但是去了一个学期就回来了，因为不适应那里，那边说的话听不懂，挺烦的，就回来了。在家里听奶奶的话，奶奶老了提不动水了就帮奶奶打水、洗衣服、煮饭，但是还不会煮菜。家里没有主要的劳动力，没有种地，所以米都是买回来吃的。

伙伴有 HH、HS、HHW，经常一起打篮球、游泳，也只是在家门口的河边游，不敢到比较远的深的地方去游。没有什么心理压力，但是觉得学习压力比较大，英语很难，作业不会做的话就找别人的来抄，不问老师及同学，自己也懒得思考。觉得自己也没有什么不开心的，如果想爸妈了，就出去玩，姐姐在家时也很少交流。一天很多时间都在看电视，看武侠电影。一年级时就学会游泳，现在去不用告诉奶奶就去游，因为会游了所以奶奶不用担心。读完初中就不想读书了，也没有什么长远的计划。

HHM 奶奶：孩子挺听话的，但是就是读书不太懂，我们也不要求太多，就希望他能好好读点书，考不考得上就看他自己了，如果考上了我们肯定尽全力送他读书。但是就不希望他学坏，跟一些不良少年学习就不好了。

个案 5-25：HXP，男，8 岁，二年级，下学期升三年级，家里有三口人，妈妈去广东打工，爸爸在家，妈妈一年回家一次，几天就打一次电话给妈妈，妈妈跟他说不要看太多电视，要多多学习。不记得妈妈的电话号码，都是妈妈打过来的。想去找妈妈，但是让妈妈去干活，这样才能挣到多一点的钱。游泳还不会，要穿救生衣才敢游，而且只能在浅的河边游，一帮小孩一起游。自己会洗澡、扫地，因为去学校也会扫地，其他的家务都不会做。奶奶和爸爸做。

可见农民工对子女最看重的是学会做人道理和以后的人格发展走向，学习上的标准低得多。

2. 学校对留守儿童的期待

学校的老师对留守儿童教育的期待是希望孩子能够考得好成绩，上到一个好的初中或者重点高中，并且能够继续更好的教育。老师对学生的期待，激发了留守儿童的想法，使自己对于自身的未来发展有更多的考虑，这样有助于留守儿童的教育成功。学生积极面对，标准虽然不是那么高，但是能够看得出他们明确自己要做的事，并朝着那个方向发展，那就是成功的一个保证。

学校老师希望学生能够适应自己的教学方式，如果不懂要及时发问，这是一种负责任的要求。对于学生来说，老师对自己的关心，也能激发学生的学习兴趣，学生便能够以最短的时间来收获知识，促进了教育的成功。

个案 5－26：HQ，女，15 岁，初二，下学期升初三，家里有四口人，有一个 19 岁的哥哥，初中毕业就出去打工了，爸妈在广东潮州做陶瓷。小学三年级时爸妈就出去了，自己也刚从潮州回来读了一个学期，从小学四年级就跟着爸妈转学到潮州去读书，在潮州生活学习了四五年。爸妈说要回来读才能拿到毕业证，户口不在那边，拿毕业证很麻烦。

以前小的时候到潮州用了一个学期才适应过来，现在回来也是一样，已经习惯了那边老师的教学方式，突然转回来感觉很不适应,交流也不是很顺畅。几天打一次电话,爸妈都说现在不担心自己了,以前在潮州时,四年级就教会了煮饭,平时爸妈工作忙都是她给爸妈煮饭菜吃的,洗衣服等等什么家务活都会干了,长大了能够照顾自己。经常打电话和爸妈交流,刚离开半年,所以也不怎么想爸妈。现在放假了和堂弟搭伙煮饭菜,弟弟比较懒,所以自己煮的时候多一些,就当是照顾弟弟了。与堂姐伯父他们交流得多,但发现自己的堂弟不怎么爱说话。

平时上课积极回答问题,遇到不懂的问题会问同学和老师,虽然刚开始不适应老师的教育方式方法,但是经过一个学期的努力终于有所改善,但是认为自己应该更加用心才能赶上别人。老师觉得也蛮关心自己学习的,上课讲新内容时,总会问自己懂了没有。老师总是叮嘱如果遇到不懂的要及时问,还十分看好自己,希望能自己加油就有机会能考上重点高中,争取更加好的学习机会。

自己回来了有几个好朋友,最好的朋友是自己的同桌,刚开始的时候还互相吵嘴,关系不是很好。当时感觉很孤独,但是后来慢慢地成为了最好的朋友,有什么心事,就相互倾诉,互相帮助。喜欢看课外书,一般自己去街上买来看。

自己的理想是做一名医生或者护士,这样就可以帮到那些没有钱看病的人,不想读高中了,想直接上卫校读护理类的专业。

3. 政府作为关注留守儿童的间接主体

政府对留守儿童的教育关注,主要是希望留守儿童不要做出什么偏激的行为,不走犯罪的道路,这就是最大的成功。政府人员表示外出打工是许多农民无奈的选择,想要过上好一点的日子,只有外出打工。所以留守儿童也是不可避免的现象，我们能做的就是尽量给他们提供一个相对安全稳定的社会环境，使得他们在这样的环境中快乐成长，形成健全的人格。留守儿童的人格形成对于他们自身以后的发展有很大的影响，所以我们只希望他们能够好好处理好自己各方面的行为，不犯错就可以了。

总结以上对留守儿童教育有或大或小影响的主体，他们对于留守儿童的要求就决定了儿童教育能否成功的一方面。另外，对于留守儿童来说，同辈群体是一种初级的群体，在相对比较狭窄的空间范围内，这就很容易受到群体的影响，这种影响也会对留守儿童的心理教育产生一定程度的正面影响。

三、同辈群体对留守儿童教育的影响

1.学校中同辈群体对留守儿童产生的影响

留守儿童在学校里面所受到的关心，以及人际交往方面是否顺利也影响到留守儿童的教育状态。教师的言传身教对学生产生着重大的影响。学校是同龄群体会聚的场所，同伴群体对学生人格也具有巨大的影响。如果学校教育管理，或者同学关系处理得好与不好也容易对人格的形成有所影响。

> 个案5-27：HHM，男，14岁，没有什么心理压力，但是觉得学习压力比较大，英语很难，作业不会做的话就找别人的来抄，不问老师及同学，自己也懒得思考。课余时间喜欢到教室外面来玩，但是没人跟他玩，别人都喜欢在教室里面玩，感觉自己被孤立起来。

离开父母或被父母拒绝是幼童焦虑的最大根源，而少年的焦虑则来自于同辈团体的拒绝。卡拉汉等人做过测验，分析了中学生喜欢哪种性质团体的领袖，发现他们更喜欢学业优秀、办事老练、具有良好道德的学生领袖，而不是风头十足、具有漂亮仪表以及体育成绩优异的人。他们喜欢有能力、能胜任工作、具有高智商、精力充沛、富于创造的同伴。[①] 从 5－27 案例可以看出，HHM 在学校里喜欢到教室以外的地方进行活动，而其他同学则喜欢在教室里玩耍，顺便学习，一般现在的中小学是这样的，就算下课也很少有人出去活动，除了解决一些棘手的问题。所以他本想进入这个群体，也想有同伴一起玩，但是没有把握好少年崇拜群体的一些特征，导致选择上的失误，从而陷入被隔离的境地，实际上是自己选择的结果。

2.社区中同辈群体对于留守儿童活动方面的影响

农村社区是以血缘和地缘关系为基础的熟人社会，也是留守儿童活动的主要场所，社区文化及社区成员的引导和监督对留守儿童的行为表现和性格发展具有重要的影响。在所调查的社区中，村里的娱乐场所有篮球场、乒乓球桌和一个小网吧。在所有这些行动中，一般都是和同辈群体一起行动的。

个案 5－28：HXF，男，13 岁，六年级，下学期升初一，家中四口人，妹妹 7 岁，读一年级，爸爸妈妈过完年就去广东潮州打工，以前是在南宁打工，几个月回来一次，但是去广东了，只能到春节才回家。自己家在村头，距离爷爷家有一公里左右。但是现在住在爷爷家里，很少回自己家里住。一个月十几次电话，每次通话几分钟，一般都是爸爸妈妈打回来，想他们的时候也不给他们打电话，都是等他们打回来，说说自己和

① 沙莲香：《社会心理学》，中国人民大学出版社 2006 年版，第 373 页。

妹妹的生活状况、学习情况等等。爸爸妈妈叫他们暑假跟着老乡到潮州去,但是他们不愿意去,因为在家自由。

爸爸妈妈不在家,所以就担负起照顾妹妹的任务,帮妹妹洗衣服,做饭、洗碗、扫地都是他一个人做。爸妈在家时交代要听爷爷和大伯父的话。

放假了每天看电视两三个小时。经常和同伴在家附近玩捉迷藏的游戏,这几个同伴的家离爷爷家都蛮近的,而且游泳的小河,就在家门外不远的地方。所以每天中午和晚上都去游泳,一年级的时候就已经学会游泳了,是自己在浅水处慢慢学会的。现在他们在游泳时喜欢比赛谁游得快,或者比赛潜水的时间哪个长一些。现在比较热,一天可以游两次,家里人不怎么担心,就在家门口的小河边游,这小河蛮浅的,不危险。没有发生过什么意外事件。暑假期间,没事就和伙伴们一起玩,能和他们在一起玩耍,很开心。

通过以上的个案我们可以看出,留守儿童在村里面的社区环境决定了他们的娱乐方式是基本相同的,农村娱乐方式简单,不过每年春节都举行的篮球赛,却是个不错的选择。每年一次的篮球赛当中,村里对于男子少年队的队员选拔都是以孩子自愿为原则,组成一个小分队,在比赛中争取好成绩,形成一种“篮球场文化圈”。

个案 5-29:HYN,男,13岁,六年级,下学期升初一,家里有四个人,有一个6岁的弟弟上学前班,爸爸妈妈去广东潮州打工。伯母一直照顾着他们,3岁开始伯母就开始帮忙看着,一看就十年。爸妈一周打一次电话,打电话就是嘱咐他看好弟弟。

自己会煮饭，但不会煮菜，每天中午放学回来去河边洗自己和弟弟的衣服，不过平时都是和伯母家一起吃饭。喜欢看电视动画片和武打电影，还会打电脑游戏“地下城”，一周去一次，或者几周去一次，一次打一个小时两块钱，一天伯母给的零花钱是一两块钱，用来买吃的。喜欢打篮球，还是本队的队长，自己买的球打坏了，暑假就到村委会的篮球场打，村委会免费提供球。到每年春节村委会举办的篮球赛，自己也会报名参加，因为大家可以切磋球技，增加过节热闹气氛，打赢了还有奖金，去年春节他们队就拿了少年组的三等奖。因为那些人比他们大，体力比他们好，不过不要紧，反正每年都会举行，所以在学校他经常练球，等再长大一点就能像他们一样拿一等奖了。在学校他也喜欢打篮球，也曾经代表小队去别的学校进行联赛。反正一看到篮球，其他什么事都不想了。郁闷的时候，也是找同伴们去玩，玩起来什么都忘了，也就不郁闷了。

同伴群体对留守儿童残缺的家庭关爱提供了一种补充的作用，平衡了留守儿童孤独的感觉，这也是留守儿童心灵上的一种慰藉。

第五节　村落公共空间重构与社区认同：濑浩屯壮族的例子

村落的公共空间是乡土社会农民获取社会资本的重要场所，也是凝聚村民社区认同的重要媒介，这在一些少数民族群体尤为典型，如侗族的鼓楼。在传统中国乡村社会，村公所或大队部、村委会、庙宇、祠堂、学堂、商铺，乃至村头树下、水井旁、某户家门口，都是村民们情感、信息交流的地方。这种地缘式的情感一直是维系中国传统乡村社区的核心力量之一，也由此培育出乡民对乡土的喜爱、依恋和依赖。但是，随着乡村社会转型，特别是外出务工人员的增多，人员结构的老龄化和由于电视侵入后娱乐的家庭化，这些传统公共空间渐渐失去其作用，慢慢淡出乡村公共生活，群体性的情感、信息交流也日渐式微。虽然在新的历史时期，村民需要从村庄外部寻求发展资源，但是村庄内部的交换与合作仍是基础，如本章第二节所论，村民在扩展社会资本的过程中，还是循着自己现有的乡土资本。鉴于此，本研究借助埃文思—普理查德《努尔人》中物理的、生态的和结构的空间三层次理论，以广西百色濑浩屯的田野调查为个案，探讨村落公共空间重构过程及其对维系村民社区认同的意义。

濑浩屯是百色市右江区永乐乡南乐村所辖的一个自然屯，位于百色城东北约 6 公里处，地处澄碧湖水库坝首下方，与 AAA 国家级旅游景区——澄碧湖旅游景区连为一体。百盘二级公路穿屯而过，公交车可直达村口，交通便捷。濑浩屯最早主要是黄姓居住，后来，从广东迁徙过来的梁姓、从河南迁来的何姓也定居在濑浩屯。1958 年，由于建设澄碧湖水库，该屯大部分的田地以及村民居住地都被水淹没，因此，该屯村民整体向地势较高的地方居住，村民陆续在山上开垦土地，以维持生计。随后的 50 年时间里，不断其他姓氏的外地人迁入濑浩屯，濑浩屯的人口规模不断发展壮大。目前，全屯共有 119 户 441 人，耕地面积 393 亩，其中水田 182 亩，旱地 211 亩，主要经济作物有小番茄、芒果、西瓜等，是右江区无公害蔬菜生产示范基地。2007 年，人均纯收入达到 3645 元。全屯电视入户率100%,冰箱入户率78%,空调入户率24.5%,音响入户率46.2%,电话入户率84.9%,被确定为市、省两级社会主义新农村建设示范点。

新村规划总用地面积14.56万平方米,约218亩,定位为“生态旅游休闲农家乐新村”。在新村建设过程中,群众自行拆除了影响整体规划的土坯房8户、厨房60间、猪栏80间、牛栏27个、厕所100个、围墙18面及所有菜园、篱笆、围栏等,在政府的帮助下,村民通过贷款与自筹资金相结合共新建楼房53户,旧房“穿衣戴帽”改造52户,整个新村房屋按地域划分为A、B、C三种户型,别墅式农家建筑错落有致,美观大方。休闲农家乐建设主要分为居民住宅核心区、垂钓区、烧烤区、主题公园娱乐区、山林风貌区、果园采摘区等,屯内建有码头、学校、群众文化室、卫生室、篮球场、停车场、路灯、公厕、垃圾处理池、公共简易健身设施、休闲娱乐设施等,配备食宿一体的10多户农家乐。这些颇具现代性的公共空间逐渐与村民融为一体,在村民的情感、信息交流及社区认同方面发挥着重要作用。

二、物理空间:核心区域建构

1.经济核心区

濑浩屯的经济核心区是从村口直至码头的这一片区域。由于地理上处于进村大道的旁边,方便游客行车或步行前往,另外又占据澄碧河的生态优势,河边凉爽宜人的自然环境,这里的农家乐生意最为红火;而码头小商品市场的形成是因为一直以来濑浩屯的村民都有在澄碧湖水库打鱼的习惯,每当鱼船归来,村里人都习惯在码头这里等候,并且购买少许新鲜的鱼回家。久而久之,便形成了这样一个买卖地点。如今濑浩屯打鱼的村民越来越少，而码头却日益兴旺起来，随着游客不断增加，码头的商品也丰富起来，自家的水果、蔬菜、鸡鸭等农副产品开始出现。村口、河边和小码头三处公共空间相互依托，形成濑浩屯的经济核心区。

2. 政治核心区

政治核心区是围绕着具有行政功能的公共空间——综合楼形成。综合楼是一栋两层高的 Z 字形楼，中间用走廊连接。前楼由社区超市和会议室组成，后楼是文体活动室、卫生室以及理事会办公室。濑浩屯内的公共事务一律在综合楼讨论或处理，包括村民大会的召开、生产技术的培训等等。据村民回忆，新农村建设以前的濑浩屯，一直没有一个像样的开会场所，每次村民大会都聚集在原位于村口马路边的旧小学教室内举行，距离远加上路不好走，参加的积极性不高。综合楼的建成为濑浩村民提供了正式的行政公共空间，宽敞明亮、设备齐全的会议室让开大会不再是难事，各种技能培训也有了适合的举办场所。围绕综合楼形成的政治核心区，使得社区公共事务的管理更加规范，同时也树立了村委会的形象和权威。

3. 休闲娱乐区

休闲娱乐核心区由小学操场和风雨桥等组成。小学操场是在旧村落晒谷场的基础上改造而成的。晒谷场空旷且平坦，不仅可供村民生产劳作，也是闲话家常的好去处。由历史积累下来的人气，新建的小学操场及舞台立刻融入了村民的公共生活，成为村子里最重要的休闲娱乐公共空间。操场四周花草环绕且拥有篮球架等体育设施，为村民文艺体育活动的展开提供了便利，村民自由地聚集在这里打发闲暇时间，传播各种消息。濑浩风雨桥是为配合“生态旅游休闲农家乐新村”的定位而建设的旅游景点，处于村庄较偏僻的位置，靠近澄碧湖，全桥用木料筑成，靠凿榫卯衔接，桥面铺板，两旁设置栏、长凳，形成长廊式走道。桥头是象征吉祥的青蛙和铜鼓。由于风雨桥和小学操场等公共空间相连，使得这一片区域很快成为村民和游客休闲娱乐的去处。

物理空间所体现的是日常感受到的、最自然、最原味的空间形式，区域的划分并不是完全依靠权威者的规划和安排，如同公共空间的形成一般，也需要符合村落的地理环境、生态环境、风俗习惯及当地文化等。对濑浩屯这类依山傍水型村落而言，公共空间一般沿河或河边街道布置。在呈线状的街道上，串联着大小不同、形态不规则的公共空间，在村落中心或主要街道的交叉口都会形成如同综合楼、小学操场等具有特定功能的公共空间。

从物理的层面上看，经济、政治、休闲娱乐三类核心区围绕着对应类型的公共空间而形成，既延续了空间本身的历史传承性，又符合村落发展的需求，三者之间既彼此独立又相互联系。三类核心区域分别有专属于自己的地理区域，功能相对独立，互不交错。同时，这三类核心区域又是紧密相连、相互依托的，经济核心区、政治核心区与休闲娱乐核心区沿澄碧河连成一片，处于地势较低、临近道路且生态环境优异的沿河区域，村民进出村落都要从村口经过或穿过核心区，使得这些区域的流动性强，从而增加村民相互交流互动的机会。经济、政治、休闲娱乐三种形式的公共空间分布、组合在村落中，形成三类核心区域从而共同组成生动的有机空间网络。

三、生态空间:人与自然和谐生态观形成

生态空间是依附于自然生态环境所形成的领域,反映了人与环境的关系以及空间规划者生态观念的改变。濑浩屯面朝澄碧河,背靠山林,整体地势呈坡状,沿河处地势较低,由此逐渐上升。村落西临百盘公路,东边是茂密的树林,远处便是澄碧湖水库。

依山傍水是濑浩屯本身所具备的优质生态环境,祖祖辈辈的村民生活在这里,却没有形成与生态环境的良性互动。图 5-5 所示的是濑浩屯新农村建设前的村落布局,臭水沟是村落生活污水的排放处。据村民回忆,臭水沟是当时村里自然环境被破坏最严重的地方,生活污水肆意流淌,生活垃圾随意丢弃,清澈的河水变得污浊并发出恶心的臭味。另外,旧村落图中明显体现了濑浩屯空间利用不合理的弊端:公共设施远离村庄。图中所标出的位于百盘公里左侧的小学是当时濑浩屯召开村民大会的地方,据村民回忆,由于当时村里没有一条像样的路,坑坑洼洼的泥路遇到下场雨就根本没法走。因此,作为开会地点的小学教室距离村子较远加上路不好走,直接导致村民大会参与度低。

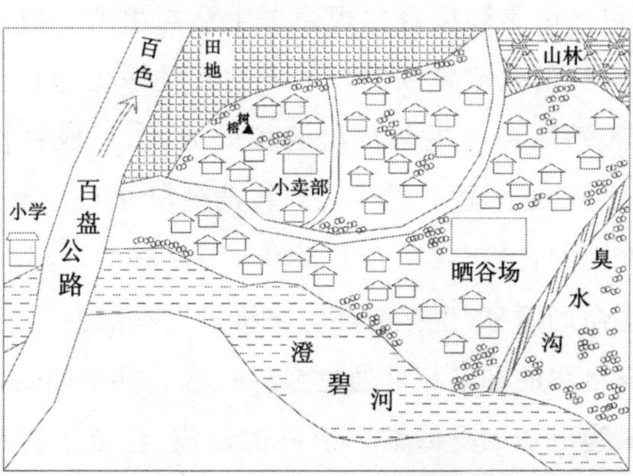

图 5-5 濑浩屯旧村落图

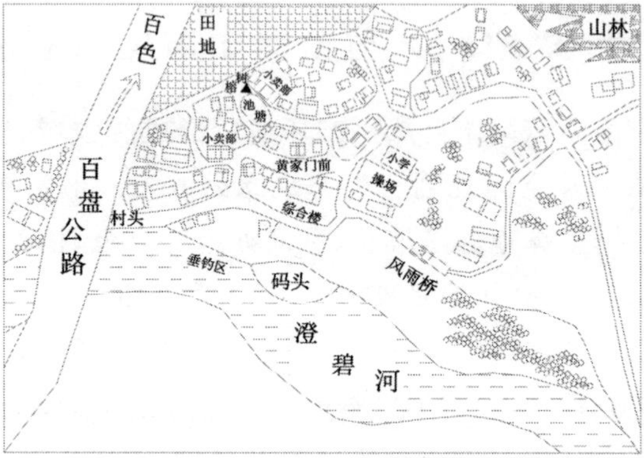

图 5－6　灏浩屯新村落图

图 5－6 所示的是新农村建设后的灏浩屯，图中标出的现代公共空间的布局充分体现了空间利用的改变和生态观念的转变，逐步形成村民与自然环境的良性互动。这里需要特别指出的是，由于灏浩屯与《努尔人》中的原始部落有所不同，因此，生态空间的实质与意义自然有所出入。在努尔人的社会中，生态空间以自然资源为参照，努尔人与自然的互动是单方面的，对于自然的改造相对比较弱，而更多的是顺应自然规律去生活与生产。但是在现代乡村社会，对自然的改造导致生态环境的日益恶化和自然灾害的加重，迫使人类不断地改进与自然的相处方式，形成良性互动。因此，笔者要强调的是，优质的生态环境的建设并不是为人类表演舞台提供装饰性的背景，或是为了改善一下肮脏的角落，而是需要把自然作为生命的源泉、生存的环境来维护。在灏浩屯，我们可以看到这种人与自然的和谐相处通过乡村社区公共空间的建设得以实现。其中最为成功的是灏浩风雨桥的建成，将位于村落与澄碧河结合部的一条脏、乱、差的臭水沟，改造成一处魅力无穷的休憩地，

使这一昔日令路人掩鼻绕道、有安全隐患、可达性极差的荒地，变成令人流连忘返的游憩地和生态绿廊。同时，小学的搬迁也体现了现代空间布局的合理化。另外，公共空间的生态转型也体现在很多细微的方面，例如村内花草树木的种植，路灯、垃圾桶等设施的投入，在为村民提供憩息交谈之处的同时，也体现了村民生态环境保护意识的增强。

四、结构空间：组织型的集体活动与社区认同

结构空间无法通过直接观察而得出，而需要研究者透过公共空间的互动，发现空间的深层次结构，即发现在空间中的互动所产生的社会关系，并解释它们。人们在公共空间中的交流与互动并不是一项专门的活动，它渗透于各式各样的活动中，并由此而产生社区认同感。因为公共空间在为社区生活共同体提供服务的同时，也为公共空间的参与者提供了地域和生活方式上的边界意识，这种齐美尔所谓之“空间的排他性”，[①]以及由此唤起的“地域忠诚”，为共同体所生活的社区形成社区认同提供了重要条件。由于参与者在公共空间中的互动具有平等性，因此在这里形成的公共意志或共同文化不是强行灌输的，[②]而是被多数人所认同和接受的。这种被多数人认同或接受的思想、观念及习俗逐渐成为地方生活和文化的一部分，并潜移默化地影响着当地人的行为和自我

① 齐美尔主张，在考察共同体的生活形态时要“预计到空间形式的若干基本品质”，而“这方面包括人们可能称之为空间的排他性的东西”。参见[德]齐美尔：《社会学——关于社会化形式的研究》，华夏出版社 2002 年版，第 464 页。

② [英]王斯福：《乡土社区的秩序公正与权威》，中国政法大学出版社 1997 年版，第 414 页。

认同。

调查发现,濑浩屯村民们的主要活动有:聊天、日常娱乐活动、年节娱乐活动(篮球比赛、游园会、文艺排练和演出),以及参加生产技术培训和参与社区基本行政事务。其中最主要的活动形式为:合唱队、龙舟赛、百家宴以及游园活动。这些活动充分体现了村落公共空间的结构特点,即组织型的集体活动,而这一特点正是公共空间孕育社区认同的关键所在。

1. 壮乡美合唱队

濑浩屯壮乡美合唱队成立于2008年春天。目前,合唱队拥有《美丽的濑浩我的家》《说说濑浩农家乐》《快到壮乡濑浩来》《濑浩新村农家乐》《幸福日子唱着过》等好几首属于濑浩屯的歌,并且多次外出参加比赛和演出。

2008年初,百色市政府在市里的森林广场举行庆祝广西壮族自治区成立五十周年群众性歌咏比赛。当时濑浩屯刚刚被确定为新农村建设试点村,政府人员联系了濑浩屯的村委干部,希望濑浩屯能派出一个合唱队来参加比赛。当天接到政府部门电话的人,是村委会里唯一的女性——HQP,我们称她为萍姐。萍姐今年38岁,高中文化,是从濑浩屯隔壁村子嫁过来的,丈夫安哥是本村人,儿子高中毕业后在百色市里打工,常常不在家。萍姐在本次调查中扮演着非常重要的角色,她性格开朗,嗓门特别大,自从新农村建设动工,她便进入了村委会,负责村里计生和妇女工作。

新村建成后,萍姐家依靠安哥祖传的厨艺,办起了农家乐,由于她常和市里的政府人员打交道,政府安排接待也总喜欢去她家。正是因为这层关系,政府下达指令常常选择联系她。那一次参加唱歌比赛也是如此,让她组织40个村民去唱歌,歌曲是市里文化局退休的老师专门为濑浩屯写的，歌名叫《美丽的濑浩我的家》，电话里还特别嘱咐萍姐不用担心不会唱的事，因为这位热心的老师会亲自到濑浩屯教村民们唱歌。在萍姐的积极努力下，村民开始每晚聚集起来学习、练习唱歌。最初是在萍姐家唱歌，慢慢地随着人数的增多，转移并最后固定到村里小学操场。

个案 5－30：萍姐，女，38 岁，高中文化水平

问：你觉得现在搞了这些活动以后，村里有什么变化吗？

答：变化太大了。我觉得啊，搞了这些活动以后，村民们的思想进步多了。像以前刚开始的时候，有很多人还是处于以前的那种状态，不肯改变啊什么的。像现在，我们村里准备搞那个娃娃鱼，我就问他们说，以后给你们不种田了，给你们上班了，你们愿不愿意？他们都说，那当然了，当然上班好过啊！种田不赚什么钱，又辛苦。要是以前，他们肯定不会这样想的。像这次唱歌，我跟他们说，这次有机会上电视了，你们要抓住机会。他们就说我也去，我也去！原来我们头一批，就是唱《美丽的濑浩我的家》才有 29 个，这次都有 47 个人了！村里人都愿意来参加，而且都希望有更多的机会。他们跟我说，我们要一次比一次唱得好，这样以后就有更多的机会出去参加。像我们村里的群众现在都想得开、放得开了。

2. 濑浩新村龙舟队

濑浩屯依山傍水，村旁的澄碧河养育了一代又一代的濑浩人。在改革开放初期，迫于生活的艰辛，村民除了传统的农耕以外，常会到澄碧湖水库打鱼来补充家用。每家每户都有一艘可以坐下两个人左右的小船，鱼网、鱼竿等用具俱全，直到现在村里许多人家门口还挂着鱼网，周末或农闲的时候依然喜欢到水库捕几条鱼回

来加餐。因此濑浩屯出了不少游泳能手，划船更是不在话下。虽然濑浩人具有这样一身本事，却从来没有参加过百色市右江区举办了二十多年的端午龙舟比赛。如今，不仅有了自己的龙舟队，而且取得了不错的成绩，成为村民的热门话题之一。

个案 5－31：LGG，男，38 岁，初中文化水平

问：听说今年濑浩参加了右江区举行的端午节划龙舟比赛，能跟我们说说吗？

答：是这样的，百色有个传统，就是每年端午节都举行龙舟比赛。今年也一样，但是今年这届比赛是最隆重的，因为中央电视台都来拍，中央四频道播出了 20 分钟的节目，就是拍我们百色的龙舟比赛。以前我们村都没有参加过这个比赛，以前都是去看这个比赛，很热闹，很多人，挤得不可开交。今年我们村组建了这个队，第一次参加比赛，我们总共训练了三天，每天一个半小时，比冠军落后 2.3 秒，比第二名落后 2 秒，最后就是获得了第三名。

问：成绩不错啊！为什么以前没有参加这个比赛呢？

答：因为以前的话呢，我都说了，确实是旧村落的时候，跟新农村不一样。新农村的话呢，它整个产生一种新的思想，村民的素质也在不断提高，所以说这个也是跟新农村结合在一起的。因为我们建设新农村，什么都要创新，所以在前天的那个区人民政府七一表彰大会，我们村也获得了创新型集体奖。

问：活动结束后，村民有什么感受吗？

答：像这次龙舟赛，我们比完回到村里，大家就开始讨论，说为什么没有得第一啊，总结一下这些经验教训，因为我们下一届还要比赛的嘛，所以就要看一下失败的原因是什么。然

> 后其他村民就鼓励我们说，这一次比赛算不错了。我们队员确实是比较不服气，因为人家队是替换了队员上去的，找替身的，我们没有。群众也鼓励我们说，这一届是这样了，下一届我们要争取第一。

在濑浩这样一个小的乡村社区的熟人社会里，到城里参加比赛是件涉及全体村民荣誉的事情，因此自然地就成为当时当地人谈论得最多的话题。从组队、训练到比赛，无一不与村民切实相关，通过不断的沟通协调来体现自身的价值和意义，并最终达到维护集体荣誉的目的。而这些在一定程度上恰好体现了哈贝马斯所说的自觉精神：为了自己的利益，依靠自己的力量，经过合理的沟通，达成一致的意见。[①] 每一个巨大的改变背后都包含了村民的共同行动，正是这个过程，为濑浩屯公共空间的运行奠定了现实的基础，乡村社会有形或无形的人际网络又重新枝繁叶茂。

五、讨论：乡村公共空间重构因素

1.集体互动

公共空间为集体互动活动提供了场所，而集体互动的乐趣则充分调动了村民的积极性，加上宽敞的场地、必需的设备以及良好的环境构成了互动发生的前提条件，使它较容易地被大家接受和喜爱。例如濑浩屯合唱队在小学操场练唱时，其他村民也同时共享了这个相互交流的场域，为合唱队鼓掌或是提出意见，使得大家

---

① 朱海龙：《哈贝马斯的公共领域与中国农村公共空间》，《科技创业月刊》2005年第5期。

都身处在同样的环境下，感受着“大家庭”的氛围。

因此，新农村建设应该注意加强公共空间的基础设施，协调公共空间与周围生态环境的关系。例如在公共空间周围增加路灯、长椅、宣传栏等便民设施，种植花草树木等遮阴景观，让更多的村民能够自然地进入这个集体的场域，享受集体互动的乐趣。

2. 核心人物

在乡村社区中，政府拥有强大的资源优势，例如自上而下的组织化网络资源，有助于实现对农村的资源动员、组织协调和社会管理。作为政府组织化网络最基层的村委会干部，在形成社区认同的过程中起到了不可替代的推动作用。例如前面提到的濑浩屯村委会干部萍姐，她作为核心人物具有以下特点：首先，萍姐与政府部门的紧密联系使得她的信息来源丰富，这就使她具备了较强的机会把握能力；第二，广泛的社会关系网络和资源是萍姐组织能力的基础，同时通过在公共空间的持续互动，使她的这种动员和榜样作用被不断强化，核心人物的地位也随之巩固。

也就是说乡村中如有强有力的核心人物组织人力和物力，就可能开展文艺和体育活动，对于那些缺少绝对“权威”的公共空间，政府和村委会更应发挥作用。一方面，村干部应发挥主观能动性，努力成为公共空间中活动的组织者或核心人物，充分利用公共空间传播先进文化，促进健康文化的发展；另一方面，利用管理上的便利条件，广泛调动各方面的资源，促进公共空间活动的开展。

3. 精神报酬

乔纳森·H. 特纳(Jonathan H. Turner)在其《社会学理论的结构》中指出，“个体在互动中的角色身份认同有多种选择，这些选择就如同一个菜单，由主人排出了一个显要性序列。这种排序取决于多种因素，其中之一是个体在认同的角色的执行中所获得的报酬。这种报酬可能是精神的报酬，也可能是物质的报酬，还可能是角色支持的报酬。个体在互动中越多地对某一认同给以责任担当，就越可能从这种责任承担中获得自尊，这一认同就越可能在序列中居于较高的位置。层级较高的认同对个体的行为具有较大的支配能力。”①

从濑浩屯村民对合唱队、龙舟队的热情支持与期盼可以看出，尽管他们并没有从中获得实质的、物质的利益，却得到极大的精神上的满足，从而获得了极为重要的自我认同以及社区认同，正是这种精神层面上的力量持续推动村落公共空间的发展，这也正是和谐乡村社会建设的根本动力。

① [美]乔纳森·H.特纳著，邱泽奇、张茂元等译：《社会学理论的结构》，华夏出版社2006年版，第56页。

第六章　民族文化展演、重构与文化自觉

——民族地区和谐乡村文化建设

处在现代性与民族性交汇点的民族地区和谐乡村文化建设目标有二：一是为现代的科学技术知识和技能及生活方式在农村的传播、应用、接受提供完善的软硬件设施和渠道，如图书馆或文化站，运动场，电话、电视、互联网等传媒，定期或不定期的技能培训制度，开放的心态、观念等；二是承担起传承民族特色文化、保护和维持人类文化多样性的时代重任，如民族文化传承的机制、场所、人员及认同感、表现力等。前者基于现代科技在生产和生活中的强大作用，以及政府、城市、市场等的强势推进，如同前面章节中所描述的那样，已建立起较为系统的传播体系，渐渐被村民认同，并成为乡村文化的有机组成部分。但后者的情形则复杂得多。

目前，传承与保护人类文化多样性已成为共识。联合国教科文组织、各国政府及民间团体，都在这方面下了不少功夫，如推进文化遗产保护工程，建立专门的保护场所和保护机构，有针对性地资助、扶持文化传承人等，尽管取得了不小的成绩，但与丰富多样的民族文化比起来，仍是显得力不从心。

大量的工作来自民间，且基本上缘自旅游业的带动。自 20 世

纪中期以来，第三产业的兴起逐步改变了传统的产业结构，也使得部分人群获取了新的生计方式，其中民族旅游的方兴未艾就是例证。如在中国，曾几何时，民族地区原生态的自然环境、风土人情、传统技艺都被看做是落后的象征，但近些年来，却为旅游业热捧，即所谓的“民族文化资本化”。一些地方甚至不惜牵强附会，争夺、制造自己的特色文化来寻求“卖点”。这一方面的确推动了民族文化的传承与发展，许多民族或族群在对自我文化的整理、建构、创新中，形成了“文化自觉”，丰富了人类文化的多样性；但在另一方面，不可避免地引发了民族文化的某些乱相。这不只是引起学术界相关“文化展演”、“文化真实性”、“文化参与者的身份、目的”等相关民族文化旅游的热议，而且引发了许多文化和利益的纷争。

因此，如何正视因民族旅游而起的民族文化展演、重构浪潮，形成民族文化自觉与创新，以更好地推进民族地区乡村的生计转型和文化振兴，乃是民族地区和谐乡村文化建设必然面对的根本和焦点问题。基于此，本章将立足广西融水苗族自治县雨卜村（苗族）、龙胜各族自治县大寨（红瑶）、中越边境龙州县双蒙村（壮族），对上述问题分别加以探讨。

需要特别指明的是，由于文化本身的复杂性，且民族文化正处在建设与振兴过程当中，这就给研究的价值判断带来了一定的难度。所以本研究采取了“主位”研究视角，即立足于当地人的行动及观点来对事件或过程进行描述，并在此基础上，寻找出其中的文化传承与保护的积极因素，以期更好地促进民族地区和谐乡村文化建设。

第一节 民族文化展演的功能及意义

一、相关民族文化展演、商品化与真实的讨论

旅游点的民族文化展演具有浓缩性，它在有限的时间内把传统文化的精华表现得淋漓尽致。正如米尔顿·辛格（Milton Singer）在其所著《当一个伟人传统现代化的时候》中认为，文化展演是处于几种文化的中心位置反复发生的，它们“封装”（encapsulate）着值得关注的文化信息，而通过表演人们也可以认识其中蕴涵的观念内容。[①]

除了把展演作为一种“提升的”经验或“封装的”文化之外，学者们还认为表演是一种交流的事件，参与其中的人们通过互动来创造和展示意义。这些理论和方法被应用到地方性的旅游文化展演中所涉及的问题包括：如何协商和表现地方认同与国家认同、文化展演过程中的个人的力量如何展示自我和社会、对于意义和空间的社会建构，等等。

按照表演理论（performance theory，或称“美国表演学派”，American performance-school）的代表人物理查德·鲍曼（Richard Bauman）在他的许多著述中所做的表述，表演就是“一种说话的模式”、“一种交流的方式”。与以往民间文学研究领域中盛行的以文本（Text）为中心、关注抽象的、往往被剥离了语境关系的口头艺

① 引自杰茜卡·安德森·特纳著、杨利慧译：《旅游景点的文化展演之研究》，《人文讲坛》2004 年第 1 期。

术事象的视角不同，表演理论是以表演为中心，关注口头艺术文本在特定语境中的动态形成过程及其形式的实际应用。[①]“在那种情形下，讲述者是否愿意表演成了动态的民族志事件的一部分。”其中，“动态的民族志事件”这几个字简单地阐述了表演与民族志之间的联系。“这部分地激发了我和我的同事要把这些相互作用的力量整合起来考虑：既要考虑个人的、创造性的成果，也要考虑社会惯例、传统；既要考虑在多大程度上前者塑造了后者，也要考虑在多大程度上后者塑造了前者。”[②]因此，旅游点的文化表演实际上展示了个人和集体对于文化和社会的观念。表演不仅是给外来人（包括旅游者和访问者）看的，同时这些表演也是导向自我的，表达着表演者对于多元文化的赞同与否。人们在这里竞相讲述自己的故事，以满足观众的期待。表演是一种被展示的交流行为。这个交流过程包括对空间、时间、意义进行的各方面的协商。[③] 在这一过程之中，生存的世界和想象的世界借助于一组象征形式而融合起来，是人们对生活世界的一种理解和阐释。对于文化内部而言，它是一种调整手段，个体由此而获得对本民族历史和传统的一种认同，社会生活也因此得以重新整合。[④]

对于旅游及民族文化展演的探讨自然引发了“文化真实性”问

---

① Richard Bauman, *Verbal Art As Performance*, 1977, Illinois: Wavel and Press Inc., 1984:11.

② [美]理查德·鲍曼著、杨利慧译：《美国民俗学和人类学领域中的“表演”观》，《民族文学研究》2005 年第 3 期。杨利慧、安德明：《理查德·鲍曼及其表演理论——美国民俗学者系列访谈之一》，《民俗研究》2003 年第 1 期。

③ 杰西卡·安德森·特纳著、杨利慧译：《旅游景点的文化展演之研究》，《人文讲坛》2004 年第 1 期。

④ 朱凌飞、孙信茹：《文化展演：传媒语境中的理解与阐释》，《广西民族研究》2005 年第 1 期。

题。由于旅游导致了民族特征和民族意识的改变和再创造、在旅游交易中艺术形式发生转变等原因,“民族旅游的主客互动交往中形成了民族的‘刻板印象’”。[①] 因此,许多学者开始关注旅游中的“文化真实性”问题。真实性的原文为“Authenticity”,也译作“原真性”或“本真性”。中国学者这方面的研究最早始于王宁在《旅游研究年刊》(*Annuals of Tourism Research*)上发表的《再论旅游体验中的真实性》(“Rethinking Authenticity in Tourism Experience”),王宁主要从游客的视角、针对游客的体验分析了后现代主义真实观和存在主义真实观,认为不管旅游地是否真实,游客都有可能感觉到真实。[②] 该研究直接把中国学者对“真实性”的思考纳入到世界学术交流平台中,实现了与国际学术界的直接对话。进入新世纪之后,学者们对于西方“真实性”理论的介绍开始增多,[③]随后,关于旅游与文化的“真实性”的具体讨论不断出现,如研究歌舞旅游产品的真实性[④]、文化遗产旅游的真实性[⑤]、温泉旅游的真实性[⑥]等。有的研究对世界遗产地在旅游开发背景下所面临的村民

---

① L. Pierre, Van den Berghe, Charles F. Keyes 著、徐赣丽译:《旅游和民族性的再创造》,《民俗研究》2006 年第 1 期。

② Wang Ning, “Rethinking Authenticity in Tourism Experience”, *Annals of Tourism Research*, 1999:2.

③ 李旭东、张金岭:《西方旅游研究中的“真实性”理论》,《北京第二外国语学院学报》2005 年第 1 期。陈勇:《遗产旅游与遗产原真性——概念分析与理论引介》,《桂林旅游高等专科学校学报》2005 年第 4 期。于岚:《谈谈旅游真实性研究》,《北京第二外国语学院学报》2003 年第 1 期。L. 辛厄:《“原始赝品”、“旅游艺术”和真实性的观念》,《世界哲学》1995 年第 1 期。

④ 田美蓉:《游客对旅游歌舞产品真实性评判研究——以西双版纳傣族歌舞为例》,《桂林旅游高等专科学校学报》2005 年第 1 期。

⑤ 吴晓隽:《文化遗产旅游的真实性困境研究》,《思想战线》2004 年第 2 期。

⑥ 王艳平:《温泉旅游真实性研究》,《旅游学刊》2006 年第 1 期。

建房集体行动、民居造新状况等民居变迁活动，提出“正是游客对真实性的感受及其对这种感受的需求，给旅游地施予了压力”。[①]

相应地，对于文化商品化和文化真实性关系的探讨也更加广泛。与早期国内外学者对商业化持激烈的批评态度有所不同，最近的中国研究者一般认为旅游所带来的文化变迁及商品化具有一定的积极意义，认为民族旅游开发中的文化商品化和真实性并非完全对立，二者可以和谐统一，正确理解二者的关系有助于民族旅游开发的可持续发展。[②] 不少学者从分析旅游工艺品入手，认为旅游的商品化对于传统文化的保持具有积极意义，[③]而非导致真实性的丧失，并指出在现代化大潮的冲击下，传统文化也需要在保护的前提下不断创新、发展，并完成其自身的过渡与转型。[④]

在此，本研究无意也没有能力解决上述问题，只是试图通过雨卜村芦笙表演个案，来阐明当地人及本研究对民族文化展演的态度和立场。

二、雨卜村的民族文化展演

在雨卜村，文化展演的安排是：游客到来时，芦笙表演队员列

---

① 谭丽华：《民居变迁与世界遗产开发——以丽江東河为例》，中山大学，2005年。

② 李应军：《民族旅游开发中的文化商品化与真实性问题探讨》，《文史博览》2006年第20期。

③ 赵红梅：《旅游业的文化商品化与文化真实性》，《云南师范大学学报（哲学社会科学版）》2003年第3期。廖杨：《旅游工业品开发与民族文化商品化》，《贵州民族研究》2005年第3期。张敏、方百寿：《旅游工业品商品化与真实性探讨》，《民俗研究》2006年第2期。

④ 张晓萍：《从旅游人类学的视角透视云南旅游工业品的开发》，《云南民族学院学报（哲学社会科学版）》2001年第5期。

队欢迎，后勤人员洗菜、煮菜。待导游为游客安排完房间，游客用餐。用餐完毕，看芦笙队表演。完了之后，烧烤。第二天早上，用餐完毕，看斗马表演。芦笙表演队员列队欢送游客。因此，芦笙表演可说是苗族文化展演的核心。雨卜村的文化展演主要集中在梁老板经营的东兴屯伯庄旅游楼，调查资料主要是从这里获取的。

1. 芦笙表演

(1)芦笙表演队的成员构成

芦笙表演队一共有 20 人，10 男 10 女。20 人当中有一名是队长，这个队长是领头吹芦笙的，也叫芦笙王。芦笙表演队里可分为两种不同的演员：一类是伴奏的，即吹芦笙的，又分为吹大芦笙和吹小芦笙。吹小芦笙的一般是年轻人居多。年纪稍大的、经验丰富的、技术成熟的队员吹大芦笙。另一类是舞蹈演员，大多是年纪轻轻的本村苗族姑娘小伙子。只有两名成员是外村的，因受到梁老板的赏识而加入。

(2)节目设计

芦笙表演队的舞蹈节目一共有 22 个，全部是芦笙队员们自编自演的。由于面对的多是以娱乐休闲为目的而来的游客，因而在节目内容的设计上也会迎合游客的口味，突出苗寨歌舞的特色。比如《邀请进口苗王》《压寨夫人》《跳竹竿》《多耶舞》都是需要游客参与的节目。由于游客有机会参与这些节目，他们在节目中表现出极高的兴致和欢乐的心情。节目会依据游客数量的多少而适当删掉一些节目，比如说《芒蒿舞》。据芦笙队队员介绍，他们平时是不表演这个节目的，过年为了增加喜庆，才特别表演了这个节目。

（3）游客参与

由于表演场地就是在楼下的操场，更有随意性，演员和观众都会觉得更放松。演员可以直接走到游客面前去邀请游客上场共同参与节目，游客也可以自由地上场与演员共享节目的乐趣。有些游客，可能是因为喝了点酒的缘故，或出于对异文化的兴奋，有时候显得比表演队员还更为活跃。如有一些人会在苗族姑娘小伙子表演节目时兴奋地在场下大喊大叫，或者在不需要游客参与的节目中跑上场来夺过演员手中的芦笙，学着旁边队员的动作吹芦笙，这在一定程度上影响了芦笙队的表演。被夺过乐器的演员一时不知所措，只能站在场上看着游客自顾自地玩，有时他们会无奈地走下场去。

如果遇到这样的游客，芦笙表演队员都能坚持顾客至上的原则，不会明显地表现出不满，因为游客是客人，不能怠慢。有些游客还会捉弄一下主持人，这时主持人会有办法应对。如有的游客表示要与主持人跳舞，主持人会礼貌地与游客跳舞。但是有的游客有时说话不够文明，主持人就会找机会整他一下。比如假意看上那位游客，然后按照苗族的习俗用她穿的那双细跟高跟鞋用力地踩那位游客一脚，这时游客只能吃哑巴亏，自找苦吃，主持人可不是好惹的。这些小小有意思的细节，只有到现场观看才能够体会得到。

（4）互动与表演高潮

当地人与游客的互动，不但可以促进文化上的交流，也有机会互相窥探双方的性格。游客大方活泼，苗族姑娘小伙也有足够热情。有时苗妹们到场边去寻找“进口苗王”时，有的游客会不好意思地跑到远离场边的地方躲起来，不让苗妹们逮到场中去充当“进口苗王”。苗妹们会搞笑地为了逮到她们相中的人而跟着逃跑的游客绕着整个操场跑，在场的其他游客都跟着捧腹大笑。这时场上的气氛也被调动起来，表演渐渐进入高潮。再如恋爱中的踩脚示爱，当被邀请上场的游客向看中的苗妹踩上一脚的时候，全场观众都轰动起来。婚俗活动中扮新郎的游客与扮新娘的苗妹共同踩在一条凳子上互换位置时的惊险，也很调动观众的情绪，因为如果有哪一对不小心从凳子上掉下了，新郎就被当场罚酒三杯。压寨夫人的节目也十分有趣，主要是一些女游客被苗哥相中但又不敢上场做压寨夫人，苗哥又执意要拉她上场的话，这时女游客就只有逃跑，苗哥会一直在后面追，女游客被吓得边跑边大叫“救命”。这些节目不但能调动直接参与的游客的情绪，还会大大感染所有在场的其他观众，整个场上的气氛就在这些被精心设计的有意思的节目中被调动起来，达到欢乐的高潮，特别是能给第一次来到苗寨的游客留下深刻的印象。

(5)表演中的“小窍门”

表演中有“不为人知”的小窍门。笔者发现，苗妹们所选的“进口苗王”都是一些高大的看起来有福相的中年人，而不是年轻小伙，原来这里面有个小窍门。即事先由导游在到东兴屯的车上与旅游聊天时，相中一些比较有钱、大方的游客，然后悄悄地告诉芦笙表演队的苗妹们，苗妹们在节目前就记住了这几个游客的相貌特征，在节目时就会很容易认出那些被相中的游客。这个小小的窍门，是在旅游中他们为了追求经济利益更大化而想出来的。由此可见，旅游让当地人变得更为精明。

(6)芦笙队员的身份

芦笙表演队队员们大多是20岁左右的青年男女，晚上他们偶尔聚集在一起烧烤，也会相邀到邻村好友家去聚会吃大餐，农忙时互相帮忙。在旅游旺季，他们忙着招待游客和表演。国庆节期间的旅游旺季同时也是农忙季节，他们只要一有空就帮家里人到地里去割禾打谷。因而他们既是参与旅游业的人员，又是农民。

(7)芦笙队员的社会关系

由于开发旅游的东兴屯人口不多，婚姻圈也比较小，所以一个屯中十有八九都具有亲属连带关系。因此，东兴芦笙表演队的亲缘化现象较为突出，常见父子、姐弟、堂兄弟、夫妻同台表演的场面。如笔者住的东家贾叔家，他的女儿、女婿及小儿子都在芦笙表演队里。女婿也是本村的，是芦笙王，就是吹芦笙曲子时起头吹的那一个人。平时夫妻两人都在芦笙队里表演，这样他们可以不用出外面打工，在家可以照顾女儿，又能赚到些钱。他们在旅游楼对面的河岸起了一栋两层楼的小洋房，离伯庄旅游楼很近，只要走过一条铁索桥就到了。贾叔家紧挨着旅游楼，两家来往非常方便。由于地理位置及儿女们都在芦笙队的缘故，芦笙表演队便把贾叔家作为作为他们的办公室、化妆间、休息室及用餐地点。

(8)芦笙队员的未来打算

对于以后的打算，他们都说不一定待在村里的芦笙表演队，有一些是已经出去过，又回来了的。如贾叔的小儿子，虽只有21岁，但去过很多地方，如江西、浙江、广东、湖南等，因为受不了外面打工的气又跑回来，宁愿待在芦笙队里。收入比起外面来可能会差一点，但他觉得比较舒适。梁老板是本屯人，大家都是熟人，做起事来比较方便，不像外面的雇佣老板想骂就骂。还有一些是刚刚初中毕业没多久就来芦笙表演队的，没有出去过，外面的世界对他们来说还是很有吸引力的。因为跟梁老板有合同约定，期限是一年。假如他们在做满一年后，不想做了，就可以离开，到外面的世界去闯。

(9)芦笙队员日常活动安排

第一天，17：00～17：30 接待游客(吹芦笙欢迎—游客喝拦路酒进寨—给游客安排住宿—游客自由活动(游泳、看风景、进苗寨……)；18：30 摆桌供游客进晚餐；18：40～19：30，向用餐的游客敬酒；20：00～22：00 芦笙队表演节目；22：00～23：00 喝油茶、对歌、烧烤；00：00 睡觉。第二天，7：00 起床；7：30 摆桌供游客进早餐；8：00 吃早餐；8：30 看斗马；9：00 芦笙队欢送游客。

2.芦笙表演队组织系统

雨卜村东兴伯庄旅游度假村旅游中芦笙展演组织系统如下：县旅游局—村委会—雨卜东兴伯庄旅游村—私人梁老板—芦笙队长—芦笙表演队。需要说明的是，起先雨卜村开发旅游时，芦笙队等都是由县旅游局统一管理，1995 年前后交给村里，后来由梁老板统一经营。所以，实际上梁老板是芦笙队的主要管理者，只是在业务上如组织客源、技能培训上等接受县旅游局的领导和扶持。

由于梁老板是本屯人，乡里乡亲的，平日里对待大家较温和。但为了稳定表演队，以给客人提供更好的节目，也为了保证村里正常的旅游秩序，为双方的利益享有提供法律保障，芦笙表演队员和梁老板还签有一式两份的协议书，形成合同关系。协议书除双方签字外，还盖有雨卜东兴伯庄旅游村的章，芦笙表演队员在自己的签名上按下大拇指手印。因此,梁老板和队员们之间,除了平等的村民身份外,还存在着雇员跟老板的关系。彼此平时可以是开玩笑的熟人,但在旅游工作中还必须严格遵守双方的协约。

协议书

为发展我香粉乡雨卜东兴的民族旅游和民族表演质量,搞好旅游接待工作,现双方协商签订以下合同。

雨卜东兴伯庄旅游村为甲方

芦笙表演队员为乙方

1. 甲方订于 2005 年 3 月 1 日至 2005 年 11 月 30 日按每月发 250 元工资给乙方。
2. 2005 年 1 月 1 日至 2 月 28 日及 2005 年 12 月份甲方按场次每场每个队员为 10 元付给乙方。
3. 甲方第二个月的 1～5 日付给甲方工资。
4. 敬酒、背新娘的小费归乙方集体所有。
5. 乙方在一个月内只许向甲方请假 2 次。
6. 乙方不请假无故缺场,甲方从乙方工资扣除每场 20 元。
7. 甲方安排的义务工、活动及排练,乙方不来参加的扣 10 元。
8. 乙方不来接待游客,不来送客,不来敬酒,不参加卫生各扣 5 元。
9. 摆桌、摆凳子、收拾道具由乙方负责。
10. 甲方接到有游客的那天,乙方必须按甲方通知的时间到场接待。
11. 乙方在一年内不能中途退出或无故缺场,若造成甲方损失，由乙方承担。

12. 合同一式两份，甲、乙双方互相遵守。

甲方（签字，盖章）：东兴旅游村

乙方（签字，手印）：×××

2005 年 3 月 1 日

芦笙表演队平时由队长代管。由于基本上都是亲戚，队长碍于面子，不好严格管理，因此队长一职并没有太多实际上的权力，但大家平时较自觉。在财务方面，队里备有两本记账簿，分别由两个芦笙队员记录每天的收支情况。其中日常开支包括买酒、菜、烟，表演收入包括付新娘、掏郎收入、敬酒收入、绣球、敬酒等。开支里的绣球是芦笙队员们表演节目时，扮新娘的苗妹抛给扮新郎的游客的绣球，计价为 3 元/个，付新娘是给扮新娘的苗妹的小费，报酬为每个苗妹 2 元。收入里的敬酒是游客刚到时，苗妹向游客敬糯米酒时游客所付的礼钱，掏郎收入是表演进口新郎节目时扮新郎的游客所付的礼钱。

3. 芦笙表演的文化特性

(1)民族性与乡土性

表演队员都是土生土长的苗族姑娘小伙子，没有经过专业的基本技能训练。梁老板一般是在本地挑选一些比较会跳舞、有点天分的年轻人进来，经过一段时间的培训，然后上场表演。他们的舞蹈大多是自创的，不可避免地会借鉴其他民族舞蹈。但有一点是肯定的，他们的舞蹈遵循芦笙舞的基本原则，即除了地筒舞之外所有的舞蹈伴奏乐器都是芦笙。地筒也是典型的苗族乐器之一。

(2)娱乐性与商业性

娱乐性和商业性是民族文化展演追求的直接效果。因为游客来旅游的目的大多是休闲娱乐、度假散心，他们只要玩得开心，而不会在意芦笙表演队的表演是否专业。不过，队员们也不能随随便应付了事，而是尽其所能跳得更好。如雨卜村芦笙队，为了达到让游客开心的效果，在表演中特意安排了游客参与节目。这类节目有两大特点，一是属于自己民族中比较显著的风俗习惯，比较容易引起游客的关注；一是这类节目常常会邀请游客的参与。一方面调动起游客的情绪，让游客置身于苗族风俗当中，使其有化身为"苗民"的幻觉体验；另一方面也巧妙地获得一些收入，如彩礼钱，达到文化与经济的有效结合。

(3)文化的"真实"与否

在民族文化展演中，很难对文化做出"真实"与否的判断，或许这只是学者的思维倾向，展演的主要表演者或游客的兴趣并不在事实，而只是在价值判断上，是否能够让游客满意，游客的钱花得值不值得。因此，笔者认为过分纠缠于"真实"与否，反倒会置文化的真实于不顾。当然，我们应该反对那些牵强附会的"民族文化"展演。

三、民族文化展演的功能

1. 经济功能

文化展演最明显的功能是为当地人增加经济收入。雨卜村旅游收入的初次分配，是在县旅游局与东兴屯私人老板之间进行的，从旅游局过来的旅游团的游客每人 88 元门票中，有 40 元是返回给旅游局的。芦笙表演队员除了工资，还可以在接待游客的过程中获得一些小费，如敬酒、掏郎、扮新娘等。其他村民通过打散工、摆小摊卖各种民族工艺品和卖烧烤等，也能赚到一些钱。

2. 文化创新

民族文化展演中的文化创新主要是形式上的，如现代舞台设备、服饰道具的采用，对其他民族或外来歌舞的借鉴，对城市舞台主持风格的模仿等。雨卜村的芦笙队虽然大多数舞蹈是本民族的，但队员们表演时，像踩堂舞，动作与表现内容都要比平日里复杂得多，也活泼得多，而传统的踩堂舞动作简单，曲调也单一。还有服饰，在布料、色彩、刺绣图案上更加多样化，看起来更加鲜艳夺目。尤其是芦笙，为了符合现代音乐曲调，苗族的芦笙在结构上也有了一些变化。原来芦笙一般是四孔和六孔的，现在有九孔、十二孔甚至更多。据队员们介绍，四孔和六孔的芦笙孔比较少，吹出来的声音低沉，调子比较单一。改进后的九孔、十二孔芦笙声音清脆点，吹出的调子可变化多一点，适合现代音乐曲调多变的风格，也更具观赏性。对于这种改变，芦笙队的小伙子们表示既喜欢古老的芦笙曲，也喜欢改进后的芦笙曲。古老的芦笙可以吹得更大声，适合芦笙比赛。因为苗族的芦笙比赛是以芦笙吹出的声音大小来分胜负的。改进后的芦笙虽然可以吹现代流行歌曲，但它的声音相对于古老的芦笙较小。因此，各有各的优势。这样一来芦笙种类有了更细的分支，芦笙文化也更显得丰富。

3. 文化传承

民族文化展演中的文化传承既有形式上的，也有内容上的。在雨卜村的芦笙表演中，队员们穿的是苗族服装，尤其是女孩子，头上戴的是布满银饰的帽子，脚上还戴着可爱的银铃铛，跳起舞来银饰碰撞的清脆之声不绝于耳。表演道具有芦笙柱、竹竿、红腰带、绣球，民族乐器地筒、芦笙柱、大芦笙、小芦笙，等等。节目包括竹竿舞、多耶舞、恋爱、婚俗、对歌等，反映了男女恋爱踩脚习俗，婚俗中喝交杯酒习俗，及坐妹习俗、对歌习俗等。这些节目虽有一些改变，如道具、习俗中的人有可能是被邀请参与的游客，但这并没有影响节目中苗族文化特征的展示。

从传承主体上来讲，既有“他者”外来游客，也有“自我”当地人。因为从更广的范围思考，一种文化能够流传下来就是文化得以传承。从这个意义上说，非本民族对传统文化的获得也是对此类民族传统文化的传承。游客在文化展演这个场中获得很多具有苗族特质的传统文化，在潜意识中对苗族文化有了一种认识，无形中构成游客知识体系中新的一部分。有了收获的游客会在以后对苗族文化进行讨论、宣传，影响着一批批新的游客到来。同时在表演中，苗族文化为当地人不断重复与更新，当地的孩子由此而耳濡目染，有的长大后继续参加文化展演，成为民族文化的继承者。

4.社区整合力

雨卜村民族文化展演对社区的整合力是非常明显的。它通过一系列的活动，把村里的年轻人及其他村民集中到一起，共同参与，促进了彼此之间团结协作的能力，培养大家对本民族的文化认同和开放意识。尤其是解决了一些年轻人不愿意外出打工受气而待在家里又显得特别单调无聊的矛盾，他们在表演中既有一定的经济收入，又可以避免无所事事，而表演队里文化素质的训练使他们成为本民族传统文化的主要继承力量。

总之，民族文化展演直接利用了当地丰富的人文资源，是一种民族传统的文化表述，兼具了文化的符号意义与现实意义。当当地人看到自己利用自身的民族文化素能转化为经济价值的时候，他们也就把当地自然的、社会的和文化的资源运营起来了，因而产生了一种掌控资源的自信，获得了另一种成就感，于是文化自觉随之产生。用当地人的话说就是:“尝到了甜头之后,学习传统文化技能的人就多了,也变得更主动了。”特别是针对现在农村年轻人纷纷外出打工的现状,以旅游方式进行的民族文化展演留住一部分年轻人在家,确是难能可贵的。像雨卜村,通过这样一种途径,年轻人可以更熟练地掌握本民族传统文化技能。在不知不觉中,他们的民族文化素养被培养出来,在他们身上,既有民族传统文化的血液,又吸收了现代文化的营养。从这个意义上说,民族文化展演是让传统文化在外在环境、条件刺激下产生的文化复兴,再创造、重构与整合。

第二节　民族旅游与民族文化的再建构

到民族地区旅游可以达到多项旅游的目的和目标,比如,到云南的泸沽湖、贵州安顺的黄果树、广西龙胜的龙脊、四川的九寨沟、西藏的许多地方,游客不仅可以欣赏到神奇的自然景观,同时还可以了解、接触、体验、欣赏到其他民族的历史文化和民俗。可见,在现代社会,同奇异的自然景观一样,民族旅游对人们也具有巨大的吸引力和号召力。

但当民族文化被当做一种旅游资源并对其进行开发时,往往会遇到这样一个问题,即文化在旅游中的商业化开发以及民风民俗的舞台化展演具有多少文化的真实性?许多西方旅游人类学家曾经就此进行了激烈而深入的讨论:反对者认为,舞台表演会破坏文化的真实性,是对传统文化真实性的“亵渎”;支持者则认为,那些经过加工和提炼的歌舞虽然与原来的有较大的改变,但仍保留了其基本内容和形式,其真实性并没有丧失,相反得以保持,而且十分吸引游客。[①] 与早期国内外学者对商业化持剧烈的批评态度有所不同，中国研究者一般认为旅游所带来的文化变迁及商品化具有一定的积极意义，民族旅游开发中的文化商品化和真实性并非完全对立，二者可以和谐统一，正确理解二者的关系有助于民族旅游开发的可持续发展，并指出在现代化大潮的冲击下，传统文化也需要在保护的前提下不断创新、发展，并完成自身的过渡与转型。[②]

针对这一问题，笔者通过对广西龙胜各族自治县龙脊梯田景区大寨红瑶村的田野调查（时间为 2005 年 7 月、2006 年 3 月），尤其是对当地“晒衣节”民俗活动的调查分析，认为民族地区的旅游开发给当地带来了迅速增长的经济效益与促进当地社会文化发展变迁的同时，也推动了当地民族文化的复兴与建构。因为在游客、旅游开发者、当地人的互动过程中，民族文化成为了三者的对话点，即游客渴望观察和体验少数民族社会的民俗风情，而旅游开发者和当地人为吸引游客积极地复兴并再建构了传统的民族文化。因而，在现代社会背景之下，强调文化的多样性和多元化较文化的真实性更具有意义。

一、民族旅游：传统文化再建构的动力

红瑶是瑶族的一个支系，主要居住于龙胜县东南的越城岭支脉周边森林茂密的山谷、山腰，[③]因该族群中妇女上身外衣的花纹

① 张晓萍：《民族旅游的人类学透视》，云南大学出版社 2005 年版，第 127～135 页。

② 孙九霞：《旅游人类学在中国》，《广西民族学院学报（哲社版）》2007 年第 4 期。

③ 龙胜县民族局：《龙胜红瑶》，广西民族出版社 2002 年版，第 4 页。

图案以红为主色而得名。红瑶先民为养蚕制丝刺绣，世代家家种桑，故龙胜古称“桑江”。大寨全村辖大寨、田头寨、新寨、壮界、大毛界和大虎山等 6 个自然屯，15 个村民小组，246 户，共 1153 人，其中瑶族(红瑶)占 98%，汉族占 2%。①

大寨村主要有两大姓氏，潘姓和余姓，其中潘姓居多，余姓集中居住于壮界一个自然屯。关于大寨村的历史及“大寨”一名的由来，大寨 81 岁师公潘广成现存手抄本《潘公传》(迁徙歌)描述：

> 我公不把哪处出身，山东青州大巷出身，不落哪里，落在金鸡窑洞路底江口……(公头潘文鉴)赶到旧屋(地名)山头打望，望进金坑 金坑是大寨及其临近的小寨、中禄、江柳四个行政村所在区域的统称，据说因盛产金矿而得名。白竹坪，好个密密村，好个密密洞，倒转三步，回转三方，有的上水抛，有的上水滩，人叫三声不听，狗叫三声不明，选得吉日，庚寅辛印(卯)年，二月初八打土进地，量山开圳，量水开田，开出上八塘试粘得吃，下八塘试糯得尝。钢天不动，钢地不移，永为定居……

大寨是潘姓红瑶进入金坑创建的第一个村寨，故名“大寨”。现在其东北面有小寨村，当初是潘文鉴之弟潘文七分搬出去居住立寨(大寨村 80 岁的寨老潘福宏口述)。即使其人口数量和村寨规模都比大寨村要大，但也只称为“小寨”。红瑶人世代耕种水稻，人们沿着山势开辟了水田，由山脚向山顶蜿蜒铺架而上，崇山间云雾蒸腾，层层叠叠的水田宛如天梯，蔚为壮观。2003 年，因旅游开

---

① 资料来自《龙胜县和平乡大寨村旅游扶贫工作简介》(2005 年)，见于大寨村委会宣传栏。

发需要，大寨村开通了通村四级砂石路；同年9月，开发了以农耕梯田和民居村寨相结合的自然人文和谐风景为依托的金坑红瑶梯田景观旅游。

大寨红瑶村旅游开发的定位是：以农耕梯田和民居村寨相结合的自然人文和谐风景为依托的红瑶梯田景观旅游。来自世界各地的旅游者，不仅仅是欣赏梯田这一静态的自然景观，其更深层次的是为了接触异民族的生活、生产状态，况且梯田也不完全是一种自然景观，而是反映了一个居于此地的民族与自然和谐相处的文化形貌。因此，大寨的红瑶梯田景观旅游开发很大程度上也是一种民族旅游。民族旅游是以特定地域或特定民族的传统风俗为资源而加以保护、开发的旅游产品，它赖以存在的基础是民俗，而且是以地方性或民族性为标志的民情风俗。[①] 在此，民俗成为一种重要的资源，在游客、旅游开发者、当地人的互动过程中，红瑶民族文化得以积极地再建构。

游客的满意程度直接关系着旅游区的可持续发展，为此，他们聘请专业旅游规划咨询公司开展问卷调查。在问卷设计中，旅游规划者考虑最多的就是当地的红瑶风情是否能够满足游客的欣赏和体验要求，而游客对民族文化的消费需求将直接推动着红瑶民俗风情的再建构。

笔者调查时，大寨村的旅游开发只有四五年左右的时间，还没有发展成为一个"成熟"的民族旅游区，就民族风情和民俗表演方面来说，尚未能够很好地满足游客的需求。所以，许多游客对此表示可惜。

---

① 陶思炎：《略论民俗旅游》，《旅游学刊》1997年第2期。

个案 6-1：男，重庆人，大学生。现在大寨旅游单一，没有融入民族风情，平时来的游客也比较单一和专业，像摄影的，而像我们这些来休闲的，没有什么玩法。游客如果可以玩，又可以购物，肯定会高兴，像藏族有篝火晚会，这里没有什么瑶族风情。还有设施比较差，比如路不好，电网不好，但这里的人很好，淳朴。

个案 6-2：男，海南人，20 多岁。这里风景不错，但旅游方面单调，只有看梯田；没有民族风情表演，有的话也要给钱，我去黔东南苗族地区的时候，他们穿民族服装表演给我们看不要钱的，进寨也不收门票，他们是由政府扶持的，我们跟农民一起吃，晚上在他们家里睡 15 块钱一晚。

个案 6-3：男，北京人，30 岁。（山）上面没意思，好看的还是一进门，一座桥，几座房子，这边上去一片梯田，太阳光一照，很有层次感，上面没什么意思。民族表演应该有，我们没有看到，像晚上应该有，现在晚上太单调，就睡觉。这里不错，整体环境不错，就是服务态度太差。

可见，游客对目前大寨村的旅游状况普遍认为比较单一，即唯有欣赏梯田景观，而没有看到“应该有”的民族风情，即使是表演的民族风情也没有。

其实，为满足游客欣赏民俗风情的消费需求，大寨村在旅游开发后便成立了一支民俗歌舞表演队。该表演队组成人员为 8 个年龄在 30 岁左右的红瑶妇女，加上一个拉二胡配乐的（男性）共九人，他们都是大寨本村的农民。当有旅游团或游客较多且集中到来时，导游或接待老板就向游客推荐观看民俗歌舞表演，有时候也是游客自己提出要求观看民俗歌舞表演的。大寨村的这支民俗歌舞表演队便会应邀表演节目，表演一场的价格在 150 元到 200 元之间。表演内容有采茶歌舞、迎新郎、长发瑶歌舞、恭喜大家发大财等四五个自编自演的节目。

个案 6-4：男，80 岁。跳舞现在才学，以前不跳，是前年在河边有游客要看跳舞，后面就去学。

个案 6-5：男，60 多岁。我们这条公路通车那天，旅游公司在这里召开典礼，要有跳舞，县文工团下来教一点，我们自己也搜集些古老的传统的来排练，看电视里头他们怎么做就学。我们旅游开放有龙脊，有黄洛，黄洛也是我们红瑶的，她们都跳舞，以后我们也要开发，就喊她们妇女也要学点。现在有游客了，他们想看，像上海有两个人想看就给了 150 块；有一次是一个北京人，他一个人要看，给了 100 块。

个案 6-6：女，40 岁，曾经是表演队成员。当时，寨老讲开发进来了要学点舞，游客多了要跳舞给他们看。我们原来不懂跳舞，寨老教我们跳，开发那年才去学舞的，以前都不跳，都是唱调子。龙脊咖啡店里面的人说游客多，要看表演，就喊我们上去跳；他们不喊，我们也不上去跳，没有空丢工日，我们是农民嘛，忙死了，丢一天工日就去好多了，他们不喊我们也不想去跳。我是在我妈去年过世以后就不跳了，如果要过三年才能跳的话，我就老了。

可知，大寨村的民俗歌舞表演开始于四年前，即在大寨村开发旅游的当年，出于满足游客观赏民俗风情表演需求的考虑，当地妇女开始学习舞蹈，并为游客表演。为突出地方性或民族性，民俗歌舞表演便“搜集些古老的、传统的来排练”，并对一些传统民俗事项，如迎新郎等进行表演化加工，同时以邀请游客扮新郎的互动形式,使游客亲身体验红瑶的传统民俗。

有意思的是,在调查中发现,在当地传统社会中,红瑶妇女是不参与公众性的表演,更不会跳舞。

个案 6-7:女,60 多岁。瑶族没跳舞,我不懂跳舞,我们那时候好穷的,没得现在这么欢喜。以前有唱调子,蛮喜欢的,现在没有了,有电视看了。以前唱调子也有调子的好看,电视也有电视的好看,现在主要就是赚钱哦。调子热闹点,有讲看不起老人家的(节目),现在后生仔都看电视,电视没得调子那么热闹。

个案 6-8:女,60 多岁。以前我们这儿连饭都没得吃,还跳舞啊? 不跳舞的。有唱调子,我们就去看点,现在不唱,看电视了啊。

个案 6-9:男,60 多岁。没开发以前只是唱调子,唱调子都是男的,要演女的也都是男扮女装。这个舞是开发以来妇女自己热爱起来,妇女自己就搞了这一套。

人们说女性以前不跳舞的原因时,总是强调了"穷",因为穷,所以不参与娱乐项目。但是,"穷"也会有娱乐事项,像"唱调子"。唱调子是当地的一种戏剧表演活动,内容大都来自于现实生活,表演场地为寨子里的某一家较为宽敞、方便活动的房屋,届时,寨子里的人便集中于此观看。现在,唱调子这一活动已经消失。自从电视进入寨子里以后,人们都选择了看电视,因为在他们看来电视上的节目比自己演的要好看。在唱调子当中,女性不参与,表演者都为男性,要有女性角色时"都是男扮女装"。由此可见,在当地的传统社会中,女性是不参加抛头露面的公众性活动的。而自从旅游开发以后,当地妇女的公众形象发生了巨大转变,开始"热爱"和积极参与表演活动，由过去的作为公众表演活动的旁观者转变成为公众表演活动的主角。这种变化及其变化原因，当地人也很为困惑，甚感“古怪”。而通过观察和分析这些变化，我们可以明显地感觉到，民族旅游开发及游客消费需求在积极推动着当地红瑶民族文化的变迁与再建构。

二、木构民居：民族传统文化的空间建构

在大寨，存在三种类型分明的传统木质民居建筑——老式民居、新式民居，以及处于两者之间的木质民居，且称其为中期民居。

老式民居在大寨为数不多，大概占 1/4 左右，房屋共分三层：一楼饲养家畜家禽，二楼住人，三楼存放粮食及杂物。老式民居大都有近百年的历史，房架稍斜，房屋破旧。

中期民居在大寨的数量相对要多，约占一半，房屋也是分为三层：一楼饲养家畜家禽，二楼住人，三楼存放粮食及杂物。与老式民居不同的是，中期民居规模要大，房屋宽敞，装饰考究，如楼梯栏杆雕花等。中期民居大约有 20 年左右的历史，是 20 世纪 80 年代末淘金热时，一部分人赚了钱之后修建起来的。

新式民居则是在旅游开发的近几年新修建的木构建筑，大多是作为农家旅社，房屋分为三层：一楼为厨房和餐厅，二、三楼是主人卧室或客房。

从老式民居到新式民居，房屋的布局和楼层功能已经有了很大的变化，不变的只是房屋外在的木瓦结构。木瓦结构建筑作为当地的传统民居，旅游规划部门出于维护景区传统民俗景观的考虑，禁止修建水泥楼房，如在 2005 年 8 月 1 日起施行的《龙脊风景

名胜区规划建设管理办法》中，第十条规定：

> 龙脊风景名胜区的各项开发、建设活动应当根据已经批准的龙脊风景名胜区规划进行。建设项目的布局、造型、高度、体量、风格和色彩应当与周围景观和环境相协调。
>
> 龙脊风景名胜区内的民居必须在统一规划的居民点内建设。
>
> 龙脊龙脊风景名胜区民居必须是干栏结构，坡屋顶，青瓦盖面，木质外墙，建筑层数以 2 层为宜，最多不超过 3 层，建筑层高不超过 3.0 米，总高度不超过 11.6 米，占地面积（户或座）不超过 150 平方米，建筑面积不超过 400 平方米。
>
> 作为宾馆饭店使用的民居建筑应满足《建筑设计防火规范要求》，内设双梯（双出口），配备必要的防火设备，设置相应的消防栓。

旅游规划部门已经从布局、造型、高度、体量、风格和色彩等方面对当地的民居建筑进行了明确规定，要求民居"必须是干栏结构，坡屋顶，青瓦盖面，木质外墙"。对木构民居建筑的直观维护，可以有效保持景区的传统民俗特色，但是，在当地人看来，水泥建筑比木质建筑要坚固、耐用，他们更愿意居住水泥楼房。

> 个案 6－10：男，65 岁。底下那个风雨桥，我们讲搞个拱桥，铺水泥板板过去，上面再架篷篷，但是他（旅游规划部门，下同）不同意。现在搞的风雨桥（木瓦结构）用了 40 万，是自治区扶贫办给的。
>
> 本来那个文化综合楼自治区给我们 10 万块，本来我们要搞砖房，但是旅游局不给搞，要盖木房，现在是 25 万。起个砖房万古千秋都在，哪个不愿意呀。现在搞那个木房坏得也快，

但是他讲你担心什么，坏了有钱给你们修。他讲搞什么民族特色，我们懂民族特色是什么啊？

个案 6－11：男，80 岁。农村变化点好一点，我 80 岁了，那个老房子（老式民居）还在那凯（那里），没有变。现在要是搞水泥路、水泥桥、水泥楼房要坚固，要好一些，木房容易坏得快，但是现在都由他们（旅游规划部门）布置，不按照他的做，他就讲没有游客来，你们还要困难。

可见，旅游规划部门为了保持景区的“民族特色”，要求当地人保持“旧习惯”，如住木房，而这与当地人求发展的心态多少有些矛盾。但是，当地人也看到了旅游业是推动当地经济社会发展的主要力量，就意识到他们自身的传统民俗可以吸引游客，因此行动上他们还是响应旅游规划部门的规划要求。

个案 6－12：女，60 多岁，家里新起了一栋未完工的木楼。

问：家里面打算搞旅社？

答：现在还没钱，搞不起。（指着身边 1 岁的孙子）他妈妈出去打工挣钱了，没人在家。

问：新起房子的木材是哪来的？

答：从龙胜买来的，有人专门拿来卖。（木材）买来了就用马驮上来（山上）。

问：没有想过要起砖房？

答：想是想，砖房当然好咯。但是我们瑶族不是住砖房的，游客来了他们要住我们的木房，他们自己都是住砖房的。

三、晒衣节：民族文化的集中建构

节日是一个民族在漫长的历史发展进程中，逐渐形成的一种与特定日期、特定仪式和特定意义相联系的群众性活动，具有鲜明的地方性或民族性。据大寨寨老潘福宏(80 岁)老人介绍，大寨红瑶的地方性节日主要有：

二月初二(农历，下同)，小节，要开工，吃一餐好的去挖田挖地。

四月初八，吃糯米饭，花花绿绿的。

六月初六，半年节，以前老人家开田到六月初六，就讲现在开来也种不得了，也就休息一天。六月初六要供(祭)田，在田中蹬(安插)个石头，供在那里。以前有一个人讲六月初六那一天晒衣服好哦，有好衣服的就拿来晒一下，免得发虫，所以(又)讲是晒衣节，是老人家传下来的。

七月半，老人家讲"死克(去)好，死克天凉地也凉，年年有个七月半，不得钱纸也得香"，他们(有的人)讲也是半年节。别荡(其他地方)是七月十四过，我们七月十二做，(因为)要去看人家拔龙船，在旧屋(地名，从大寨走山路到旧屋需一天时间)那边克。

十二月二十六，年边节，以前在旧社会时候，吃一餐来就克(去)当兵当夫了。

在这些地方性节日中，最大节日当属六月初六"半年节"，又称"晒衣节"。

个案 6－13：村民，男，34 岁。我们瑶族最大的节日是六月六晒衣节，在没有搞旅游之前，九、十点吃完早饭，到十一二点晌午到河边，这边一边，那边一边对歌，或者到山上唱歌。现在开发旅游了，县乡给钱，搞得隆重，有打球、拔河、唱歌。六月六每年都过，县乡给钱就隆重一些。

个案 6 - 14：村民，男，30 岁。瑶族主要节日六月六，最大了，每年都搞活动。没开发之前，唱调子，彩调，现在有旅游了，搞点跳舞活动，瑶族舞。没开发之前没得那么多人，瑶族人自己看，现在外地人从四面八方来看。

节日民俗作为一个民族综合性的文化事象，在传承过程中，整合了越来越多的内容，一些大的节日，“几乎是政治、经济、生产、生活（衣食住行）、宗教信仰、文化艺术、社会交往、民族心理等的综合反应，具有全息性质”。[1] 一个盛大的节日，恰如一个展示民族文化的舞台，是民族文化特色的浓缩和集中展现。[2]

晒衣节作为大寨红瑶人最大的一个地方性传统节日，在未进行旅游开发前，当地人便开展了各种各样的节庆活动，如对山歌、唱调子等；而旅游开发以后，当地人为“弘扬红瑶的传统文化，推动旅游业的发展……推动金坑片区农业综合开发步伐，促进金坑的发展和进步”（2006 年、2007 年《龙胜金坑红瑶传统“晒衣节”活动倡议书》），通过向县、乡政府申请经费赞助（“县乡给钱”），举办了更为隆重的节庆活动，包括展示民族工艺、开展民族体育、表演民族歌舞等，向外人充分展演了红瑶的传统民族文化。下面，我们将对旅游开发前后大寨村开展的晒衣节节庆活动进行考察和比较分析，进而探讨节日民俗在传承过程中的不断整合与变迁，以及旅游开发如何促进民族文化的集中展现与建构。

1. 晒衣节的来历

晒衣节，瑶语称为“沙啊叠”。关于六月初六晒衣节的由来，据

① 陶思炎：《略论民俗旅游》，《旅游学刊》1997 年第 2 期。

② 马东平、周传斌：《回族节日民俗及其社会功能》，《甘肃社会科学》2000 年第 3 期。

潘福文寨老介绍:“潘应达是我们大寨人,他出去当兵以后就麻直(一直)在外头工作了。他当兵1957年回来,去了8年,回来调到我们和平(乡政府),后又到龙胜镇(镇政府)、泗水(乡政府)等,后又调到龙胜县,到民族局当主任。他经常回来(大寨),看到社会形势好,什么都可以讲,迷信可以信,他就麻直回来调查我们金坑,像金坑名字嫩子(如何)来的,我们搞迷信怎么搞的,他都懂。”老人搜集整理的文字材料描述:

红瑶“晒衣节”的由来,据红瑶祖辈的传说:因服饰的原因而形成,男装上衣是青粗布,对扣衣,女装上衫下裙,上身花衣全靠自己刺绣制作而成,花多厚实,人长年岁月都在深山密林中生活,见日光少,衣物易沤霉烂,花衣易生虫花纹变色。怎样才能解决他们这个难题,在古时某年六月六这一天太阳给他们一个办法,大晴天阳光四射,一家有个聪明伶俐的中年妇女早上出门一看大好晴天,她感到心情开朗,赶快转身进屋把衣柜打开拿出花衣、花裙拿到房屋栏杆上和晒排打开晒一天,太阳落山后她去收衣,拿来一闻,沤气没有了,一看花衣花纹颜色很鲜艳,她内心高兴大感天上阳光给他们带来了晒衣保质的福音。从此以后,红瑶人每年六月六这一天家家户户都把自己的衣物拿出各自的门楼栏杆晒排来晒。晒过几年后真见成效,衣物少发霉沤烂了。因此,后来红瑶祖先为纪念这天保衣质吉日,在过六月六半年节日的同时过晒衣节。

每年的农历六月初六作为大寨红瑶最为隆重的节日,每到这一天,嫁出去的女儿,或出去上门的儿子都要携带家眷,挑上鸡鸭鱼肉、酒和礼物等回到娘家来过节;在这一天,家家户户都会翻箱倒柜地把花衣、花裙等服饰拿出来晒,寨子里条条晒排，串串衣裳，红红绿绿一大片。同时，在这一天，家家户户都要杀鸡、杀鸭，富有的人家还杀猪宰羊，而平时有好吃的都留到了这一天。另外，家家户户还包粽子、吃粽子，所以，六月初六这一天又叫粽粑节。当地红瑶的粽粑颇具特色，两扇捆扎在一起，叫做一码，其意义“一是纪念红瑶先民日积月累开田造地的艰苦创业精神；二是表示红瑶群众夫妻团结友爱，互相帮助”。（2006年、2007年《龙胜金坑红瑶传统“晒衣节”活动倡议书》）

2. 旅游中筹办的晒衣节

六月初六晒衣节作为大寨红瑶最盛大的地方性传统节日，在进行民族旅游开发后，当地人看到了其具有吸引游客的潜在价值。于是，在2004年，即旅游开发的第二年，大寨村委会第一次有组织地筹办了六月初六晒衣节节庆活动。

个案6-15：男，40岁，村委副主任。（2004年）六月初六表演了很多红瑶的传统节目，如“抬金狗”、织布、纺纱、跳民族舞蹈等。2004年是第一届（有组织地筹办晒衣节），是村里宣传的，还没引起政府、媒体的注意。2005年村里（村委会）换届，没有搞。

2006年、2007年，大寨村委会通过向县、乡各级政府，以及各企、事业单位申请赞助，又举行了更为隆重的晒衣节节庆活动。

在筹办六月初六晒衣节过程中，大寨村委会开展了积极的筹备工作，成立了晒衣节筹委会和筹备小组，制定晒衣节活动的详细方案。与此同时，晒衣节筹委会和筹备小组还向有关单位和个人发送参加晒衣节邀请函和关于举办晒衣节的倡议书。

2006年7月1日和2007年7月19日，即农历六月初六，大寨红瑶晒衣节如期举行：白天，展示民族工艺、开展民族体育、表演民族歌舞等，丰富多彩的红瑶传统民风民俗展演应接不暇；晚上，又在大寨村田头寨的“七星伴月”梯田景区点起数千火把，燃放烟花。

晒衣节当天，有近2000名中外游客、新闻记者和摄影爱好者集聚金坑大寨，农家旅馆全部爆满。第二天，区、市、县新闻媒体和许多网站、旅游论坛都对晒衣节的活动盛况进行了大篇幅报道。

3.晒衣节与民俗的再建构

很明显，旅游开发后所筹办的晒衣节与旅游开发前的自发性过节有很大区别。旅游开发后所举办的晒衣节，在规模、内容等方面都要大于和多于此前的晒衣节，尤其是2006年和2007年这两年中所举办的晒衣节更是盛况空前。当地人也明显感觉了到这种变化。

就活动内容来看，旅游开发前是“九、十点吃完早饭，十一二点到河边或山上，这一边，那一边地对山歌”，而现在开发旅游了，就“搞得隆重，有打球、拔河、唱歌”；就参加节庆活动人数来说，在旅游开发后所举办的晒衣节有大量外地游客涌入，观看和参与到晒衣节活动中来。随着大量外地游客的观看和参与，大寨红瑶的晒衣节节庆活动已经不再是当地人的自娱自乐了；同时，当地人认识到了自身的民俗传统文化可以吸引外来游客，也便像晒衣时翻箱倒柜地找出衣服来晒一样，他们“翻箱倒柜”地找出自己民族的传统民俗事项向游客进行展示与表演。在此过程中，人们往往对民俗传统文化进行了有意或无意的再建构。

民俗活动空间的转移。在晒衣节的诸多节庆活动中，可以发现，对山歌由原来的河边、山头对唱换成舞台对唱；纺纱、织布、绣花、包粽粑等由原来的单门独户作业整合为舞台表演性比赛；打泥巴仗由原来的田间地头转入操场“开战”……

可见，晒衣节上所进行的民风民俗活动已经转移出了原来的活动场所。晒衣节的节庆活动安排，紧紧围绕游客的需求而展开，把大量的民俗事象集中于舞台和操场，在小空间范围内进行展示与表演，以便游客在有限的时间内能够尽量多地了解、接触、欣赏和体验到红瑶的传统文化。

民俗活动时间的移植。晒衣节节庆活动中，有“抬金狗”这一民俗活动项目。“抬金狗”是一项非常具有红瑶特色的民俗，关于“抬金狗”民俗的来历，当地的民间传说是：

> 我们潘姓红瑶祖宗明朝年间原籍山东省青州府大巷，因朝廷奸臣当道，出大兵侵犯瑶族，红瑶群众反抗，因寡不敌众失败，被迫逃离家乡，辗转迁徙乘木船漂洋过海，家狗随同，海中忽遇狂风大浪翻船，人和狗冒生命危险游水挣扎到对岸，但谷种和其他物品全部沉没，时刻上(?)人沉思：没有谷种怎样耕种田地过日子？在万分焦急时，家狗聪明通解人意，忙跳下海不辞劳苦冒险游回对岸，趁着全身毛湿淋淋连忙窜进一家谷摊打滚滚，全身粘上谷粒，昂头翘尾跳下海，带谷种游回来，将头尾还粘有几粒的谷种献给主人。从此，红瑶祖先才又有谷种耕种阳春过日子。因此，红瑶祖先感谢家狗献谷种的功德世代要敬狗，每年耕种的农作物丰收后，在过农历年晚要和家狗共庆丰收和同过肥年，祝福下年再得丰收。每年过农历年晚晚餐后要敬狗，抬狗拜年辞旧岁迎新年，以报答家狗献谷种的大功恩德。(潘应达搜集整理的文字材料，由潘福文寨老提供。)

可知，“抬金狗”是当地红瑶群众为报答“家狗献谷种的功德”，而在过大年期间进行的一项辞旧迎新的拜年习俗，其具体过程是：

每年腊月30或29下午，由一中年男子按惯例召集几位家长商量除夕抬狗游寨拜年事宜，从各户挑选出白或黄色肥壮的一只公狗，梳毛喂饱，周身涂上大小不一的若干红色斑点，其意思家狗得来谷种，一年收得粮食丰收成果，过年要给家狗换上新装，到各家拜年表示祝福来年景象更好。涂成、喂饱后，装进一大竹笼，组织串游队伍。除夕餐后开始活动，串游队伍由带队中年一人，提花灯儿童数人，抬狗笼后生两人，打锣鼓中年四人，挑木桶后生一人组成。串游时，提花灯在前引路，领队者、抬狗的居中，打锣鼓、挑木桶的及成群青少年随后，敲锣打鼓，放鞭炮，热热闹闹从寨头一家开始去拜年。

他们每进一家，由带队者先向主家问过年好，祝贵家人财两旺，主家出门迎接，领队者讲彩话：贵门开，金狗今晚向贵家来拜年，贵家荣华又富贵，大门左边立起摇钱树，右边立起聚宝盆，早落黄金夜落银。金狗一踩东，贵家出状元翁；金狗二踩南，贵家儿孙附马（驸马）中状元；金狗三踩西，贵家代代儿孙来登基；金狗四踩北，贵家一路求财十路得；金狗来踩五，踩进堂中成玉土，子孙能文又能武；金狗来踩六，贵家钱粮满屋，人延益寿幸福长……我们来时祝贵家常安乐，去时和贵家带去各瘟神，各种瘟神都带去，贵家安太平。我们共记狗恩同过肥年。户主答话："依口！"并给笼中狗喂除夕美味，两人抬狗在堂屋香火前转了三圈（表示将瘟神带去），户主又向每人敬一杯酒，还送一块肉、一碗酒、一团糯饭、几个肉元豆腐，分别倒入两只桶，接着户主还在狗笼上披挂一小条红布或红纸，以表示感谢金狗来拜年，并祝金狗一路平安。抬狗拜年辞旧岁迎新年，如此挨家逐户拜年辞旧岁迎新年，直到旧岁新年交接时辰，大家聚集寨老家围炉取暖，畅谈金狗献谷种的经历和功劳，将所集得的酒、肉、糯饭先给狗吃一点，然后大家搭伙加餐，唱瑶歌，嬉闹，放鞭炮，到天明。大年初一家家户户禁忌骂狗打狗，以节日佳肴敬狗，共同欢庆新春佳节。（潘应达搜集整理的文字材料，由潘福文寨老提供。）

显然，“抬金狗”是当地辞旧迎新的一项重要的拜年习俗。而现在，“抬金狗”习俗已经由除夕“移植”到了六月初六晒衣节当中。

传统民俗的复兴。在晒衣节节庆活动当中，有一个“红瑶民间体育”项目叫做“打泥巴仗”。而关于“打泥巴仗”的起源，当地的老人家谁也说不清楚。

个案6－16：男，60多岁。打泥巴仗可能是以前想不出什么锻炼身体，搞娱乐。

个案6－17：女，70多岁。我们不晓得为什么要打泥巴仗，我们从小就有了。搞娱乐，国民党那时候才有。

个案6－18：男，70多岁。以前四月八（农历）就打泥巴仗，我们跟小寨的人打，约去一个地方打，看谁打得厉害。不给打上面，不给打伤人，只给打脚，两个两个地打，打不到的就换人来打。

个案6－19：男，80岁，寨老。以前没有什么活动，拿泥巴来你打我，我打你，打来都爬不上茅厕了。现在改了，那个太傻了，打来也痛，现在不搞了。

“打泥巴仗”不但没有人知道其如何起源，而且还是当地的一项已经消失了近百年的娱乐活动，在此前，只有那些60岁以上的老人，才会在农历的四月初八或正月看见和经历打泥巴仗这一传统活动。也许，正如寨老所说的，人们意识到打泥巴仗容易打伤人,“太傻了”,后来就“不搞了”。由此,打泥巴仗便开始消失,也就消失了近百年。

而现在,为了在游客面前展示民族的传统文化,大寨当地人又从民族记忆的深处把“打泥巴仗”发掘了出来,复兴了这一传统的娱乐活动。

民俗的夸张性展示。六月初六同时又是大寨红瑶的粽粑节,在每年的这一天,人们都要包粽子、吃粽子。而2006年和2007年的六月初六,大寨人则制作了前所未有的、重达20多公斤的粽子王,由两名红瑶妇女抬着,展示在游客面前。

可见,在晒衣节节庆活动当中,人们为了突出地方性的民俗特色,他们将一些民俗事项进行了“夸张性”的制作与展示。

4.新民俗的创造

民俗可以复兴,可以夸张展示,同时也可以进行新创造。

在2006年和2007年晒衣节节庆当中又一盛大活动是,晒衣节当晚于大寨村田头寨“七星伴月”梯田景区进行的“星火衬月”梯田“火把节”。

> 个案6-20:男,30多岁。六月六白天来的人有2600多人,晚上搞火把节,也有1000多人。由四五十个男的在梯田上点4000多支火把。
>
> 晒衣节当晚七点半,在一声爆竹冲天爆炸后,火把便开始星星点点地一个一个点燃,连成了一条火链,火链又连成了一片。二十分钟后,4000支火把形成的一条条火龙把梯田勾勒成一幅闪光的图画。随后,“七星伴月”图中冲出了五光十色的烟花。一千多游客与当地人共度了人们所称的梯田“火把节”。

四、讨论与结论

旅游开发的介入，对龙胜大寨红瑶社区的影响无疑是巨大的。首先，旅游开发作为一种扶贫手段，已经取得了良好效果，使大部分村民摆脱了贫困，社区经济得到很大发展。其次，旅游开发过程中，游客、开发者、当地人的互动，使红瑶社区的传统文化得以保护和再建构，如以歌舞形式展示红瑶传统民俗，从形式与外观上维护民居的传统特质，而最为突出的是通过隆重举办“晒衣节”以充分展示了红瑶传统文化。

在大寨红瑶村，人们出于一个民族的传统习惯，每年都要过六月六这一传统节日。在以往，人们过六月六节日时，所进行的节庆活动带有一种纪念性色彩，如祭田，以及包粽子和吃粽子，即是表示不忘祖辈开耕造田的艰辛，而晒衣服，除了是一种防霉消蛀的需要，也是人们出于纪念带领他们摆脱衣服易发霉蛀困扰的先民。而现在，进行了民族旅游开发以后，由当地村委会积极组织筹办的晒衣节，目的已经缺乏“原生性”，而更多地具有了一种商业化操作性质。最明显的是，与原来自娱自乐的、自发性的开展和参与六月六节庆活动不同，现在所筹办的每一个节庆活动项目，给每一位参与者都安排了一二十元的“劳务费”或是“出场费”。

从大寨村委会的关于举办晒衣节的倡议书和筹备方案中可以看出，当地人已经能够抓住“晒衣节”这一本土文化特质在现代民族旅游中所蕴涵的巨大价值。他们积极组织和筹办晒衣节节庆活动，“开展各种红瑶传统文化、体育活动”，目的明确，即要向国内外“展示红瑶少数民族古老丰富的传统文化、浓郁的民族风情”，并通过“弘扬红瑶的传统文化，推动旅游业的发展”。当地人已经认识到，除了梯田景观，自身的民族传统文化也是旅游的一项重要资源。

在此，我们必须明确的是，一种文化或者一个社区不是自在的、同质的，而应当被看做是不断流动的状态，是处于既外在于又内在于地方场合的广阔影响过程之中，保持着一种永恒的、具有历史敏感性的抵制和兼容状态。[①] 因此，旅游开发对大寨红瑶民族文化的影响并非是一件坏事，我们可以看做是大寨红瑶民族文化在外在积极推动和内在主观能动共同作用下的文化变迁和文化再建构。

更乐观地来看，大寨红瑶村的这种在现代民族旅游语境中，由当地人和外来游客共同积极参与的文化建构，对民族传统文化不仅是非破坏性的，而且是有建设性地促进民族传统文化的发展与保护。在这一民族文化建构过程中，我们可以看到，一些传统民俗得以复兴，如打泥巴仗等；一些民族文化和技艺得以强化，如“抬金狗”习俗、纺纱、织布、绣花、包粽粑等；一些新民俗事项得以创造，如梯田“火把节”等。民族文化通过当地人的这一自主性建构之后，不仅吸引了大量游客，促进旅游发展，提高了当地的经济收益，而且还使当地的许多民族文化事象得以发展和创新，丰富了当地的民族传统文化。

第三节　族群文化标识与文化自觉

本节立足于田野调查，通过金龙布傣人天琴文化由喻神到娱

① [美]乔治·E.马尔库斯、米开尔·M.J.费切尔著，王铭铭、蓝达居译：《作为文化批评的人类学：一个人文学科的实验时代》，生活·读书·新知三联书店1998年版，第115页。

人，再到族群标识的变迁，来分析其族群认同过程及作为族群标识的意义，以期有助于小族群的识别、民族传统文化的传承及边疆的安全与和谐。

布傣（或布岱）人是一个只有 17000 多人的小族群，聚居于中越边境线中方一侧的广西龙州县金龙镇。20 世纪 50 年代进行民族识别时，曾自报苗族、彝族，后来改报为傣族，1958 年被定为僮族，1965 年改为壮族，被看做南部壮族的重要支系。不过，布傣人一直自称为“根托”（布傣话，意为“土人”）或“布傣”（傣人）。

金龙布傣人与龙州一带其他壮族族群（如布侬）相比，有其独特的文化特征，即天琴与长袍黑衣。天琴是广西龙州、宁明、凭祥一带壮族最有特色的一种古老弹拨乐器，长 75～120 厘米不等，由琴杆、琴筒、弦轴、琴马、琴弦组成，因其发音特点而被当地称为“叮”或“鼎”，至今已有上千年的历史，其中以金龙布傣人的天琴最具特色。近年来，“天琴弹唱”声名远播，使金龙布傣人的文化更为突显。

调查地双蒙村板池屯位于金龙镇以北 5 公里处，共有 168 户，720 多人，多为李姓。该屯有“小西双版纳”之称，相传其祖先系从傣族聚居地迁来，千百年来一直和当地壮民通婚交往，因此兼具两族特色。板池之名源于村前有一池天然泉水，池水清澈见底，冬暖夏凉，传闻常有仙女下凡畅游，清末改名为“板池”。村民因得益于优质山泉，故容貌姣好，又多长寿，故该屯被誉为“美女村”、“长寿村”。笔者的调查时间分别为 2006 年 10 月以及 2007 年 2 月和 7 月，其中第三次调查的范围还包括板池屯附近的横罗村其逐屯等地。

一、喻天：天琴与布傣人的巫术

从关于天琴的文献记载、传说与禁忌以及天琴艺人的角色扮演和唱天仪式等方面来看，天琴与布傣人的祭祀、巫道等活动有着密切的关系，因此从其文化意义上说，天琴首先应被看做法器，它承担着沟通神人即喻天的职能。

在布傣人的信仰中，神与天是同一个概念，喻神即是喻天。“中国壮族、傣族，越南的岱、侬、泰族，老挝的老龙族，泰国的泰族都是与西瓯骆越有关的民族，他们现在都共同信仰一个民间的神，这个神的名称，声韵调都一样，各国各族都称为 then，泰国泰语叫 thɛm，ɛ 的开口度比 e 略大点，音译为‘天’。……中国壮族信仰‘天’的地方是与越南交界或相近的防城、宁明、凭祥、龙州、上思等县市的山区和靖西、那坡、德保、大新等县。‘天’的意思是仙官，祭祖‘天’的仪式叫‘做天’。农历正月初一至十五是最隆重的祭祖，各村或连村举行，目的是保佑今年风调雨顺，五谷丰登，人丁兴旺，六畜肥壮，祈福禳灾。”①

1. 天琴是一种法器

龙州地方文献中关于天琴的记载很多，如《龙州纪略》中载：“泥墙竹户近溪边，风雨寒暄四月天。男女无声听咒病，白婆夷语拨三弦。”又载：“龙州遇有疾病者，即延鬼婆至家，永夜弹唱，亲族妇女以饮啖为散福。鬼婆大约青年者多，手弹二弦，脚抖铁链，琅铛之声云以锁鬼。其宣扬诅祝哪哪之音，非但内地人不能聆会，即龙之士民亦毫不解识。猥云传自交趾，其信然耶？抑盘瓠之流传耶。”[（清）黄誉《龙州纪略》下册，《风土诗十二首》]

《岭表纪蛮》载：“又有一种女巫，多散布于边防各县，名曰‘鬼

① 范宏贵：《同根生的民族——壮傣各族渊源与文化》，光明日报出版社 2000 年版，第 303～309 页。

婆’。以匏为乐器，状如胡琴，其名曰‘鼎’。以铁或铜为链，手持而掷诸床(牀)，使其有声，其名曰‘马’。凡病患之家延其作法，则手弹其所谓‘鼎’者，而口唱鄙俚之词，杂以安南之音。置中间则掷铁链，谓之‘行马’。”①

从以上材料可以看出，天琴一直与当地的巫术一起出现，因而是布傣人独特的巫术仪式中的重要法器，有着喻天的功能。

金龙一带关于天琴的传说与禁忌也印证了这一点。相传村民在板池屯住下后不久，在一花好月圆之夜，两个男青年到土地公庙烧香祈福，意外听见泉水中有人在歌唱、嬉戏。两人就轻轻地走到泉边，惊讶地发现两个美女在泉中沐浴，过不多时就不见了踪影。他们非常惊奇，决心再探究竟。第二天夜里，他俩相约又来到泉边，可等到天亮也没见到美女，于是就把这件奇特的事情告诉村里的老人。老人说：这是仙女下凡沐浴来了，她们看见这里的泉水清澈，每逢初一、十五的晚上就来沐浴，谁也不得见到，如果你俩见到了的话，那算是你们有缘。此后，每月初一、十五的晚上，两个男青年就去泉边偷看仙女沐浴。两个人终于按捺不住心中的好奇与爱慕，在美女沐浴上岸后，上前与之攀谈。两个仙女笑称：我们是上面村里的，见你们的泉水清凉、暖和，就到这里来唱歌、跳舞，想找个情郎对歌。此后，四个有情人就互相对歌、嬉戏，彼此都非常倾心，并结成了夫妻，幸福地生活着。

一年以后，两个仙女分别产下一男一女。小孩满月的那天，他们请来了一对天琴老艺人唱满月歌，歌颂小儿出生并祝他们身体健康、金榜题名。天琴的旋律和老人的歌谣搭配得天衣无缝，煞是

---

① 刘锡蕃：《岭表纪蛮》，广西民族大学图书馆，1988 年铅印本，第 182 页。

好听，于是满月酒后，村里人争先询问这对天琴老艺人是从哪里学来这么动听的歌谣。老阿公始终笑脸盈盈，阿婆则徐徐道来：我俩从小青梅竹马，两小无猜。只因父母包办婚姻，硬要我嫁给财主家的笨儿子，我宁死不从，于是我俩决定逃婚，逃到一个杳无人烟的地方，去创造自己所向往的新生活。我们离开了村子，一直不停地走着。有天傍晚累倒在一条小河边，睡着了。睡梦中，出现一位仙翁，他用葫芦做琴筒，用手杖做琴杆，用胡须做琴弦，教授我们弹奏此琴，唱出我们生平的遭遇。有了天琴的技艺，我俩以弹琴卖艺为生，四海为家。一天，我们走到一座半山腰上，远远地就听到有两个人在动情地歌唱，走上前去一看，是两位老者在大榕树下放声高唱，我们被歌声深深地吸引，情不自禁就拿起天琴伴奏。琴声和歌声犹如高山流水，相得益彰，完美地结合在了一起。（资料来源：2007 年 7 月笔者对板池屯天琴艺人 LSW 的访谈。）

由此可以看出，在金龙人心目中，天琴是神灵颁发给天琴艺人的法器，是沟通神人的圣物，能把民众的愿望传达给上天，求得天神的庇佑，所以又被亲切而敬畏地称为“佛琴”。天琴平时应放置在主人的卧室，周围要整洁干净，只有做法事的时候才将其“请”出。“请”琴时主人要洗净双手，穿戴整齐。天琴艺人不能杀生，不能为恶，也不能吃狗肉等，他们都有其道教法号，必须遵守“十戒”的戒规。这些都表现出天琴的神圣性。

2. 天琴艺人的另类身份——巫

天琴既为法器，弹唱的天琴艺人便有了“巫”的身份，其巫术活动的范围相当广泛，如在生产上的求雨、赶邪魔、安龙，生活上的添粮、送鸡鬼、封村、带花入房、送火鬼，婚姻上的过油和做相好，丧葬上的做丧、做“坊”，生育上的求花、饮“密”水、安花、拜认契父（干爷)等。作法时,口读越南音,头戴尖帽(俗称戴顶),身着红色法衣,坐在地板上,手弹二弦琴,左脚的大拇指挂着一串铜环,头摆身摇,口念经书,音与琴声相应,墙上挂有佛像,桌上放着一个石斧。据说此石斧是雷公的斧头,用它赶鬼捉邪才灵验。[①]

不过,要成为"天琴艺人",除了会弹唱天琴、恪守各种禁忌外,还必须经过庄重、严肃的出师仪式。如在板池屯,无论男女老少,只要有兴趣,都可以学琴,但要被称作天琴艺人,还要通过"三昼连宵"的出师仪式,以获得法号。整个仪式以天琴伴歌颂唱,持续三天两夜。仪式前,师傅召集弟子,着彩色长袍,戴三山或五岳帽。三山代表佛、道、僧,五岳代表金、木、水、火、土。第一天的主题是"开路",唱词内容以增寿、增职、增禄为主,约持续五小时。第二天的主题是"受封",受封之人跪拜,由师傅祷告上天,祈求法号。如果卦象都是正确的,表明上天没有异议,得到了四海龙王、玉皇大帝的首肯,便正式授予该法号。接下来进行"十戒"的宣誓仪式。第三天的主题是"祝贺",天琴弹唱以颂歌为主,答谢上神,持续约八小时。经过这样的仪式后,天琴艺人作为"巫"的身份才会被外界认可,才具有法力沟通神人,服务大众,造福人间。

而要成为"天琴世家",则有更严格的要求,祖辈要有人学习天琴并取得法号,再传上三代或三代以上,这样的家庭才能称得上是"天琴世家"。过去,天琴世家是传男不传女,现已不受性别限制。而一旦被称作世家,子孙后代中就必须有人传承,否则会神人共怒,家中不得安宁,直到家中有人愿意学为止。

---

① 广西壮族自治区编辑组:《龙津县金龙峒傣人情况调查》,《广西壮族社会历史调查(第七册)》,广西民族出版社 1987 年版,第 133～138 页。

有了如此严格的师承或家承关系，天琴艺人才能被赋予喻天的身份和特权。因此天琴艺人在收徒时，一般都选择天琴世家的后代，或生辰八字带有“盖命”或“五行政命”的阴官人。

其他人也可以学，但很难出师，只能被称作是天琴爱好者。拥有“巫”身份的天琴艺人可分作两类：一是通过“三昼连宵”仪式取得法号的天琴艺人，一是天琴世家的传人。两者“巫”的身份没有实质性区别，只是村民在做各种仪式时会倾向于天琴世家，尤其是那些已传承十多代的天琴世家传人。在村民心目中，天琴世家的传人在道术和法力上都已经过上百年的考验，因此更值得信赖。

目前，板池屯拥有“巫”身份的天琴艺人共有 14 人，其中天琴世家传人 7 人：LJZ 男，84 岁，法号诸王兼继园总统大元帅；LQ，男，80 岁，法号明王兼继道总统大元帅；LXY，男，67 岁，法号驸马兼宗英总督大元帅；LCM，男，58 岁，法号辽王兼继辉大都督；LSW，男，50 岁，法号慧王兼广明总统大元帅；LRJ，男，50 岁，法号灵王兼继广；NQ，男，53 岁，法号南王兼广福大都督。取得法号的天琴艺人 7 人：LJJ，男，52 岁，法号城王兼宗良大都督；LMB，男，65 岁，法号齐王兼宗能镇国大元帅；LJL，男，65 岁，法号宗王兼广华；LQR，男，53 岁，法号鲁王兼广祥；LYM，女，67 岁，法号郡公兼月仙总统大元帅；LDC，男，50 岁，法号乾王兼广城；LMR，女，55 岁，法号辽王兼燕仙。天琴艺人的法号由佛教法号、道教法号、身份级别三部分组成。（资料来源：2007 年 7 月笔者对板池屯天琴世家传人 LSW 的访谈）

3. 唱天：消灾祈福与酬神

金龙布傣人“做天”，主要是在农历正月初一至十五这段时间。平时家中若有不顺之事，诸如患病、受灾等，也会起坛“做天”，以驱邪赶鬼，消灾除难。此外，遇有祝寿、婚嫁、小孩满月、乔迁新居之事，也要“做天”，表示祝福。“做天”一般有“弹天”、“唱天”、“跳天”三种形式。“弹天”指用天琴独奏，通常是在“做天”活动开始后，由道公独奏一段很长的音乐，起到试琴、调音、等待观众的作用。用天琴伴奏的歌唱，谓之“唱天”。“唱天”又分“独天”和“对天”两种。一人自弹自唱或一人演唱另一人弹天琴伴奏，称为“独天”；用天琴伴奏对唱，称为“对天”。“独天”既有叙事性，亦有抒情性，以祭祀方面的内容为主，如邀请天上仙官下凡、赞颂仙官恩德、消灾祈福等等。歌词大体是固定的，也有即兴，不同的演唱者表演亦有不同。“对天”带有斗智、竞赛性质，用以相互问候，乃至倾吐爱情等等，但和“弹天”一样，时常脱离“做天”仪式，在节庆或农闲时演奏。

“做天”的另一形式是“跳天”，即天琴舞，但在金龙一带则没有见到。因此，“做天”的最主要形式即是“唱天”，准确地说是“唱天”中的“独天”部分。故笔者以为“唱天”可等同于“做天”仪式。

“唱天”仪式中的一切活动都由“天琴艺人”进行。仪式开始前，天琴艺人都要经过一番打扮。特别是举行大礼时，如正月的祈天（侬侗节）以及天琴艺人的出师仪式（“三昼连宵”）等，天琴艺人都要聚到一处，身穿红色或黄色及地长袍，头戴三山五岳帽，帽上绣有太阳、月亮、葵花等多种图案，并且设好神台、神位、神像（多为观音）、香筒、仙花（各色彩色剪纸）及各式供品。仪式开始后，先是威望高的天琴艺人焚香酌酒，然后盘腿坐于神台前，手持天琴，脚趾套铜环，抖动双脚，晃动身体，一边弹天琴，一边唱歌，叙述在上天途中的所遇。其余天琴艺人早已坐定，待老艺人开始弹唱后，便与之相和。随后，天琴艺人还要弹唱送仙歌，以感谢“天”的恩德，并送仙官回到天庭。谢完“天”神，仪式才算结束。大礼仪式一般时间较长，最长的是“三昼连宵”。平时村里有人不顺、患病，或遇天灾人害等，天琴艺人也常常被请到家中“唱天”，不过，程序较之大礼要简单得多，只有一个天琴艺人，一个晚上即可。喜庆之事，天琴艺人也要到场，如庆贺新居落成、小儿满月、新人甜蜜、老人高寿。

布傣人借助“唱天”，以达到人神沟通的目的。其意义有三：一是过关。通过“唱天”上报“天”神，告知某某家中有小孩新生、子女成年、婚娶之事等，以得到“天”的认可，实现个体人生中的角色转换。二是消灾祈福。家中有这样那样的事，人们都希望得到“天”的庇护，以使不可预见的危机得以解除。三是酬神。布傣人信奉“天”是保护神，“天”恩浩大，每一个人都在“天”的庇护之下，要时时不忘“天恩”，因此“唱天”酬神的做法在布傣人中极其普遍。人们通过天琴艺人的口，以表达对“天”的膜拜与祈求。

二、娱人：天琴的世俗性

作为天琴艺人的重要法器，天琴承担着喻天职责，被蒙上了一层神秘色彩。不过，作为一种古老的弹拨乐器，天琴曲调节奏简捷明快、轻盈跳跃，音色清脆优美，深受布傣人的喜爱。在板池屯，不论男女老少，个个爱听爱唱。就算不是天琴艺人，也能弹上一段、唱上一曲。尤其在侬侗节、歌坡节和四月十三观音诞等传统节日上，弹天琴唱天谣更是必不可少。近年来，通过一些国际化的民歌艺术节，“天琴弹唱”已被外界知晓和接受，成为广西知名的艺术品牌。这也就表明，天琴已渐渐融入布傣人的世俗活动中，起到娱人的功能，成为沟通人际关系和族际关系的中介。

1. 放燕

在布傣人中，天琴弹唱是人际交流的一种主要形式，常用于

“放燕”（即送情歌）、欢会“情依”（情人、爱侣）和寻求配偶。据老年人讲，20 世纪 50 年代前，金龙当地基本上说话都是用唱来表达，男女青年谈情说爱，更是离不开天琴。大榕树下，竹林里，小河边，人们想唱就唱，自编自唱，把自己的心声通过歌声、琴声传达到情人耳中。

“放燕”有时也表现为固定时间的歌圩。过去，金龙镇上是三日一圩，每逢会期，盛装的青年男女三五成群地来到歌场，以歌传情，以琴达意。如在“见面歌”（又称“初会歌”）中，会询问对方的住址、姓名，探求对方的来意。“求歌”，又叫“请歌”或“情诗”，是通过恳求、激将、劝说、喻理等方式，来请求对方正式对歌的一种歌式。“接歌”，又称“和歌”，就是表示有选择、有条件、随机应变式地接受邀请，开始唱答。“盘歌”，即一般的“对歌”，内容有神话传说、历史故事、天文地理、岁时农作、生活礼仪、物像猜谜等等，海阔天空，无所不及，以考察对方的聪明才智，增进相互了解。“甜歌”，又称“交情歌”，男女之间，通过一系列的对歌之后，彼此产生爱慕，为抒发情怀、披露心声而唱的“甜蜜之歌”。唱到兴起的时候，会拿起天琴边弹边唱边舞。

2. 侬侗节

金龙布傣人一年之中有好几次群众性的娱乐聚会，其中规模最大、最热闹、最隆重的，是每年正月初一到十五的“侬侗节”（又称歌圩）。节日活动通常在空旷的田垌上举行，但各村过“侬侗节”的日子都不一样，武联村百里屯是正月初八，民建村布毫屯是正月初九，武联村弘曹屯是正月初十，立丑村逐立屯是正月十二，双蒙村板蒙屯是正月十三，金龙镇、横罗村那横屯是正月十四，越南高平省下朗县是正月十五。错开日子的目的是为了让各乡各地的人都能聚在一起,以便互换信息、往来贸易、探亲交友、联络感情。

板池屯是定在正月十一,这里还有一段传说。前文提到的两个仙女,因为私自下凡并动了俗念,由此触犯了天条,在生下儿女刚满周岁的时候,玉皇就下令抓她们回天宫。离别之际正好是正月十一,她们孩子的周岁生日,于是板池全村村民杀鸡、做粽粑、备糖果,聚到村前的金龟坡去烧香,告别两位仙女。临别时仙女叮嘱,她们的儿女长大成人后要合婚,生儿育女,以后每年的正月十一那天,她们都会下凡来看她们的子孙后代,希望子子孙孙都英俊貌美。从此以后,为了纪念两位仙女,在每年的正月十一,村里的人都会拿出最好吃的东西,烧香祭祀,并举办歌圩,弹唱天琴,进行对歌、跳舞、舞狮、抛绣球等娱乐活动。板池屯的侬侗节,由于有出色的天琴弹唱,因此最热闹,最有名气,每年都会吸引附近村屯的人及越南的傣族参加,金龙镇上的小商小贩也赶来摆卖小商品。近年来随着天琴名声的远播,还有一些来自南宁、日本的国内外的游客或学者慕名而来。

节日当天,天刚刚亮,镇上的小商小贩便赶到歌圩场去摆卖,有米粉摊、肉摊等,还卖各种杂货糖果、冷饮等。村民都准备好丰盛的酒菜、粽子,以东道主的身份热情接待来客。届时人山人海,非常热闹。为了祈求"风调雨顺,五谷丰登",村里每户人家都准备了鸡、糯米饭、酒、木耳等物来敬神。在村前空地的正中,用一张席子铺在地上,首先由魔公来推算,如当年大利朝东,魔公则面朝东坐在席子上;如大利朝西,就面朝西坐。村民送来敬神的礼物就放在魔公旁边。节日活动一般是早上九点左右开始,先由魔公敬神,约半小时的仪式结束后,开始天琴表演和各种节目的表演。本村有名望的天琴艺人聚集到一起,弹唱天琴,祈求风调雨顺、五谷丰登、六畜兴旺，曲目多是吉祥内容，如《庆丰年》《跑马歌》《送神歌》《摆扇舞》等。有时也有越南的天琴艺人过来参加表演。还有人跳花凤舞、舞狮、抛绣球、放花炮、斗画眉鸟、斗鸡等。

娱乐活动之后，到了下午两三点钟，人们开始退出歌场。青年男女便三五成群地开始选择对歌的人，一般是选择与外村的布傣人对唱。几首歌唱完以后，若某个小伙子看上了某个姑娘，他就会向姑娘挥挥手中的竹叶。若姑娘也看上了小伙子，两人便走到比较僻静的地方“讲悄悄话”。因双方都是初次认识，所以都有点害羞。若是两人有意，再通过别人联系，相约几次后才正式确定恋爱关系。青年男女谈爱时，父母长辈都不会干涉。但是，如果青年男女偷偷走到树林隐秘处谈爱时，就会引发众怒，因为大家认为这种做法违反风俗习惯。

与此同时，年轻人的父母在家准备丰富的菜肴款待自己的子女邀请来的朋友，特别是越南来的朋友。子女邀请来的朋友越多，父母越高兴。如果女孩请来的是女伴，家里就会邀请几个男子来家弹琴唱歌。同样，如果男孩请来的是男伴，也会邀请几个女子来家弹琴唱歌。在家里唱的歌与白天唱的有些不同，都是写在书本上的，有前后汉和三国的历史故事，有四季歌，还有敬老人、赞主人的，甚至还有关于安南历朝帝王的，歌词用字都是旧越南字，有些用汉字来标傣音。父母等家人入睡后，年轻人便吟唱情歌，直至第二天早饭后才相互道别。

3. 国际化艺术节

如果说侬侗节及日常生活中的天琴弹唱还只限于布傣人自娱自乐的话，那么各种国际化艺术节上的表演，则使得天琴文化名声远播，具有了娱他之功能，也成为布傣人与外界往来、沟通的主要媒介。

天琴表演进入大众视线缘起于偶然。2003 年 9 月，民族音乐家范西姆等一行，应邀来到龙州采风。古老、未经雕琢、原汁原味的天琴弹唱，以其朴实的唱词、独特的韵律，深深地打动了专家。他们建议在原生态天琴弹唱的基础上，成立一个女子弹唱组合，通过加工整理、提炼与创新，使内容和形式得到升华。建议迅速得到龙州县政府的大力支持，并拨款 15 万元，在双蒙村板池屯 LJZ、LSW 等天琴艺人的帮助下，从村中选出十多位 20 岁左右的俊俏少女组成了龙州“天琴女子弹唱组合”。经过一个时期的培训与演练，2003 年 11 月 8 日，在南宁国际民歌艺术节“东南亚风情夜”晚会上，一炮打红。姑娘们怀抱天琴，把金龙淳朴的民风、秀丽的山河和美好的生活图景展示得淋漓尽致。次日，她们在南宁市中心“文化广场”的民歌舞台上再次公开亮相，一时轰动了整个南宁国际民歌艺术节，各大媒体争相报道。自此以后，“天琴女子弹唱组合”美名远播，声誉日隆。

经历了精英挖掘、官方组织、艺术包装等一系列环节，天琴文化已得到外界的普遍认同。作为一种乐器，天琴在娱人方面，不只用于布傣人的自娱自乐，而且还有娱他之用，使原本属于布傣人特有的祭祀法器及弹唱乐器的天琴，演变为某种展演工具，进而成为外界了解布傣人的文化符号。同时，新曲的创造，规格的统一，演唱形式和风格的多样化，也赋予天琴文化以新的内涵，并强化了布傣人自我及外界他者对天琴文化作为布傣人族群标识的认同感。

三、象征：天琴与布傣人的族群标识

一般来说，族群认同多以文化为基础，如共同的历史记忆和遭遇、语言、宗教、地域、习俗等。[①] 一个族群的身份认同通常总是依附于某些实物或符号上，人们以此找寻并展示认同的分辨特征。[②]这些特定的实物或符号积淀着某一族群世代相传和约定俗成的集体表象，具有特定文化的指示内涵，已经同族群形象合为一体，成为最能够体现某个族群特色的象征。

当然，要作为族群的标识，除了具有文化特点外，还必须得到自我与他者的认同。巴斯认为："既然属于某个族群类型，就意味着成为一种特定的人，具有某种基本的认同，也意味着根据有关的认同标准，被判断和自我判断。"[③]郝瑞指出，在族群的定义中，最重要的是意识和认同，其中包括个人认同和他人认异(self-identity and other identification)，即群内的统一和群外的界限。[④]马戎也认为："对于一些在体质上没有太大差别的族群，文化特点和自我意识将成为外人对他们进行识别和他们之间进行互相识别的主要标志。"[⑤]概括起来讲，族群标识指的就是代表某个族群文化特色的，且已被自我与他者认同的实物或符号。相应地，从功能意义上来说，族群标识便与族群紧密相联，成为族群认同过程中最为明显、最根本的边界。笔者认为，历经千百年来的文化沉淀与现代变迁的天琴，也可以作为布傣人的族群标识。

---

① 周大鸣：《论族群与族群关系》，《广西民族学院学报(哲社版)》2001 年第 2 期。

② [挪威]弗里德里克·巴斯著，高崇译、周大鸣校、李远龙复校：《族群与边界》，《广西民族学院学报(哲社版)》1999 年第 1 期。

③ 高崇：《族群与族群性：两个概念的再认识》，《中南民族学院学报》2001 年第 3 期。

④ 高崇：《族群与族群性：两个概念的再认识》，《中南民族学院学报》2001 年第 3 期。

⑤ 马戎：《试论"族群意识"》，《西北民族研究》2003 年第 3 期。

首先，天琴作为象征符号，最能体现布傣人的文化特色。金龙一带的布傣人和布侬人崇尚黑色，服饰以黑为美，故被称为“黑衣壮”，但布侬妇女身着短衫，而布傣妇女穿的是长袍，故布傣人也被称为“长袍黑衣壮”。不过，长袍黑衣虽是布傣人特有的服饰，但一般只限于妇女或女孩子在红白喜事、逢年过节时穿。天琴则不同。弹唱天琴早已融入布傣人的宗教与世俗，贯穿于每个布傣人人生的活动与礼仪，已成为布傣人与外界沟通与互动的桥梁和媒介，因而也最有文化的凝聚性和代表性。

其次，天琴得到了布傣人的普遍认同。这突出表现在布傣人对天琴有着深厚的情感，并能够自觉地传承天琴文化。在板池屯，只要一提及天琴，村民总是由衷地产生出一种自豪感，喜爱之情溢于言表；而且随着“天琴女子弹唱组合”声名日盛，近年来学习天琴的人也越来越多，村内天琴世家各自门下都收有几十个学徒，像最老的天琴艺人 LJZ，已经 84 岁了，还在传徒授艺，门下传人已有 68 人之多，遍布整个金龙镇，甚至远及越南的下琅县。其最活跃的徒弟 LSW，也收有 20 来个学徒，其中还有一些女学徒。“天琴女子弹唱组合”主唱 LHY 说：“今后不管走到哪里，走多远，我都会带着天琴，不仅让更多的人了解我们的民族音乐，也让他们更好地了解我们这个民族，为传播民族文化尽自己一份微薄之力。”布傣人对天琴文化的感情，由此可见一斑。

再次，在他者看来，天琴已成为布傣人的代名词。金龙一带有布傣、布侬、苗、壮、汉等多个族群，由于长期处在同一地域，各族群的风俗习惯多有相近之处，尤其在布傣和布侬之间，妇女衣着上虽有长短之别，但仍被外界统称为黑衣壮。自从天琴弹唱得到外界的普遍赞赏后，人们便开始把天琴与布傣人联系起来，把它看做布傣人特有的文化。人们觉得,要了解天琴,就得找布傣人;到布傣人那里,就必须欣赏他们的天琴。当地政府已围绕天琴文化,在板池屯进行旅游开发,拟建立布傣文化生态旅游村。电视台、电台、报社、网站等主要媒体,以及一些学者、旅游者,已将板池屯作为了解布傣人及天琴文化的主要窗口。

总之,布傣人及他者围绕天琴所进行的一系列文化建构,以及天琴弹唱在现代舞台的成功表演,进一步强化了布傣族群的自我意识,也使布傣人与其他族群的边界变得更为清晰。当然,必须指明的是,此处所说的天琴,并不是琴本身,而是布傣文化的象征体——天琴、长袍黑衣、原生态演唱或对唱、神秘的“唱天”祭祀礼仪等。

四、余论:族群标识的意义

经过千百年的历史传承与现代建构,天琴已成为布傣人的族群标识,而不再是单纯的法器或乐器。那么,当某种实物或符号被作为族群标识后,都具有哪些意义呢?笔者认为,布傣人的天琴除了使族群边界更为清晰之外,还有以下几个方面的意义:

一是可展演性。如今,文化展演已是民族旅游中不可或缺的组成部分,并由此而引发了文化真实性的讨论。关于展演,不同的学者有着各自的理解,如有人认为是一种被提升的“经验”或“封装”,是“一种交流”;[1]也有人认为是一种戏剧化的呈现。[2] 但笔者

① 杰茜卡·安德森·特纳著、杨利慧译:《旅游景点的文化展演之研究》,《人文讲坛》2004年第1期。

② 朱凌飞、孙信茹:《文化展演:传媒语境中的理解与阐释》,《广西民族研究》2005年第1期。

认为，其核心结构在于能够在脱离原有情境或象征性的前提下，为了特定的需求将某种文化复制或再现出来。在这一过程中，文化可能会因创造或扭曲而变得面目全非或与原来大相径庭，但却得到了传承和更新，个体由此获得对本民族历史和传统的一种认同，社会生活也因此得以重新整合。从布傣人的天琴弹唱表演亦可看出，作为文化凝聚的族群标识，不仅有着展演的性质，而且正是因为无数次的展演，才获得了他者更多的了解和认同，其族群识别功能也进一步被强化。

二是利益性。不管是出于自觉还是不自觉，文化展演的背后总是隐藏着一定的利益关系，族群标识也一样，因为展演不仅出于自我的需要，也是他者的需求，它体现出的是交换关系以及随之而来的利益关系。其中的利益主体包括表演者、中介组织或个人以及当地人，类型也是多样化的。例如，借助天琴弹唱，一些表现出众的演员（如主唱 LHY 等）就进了专业歌舞团，获得了职业身份和稳定的收入。一些天琴艺人（如 LSW 等人）也由此提高了自己的社会声望，并在业余表演中获得了收益。至于一些民族音乐家，以及龙州县政府、旅游局，也都从中得到了各自的利益。

三是对族群标识潜在的掠夺或垄断。文化展演所带来的利益可能导致文化资源被掠夺或垄断，具体到本文便是对族群标识的争夺或独占。这一方面表现在他者对族群标识的掠夺，如抢注专利、肆意篡改以迎合商业表演等，另一方面是族群内部的明争暗斗。在板池屯，天琴艺人 LSW 的社交面广，琴艺高超，加之是“天琴女子弹唱组合”的主要参与者，便自称是最正宗的“天琴世家”，几乎垄断了村里的天琴文化资源，外来的组织、媒体、学者或各类商业性演出大都与他合作，这就引起了其他村民的不满。在调查中，村民 LWF 就对笔者讲："现在有人要独占、霸占天琴，如把民间的曲子加工一番，就成了自己的作品，就换钱，还声称自己是最正宗的，但其实不是这样子的。天琴流传了那么多年，有那么多的老艺人，凭什么就被个别人独占？"于是在板池屯，另一部分村民便抬出年长的艺人或师公来与 LSW 等人对抗。这样，琴声中就带上了某种不和谐的音调。

虽然不能断定村民完全是为了利益才来争夺天琴文化的正宗地位，但从中所反映出的问题理应引起社会的足够重视。时下民族旅游方兴未艾，民族文化也处在新的建构期，以前不被外人所知的自然风光和民族风情既能为当地人带来自豪感，又能产生经济效益，也就不可避免地会引发这样那样的纷争。这些纷争如果处理不当，不仅会影响族群内部的团结，而且还会对文化本身造成损伤。这就需要政府加以正确引导，并采取适当的措施，使民族文化为民族和全人类共同享有。

第七章　乡土知识、现代科技与乡村重塑

——布努瑶族、壮族的例子

第一节　乡村社会的两类知识体系

美国人类学家格尔茨于 20 世纪 70 年代提出了解释人类学，其理论的核心内容是用新的符号手段即“深度描写”（thick description）和认知角度即“地方性知识”（local knowledge）来认识文化。在他看来，人类学者与当地人一样地在解释着世界，而他们的描述所能做的就是对当地人的解释的解释，是“从本地人的观点出发”来解释本地人（被研究者）的文化。

自格尔茨提出以来，“地方性知识”便成为人们认识文化的基本范式，也成为人们解读乡村社会、衡量社会与文化变迁的重要价值准则。而且实际上，格尔茨的理论最有价值的地方正在于他对“地方性知识”的重视和应用。正如有学者评论的，“矫枉现代化及全球化进程中的弊端，后现代的特征之一就是地方性—求异，不管它的结果是异中趋同，还是异中见异、异中求异。格尔兹正是这一学术思想的有力倡导者，并把它有效地应用到了自己的阐释人类学的实践中。他实际上较有创见意义的贡献更在于他关于地方性

知识的倡导和深度描写的实施。”①那么，我们如何把握地方性和现代性两类知识体系的相关性呢？

一、现代性知识对地方性知识的损伤

基于强有力的技术、市场及制度等，现代性知识体系在进入乡村社会后，势必对乡村原有的地方性知识形成损伤和破坏。事实上，这一问题以及人们对它的关注由来已久。如美国人类学家雷德菲尔德在 1956 年出版的《农民社会与文化》一书中认为，由于乡土社会是“前工业社会”，与现代社会无法共存，民间文化全靠都市精英文化推动甚至强制才能实现，因此，小传统在文化系统中处于被动地位，使得在文明的发展中，农村不可避免地被城市所“吞食”与“同化”。②

更早的还有马凌诺斯基也敏锐地观察到了这一问题。他在《西太平洋的航海者》前言里说：

> 民族学正处在一个即使不是悲剧性的也是十分尴尬的境地。正当它整理好作坊，打造好工具，准备不日开工时，它要研究的材料却无可挽回地急剧消散了。当科学的田野民族学方法和目标初具规模，当训练有素的人们路上征程，去研究未开化区域的居民时，他们却在我们眼前渐渐消失。③

近年来，随着研究的深入，人们已开始关注现代性知识对地方

---

① ［美］克利福德·格尔兹著，王海龙、张家瑄译：《地方性知识——阐释人类学论文集》，中央编译出版社 2000 年版。

② R. Redfield, *Peasant Society and Culture*, Chicago: University of Chicago Press, 1956.

③ ［英］马凌诺斯基著，梁永佳、李绍明译，高丙中校：《西太平洋的航海者》，华夏出版社 2002 年版。

性知识的窃取即“生物盗版”行为。“生物盗版”指个人或者机构对农业和本地社区的知识和遗传资源的占有，以寻求对这些资源和知识的排他性垄断控制，通常通过专利或植物育种者权利的方式。下列行为被认为是“生物盗版”行为：

1.“错误”地授予专利权

这是指对那些相对于已经属于公共领域的传统知识来说不具备新颖性或者创造性的发明授予专利权。这些专利被授权可能是由于专利审查过程中的疏忽，或者仅仅是因为专利审查员不能检索到该知识。这可能是因为该知识已经被记录下来，但是审查员通过其检索手段不能获得该知识，也可能是因为该知识是非书面的知识。WIPO已经提出动议，将传统知识文献化并进行分类，从而部分地解决这些问题。

2.“正确”地授予专利权

这是指对那些从传统知识或遗传资源中开发出来的发明依照本国专利法正确地授予的专利权。然而有人认为依据下述理由可以证明授予这样的专利权构成了“生物盗版”行为：取得专利的标准太低，例如将专利授予实际上与发现没有什么区别的发明，或者换句话说，有些国家的专利制度（例如美国）不承认以某些方式公开的传统知识构成了现有技术。另外，即使该专利代表了一项真正的发明，但是没有根据生物多样性公约规定的原则获得提供该知识或资源的社区的事先知情同意，并达成共享商业化利益以给予其适当报酬的合同协议。

涉及传统知识和遗传资源的有争议的专利案例：

Hoodia仙人掌案：桑人生活在南非的喀拉哈里沙漠周围，有在长途游猎旅程中食用Hoodia仙人掌消除饥饿和口渴的传统。1937年一个研究桑人的荷兰人类学家注意到Hoedia的用途。南非科学与工业研究委员会(CSIR)的科学家们直到最近才发现他的报告并且开始研究这种植物。1995年,CSIR获得了Hoodia抑制食欲的成分(P57)的专利。1997年他们将P57许可给英国生物技术公司Phytopharm。1998年,美国辉瑞制药公司以高额的使用费得到了开发和销售P57的权利,打算将其开发成减肥药,预计市场价值超过60亿英镑。当听说可能会开发利用其传统知识时,桑人威胁要对CSIR的"生物海盗"行为提出诉讼。他们声称他们的传统知识被偷窃,而且CSIR没有遵守生物多样性公约的规则,该规则要求得到所有权利所有人的事先知情、同意,包括最初的发现者和使用者。Phytopharm进行了大量的调查,但是未能发现任何"知识所有人"。当时剩余的桑人生活在距其原始部落地1500英里之外的帐篷区。CSIR宣称他们本来就打算要通知桑人有关该研究的事情并准备与其分享利益,但希望在确定该药品是有效的之后再这样做。2002年3月,CSIR和桑人达成谅解,桑人将会分享以后的所有专利提成费。尽管桑人可能只能得到最终销售额的极少份额,但是潜在的巨大市场意味着所涉及的金额仍然会是相当大的。该药品在2006年前不大可能上市,而且还有可能在临床实验中失败。①

二、现代性知识与地方性知识的异质性

人们试图从各个角度来解析现代性与地方性两类知识体系冲

① 英国知识产权委员会:《整合知识产权与发展政策(*Integrating Intellectual Property Rights and Development Policy*)》,2002年。

突的原因,以便在实践中能有所作为。其中的论说主要集中在两个层面。

一是经济因素,即在物质利益的驱动下,人们自愿或被迫放弃传统知识,转而认同、接受现代知识。如上文所提到的 Hoodia 仙人掌案。费孝通先生在《江村经济》里也对当地人出于经济上的考虑而被迫放弃传统生计有所论及。①

在科技下乡过程中也会看到类似的现象。自 1986 年以来,科技下乡在乡村所形成的科技积累,如初具规模的科技推广、服务体系,农用机械、杂优品种、化肥农药等先进的耕作技术,饲料、添加剂等养殖技术在农业生产中的广泛使用等,以及时下进行的产业结构调整和产业化经营,在实现农业生产的专业化、商品化和社会化,大幅度地提高农产品产业量的同时,也逐步改造了传统的自给半自给农业和农村经济,有效推动了传统农业生产方式向现代农业生产方式的转变,使得广大的农村涌现出大批科技示范户、科普乡村、科普乡镇。农民之所以接受,根本原因就在于现代农业科技在经济方面的强势,如投资少、效益高、见效快等。

二是对地方性知识的无知或忽视。20 世纪欧洲殖民主义统治出现危机,其中一个很重要的原因就是对殖民地传统知识的无知或不重视。如在非洲,英国殖民当局和德国、法国等殖民者,均不重视非洲社会原有的各种传统文化和社会组织,他们破坏一切氏族部落制度,毫不尊重当地人的信仰和习俗,消灭了可以依靠的部落首领和氏族长老,从而引发了一系列殖民者与当地人的冲突。② 也正

① 费孝通:《江村经济——中国农民的生活》,商务印书馆 2001 年版。

② [英]雷蒙德·弗思著、费孝通译:《人文类型》,华夏出版社 2002 年版。

是在这一背景下，地方性知识才应用于殖民统治，才逐渐被重视。

在现代社会背景下，由于乡村社会的弱势，人力、资本、物资、科技知识等乡村发展所需的资源绝大多数掌握在乡村社会以外的组织或集团（精英阶层）手里，因此，在一定程度上，乡村的发展实际表现为乡村社会外部的一些政府与非政府组织力图通过自身所掌握的资源对乡村社区发展所实施的干预活动。由于这些组织往往倾向于把现代性的知识和技能输送或应用于乡村，以致时常忽略了乡村本身的知识和技能，导致干预的失败或劳而无功，如非洲赞比亚、坦桑尼亚的例子。[①]

在时下中国农村的发展中也存在相似的情况。如广西的一些村庄，当地政府为了扩大甘蔗种植面积，培育蔗糖业，采取了多种措施，但对一些农民来讲，这仍是出力不讨好的事情。再如一些扶贫援助项目，由于没有考虑到当地的实际及当地人的生活习俗，做得也不尽如人意。笔者在广西凌云县蓝靛瑶族山村调查时，看到村头小学内有个新修的厕所，跟城里的一样，水泥房、陶瓷抽水马桶，显得很是现代，但茅坑里面插了好多村民们擦屁股留下来的棍子、竹片。原因是村民们的生活水平，或卫生意识还没有达到用卫生纸的程度。还有冲水也不方便，要提水冲，从河边走到厕所要20多米，还要爬两道坎。

在文化意义上，上述两个方面的因素可归结为现代性与地方性两类知识体系的异质性。现代知识体系有着丰富的科学知识财富，对于它通过技术和组织手段来克服问题的能力深信不疑，通常

---

① 中国社会科学院农村发展研究所：《中国农村发展研究报告》，社会科学文献出版社2000年版。

以变更自然为目标和手段。而地方性知识由经验积累而成，靠的是人力及初级的劳动工具，往往注重对自然的顺应，及与自然的协调。现以中国的村落文化的变迁为例来说明这一问题。

个案7-1：村落文化的变迁与乡村两类知识体系的异质性

传统的中国村落文化对自然的顺应表现在两个层面：一是讲究"风水"，顺应自然环境，如把"背山、面水、向阳"看做是最好的方位，宅院地势要讲"前低后高"，讲"前窄后宽"，重视"水口"（出水口和入水口）和"气口"（包括门、窗）的自然方位和大小尺寸等等，集中表现在村子的选址、建筑的布局和风格等方面。二是以家族或宗族为其组织形式，重血缘，倡"孝佛"，顺应人的"自然"。人际关系也依人们的血缘亲疏而表现为以个人为中心的差序格局。[①] 即便是在生理上、血缘上没有亲属关系的人们，也用以与家和亲属相类似的关系来设定他们之间的关系，建立起类似亲属的关系，如行会、秘密社会、地域化宗族、义亲等。[②]

传统的中国村落文化对自然的这种顺应实质上取决于农民们所拥有的传统耕作技能和知识。以人力畜力为主的小规模耕作，及现代的市场机制、法律规范及国家制度的缺失，决定了单个的小农家庭不仅无力与自然界抗争，而且还必须联合他人的力量来对付自然，或者抗击入侵者，以保证自己的收获与安宁。所以，中国人的传统讲"耕读传家"，耕是以农为

① 费孝通：《乡土中国生育制度》，北京大学出版社1998年版。

② 麻国庆：《走进他者的世界》，学苑出版社2001年版。

本、自食其力，满足的是基本的物质需要；读为学圣贤书，行教化之风，传祖先之业，宣扬的是道统思想。因而，教化在中国古代村落占有很重要的地位，这从村落的建筑上就可反映出来，如村中的学堂、祠堂常常建得很考究，风水也不差。再如家中窗子上、门上、房梁上的木雕，都很有教育意义。

但是随着农民们对现代农业生产、生活知识和技能的认同和接受，以及市场机制、法律规范、国家权力等在村落延伸，大大扩大了单个小农家庭的生产规模，提高了其生产能力，增强了其抗争自然或入侵者的能力，从而使得村落文化表现出了较多的变异性，即不再是注重顺应自然，而是改造自然。

如村落里农民们的房屋，无论从建造还是从美观角度，传统的木楼、吊脚木楼、砖瓦房，都要比现代化的钢筋水泥楼更符合当地的自然环境，但农村人还是觉得现代化的楼房好，高大、舒适、明亮，至于其中有着什么样的文化韵味，则不管那么多。其中的原因除了向城市文化靠拢外，最主要的还是农村人已拥有了相关的知识和技能，如建筑材料的制作和建房技术，先进的供水系统，卫生设施，采光、取暖或防暑设备等。

再如村落里的人际关系。随着生产中的科技化、机械化、产业化程度的不断提高，农户们实物或劳务上的需求也日趋多元化，单纯的义务或礼物性的互惠交换已不能满足这些需求，从而便出现了村庄内的市场交换，原先在血缘或姻缘关系基础上确立的“差序格局”已不能容纳新的生产力，自然而然地就出现了讲求互利、平等与合作的“团体格局”，如生产上的合伙人、朋友圈、行会等，乡村人际关系变得愈来愈理性化了。[①]

三、关于两类知识体系冲突的理解

面对乡村社会两类知识体系的冲突，以及由此对地方性知识所造成的损伤，人们有着不同的理解和态度，或从各自的角度提出了相应的解决办法。

一是对现代知识的排斥、不满，甚至无可奈何。如有的学者以云南纳西族为例认为，“公路、电力、制度化的学校教育成为对传统文明的三大破坏因素”，“对于传统文明来说，现代化文明具有一种格式化力量，传统不是因为现代化的引入而得到发展，而是随着现代文明的深入而消失。”因此，假如要保护传统文明的话，就要阻止现代化的侵蚀，即以不发展来求发展。[②] 还有的学者表达了自己对现代化的强烈不满。[③]

二是加强对地方性知识的保护。如设立民族文化保护区域，利用知识产权制度，建立利益分享机制，以使传统知识商业化或者防止其滥用等。[④] 另外，还需通过立法，以对实行特殊保护传统知识，如菲律宾和危地马拉的例子。

个案 7－2：对传统知识的特殊保护

菲律宾已经制定了法律并且在考虑进一步的条款，给予本地社区保护其传统知识的权力。这些权力涉及控制对宗地

---

① 秦红增：《村庄内部市场交换与乡村人际关系》，《广西民族学院学报(哲学社会科学版)》2004 年第 5 期。

② 韦丹芳、刘丽：《科技人类学研究的新进展——2003 年中国科技人类学研讨会综述》，《广西民族学院学报(自然科学版)》2004 年第 1 期。

③ 龙应台：《全球化了的我在哪里》，《南方周末》2004 年 2 月 26 日。

④ 英国知识产权委员会：《整合知识产权与发展政策(*Integrating Intellectual Property Rights and Development Policy*)》，2002 年。

的获得、对生物和遗传资源以及涉及这些资源的传统知识的获得。他人使用传统知识应当根据习惯法获得该社区的事先同意,由遗传资源或相关知识而产生的任何利益均应合理分享。然而,该法律试图保持在当地社区中进行生物多样性的自由交换。该法律还设法保证当地的社区能够参与做决定的任何阶段。虽然这些法律条款的主要目的是承认、保护和促进社区和当地人的权利,其中包括涉及生物资源和相关传统知识的社区和当地人,但也承认开发这些资源的潜力。

危地马拉法律也试图通过将民族文化的表现形式,例如医药知识和音乐,置于国家的保护之下,以保存和促进其传统知识的更广泛应用。根据法律,这些表现形式不能被出售或者以任何报酬为条件进行转让。因此,对传统知识已经在国家层面上发展出不同类型的保护模式,试图使法律和实践适应本地的需要。①

三是对现代知识和技能的肯定。有的学者指出,地方性知识也存在着这样或那样的不足,如不能科学地把握世界,容易受拥有高量级"科技能"的人群愚弄或凌辱,野蛮、缺乏应有的人道精神等,这就得通过现代知识对之加以摒弃。②

四、农民的态度与实践

面对现代知识的强势和冲击,农村人除了固守一些传统外(如

① 英国知识产权委员会:《整合知识产权与发展政策(*Integrating Intellectual Property Rights and Development Policy*)》,2002 年。

② 唐韧:《假如我们不学科技》,《出版广角》2003 年第 6 期。流沙:《善良是种觉悟》,《读者》2004 年第 7 期。

瑶人对魔公的信奉等)，更多地是表现出对现代知识的顺应及渴求。他们乐于接受现代的生产技能、生活方式及组织制度，渴望现代科技知识，有着强烈的到外面闯一闯的心理。其中的原因既有农民自身的，如渴求变革、谋取发展、向往城市文明等，同时又有外界的作用，如政府或非政府组织实施的乡村发展计划、城市对乡村的辐射等。

个案 7-3：项目区少数民族对现代文化的渴求

因为贫困与闭塞，广西项目区各少数民族的文化娱乐仍是民族性的、传统性的。从文化相对观上来讲，这的确无可厚非，但从各少数民族对其他民族的文化和现代文化的渴望上来讲，对他们的确有些不公，也就是说，他们很难享受到外来文化。在各个民族村寨，原住居民一般都唱本民族的歌来欢迎外来客人，但是他们更希望听到客人们唱的歌，因为他们平时根本都听不到。评估小组在调查过程中，许多村寨的人都拉着评估小组成员叫唱歌，主要原因就是他们没有听过。在融安县调查时，评估小组看到村民们挤在一台 12 英寸的黑白电视机前看电视，但该村没有通电，用的竟然是一台手摇式的发电机，村民们一边摇，一边看，累了就轮换着摇。①

个案 7-4：农村男孩子的理想

问："如果家里人让你们一直上初中、高中、大学，那你们想上吗？"

JCC 等："我们只想上到小学毕业，学也学不动。"

① 中山大学中国族群研究中心：《世界银行四期扶贫项目广西区社会评估报告》，广州，2004 年。

JGJ、PJ 等:“我们想上大学。”

问:“你们将来都想干些什么呀?”

PJ:“我们想变化这个家乡,现在要认真读书,好好学习。我们也想出去,不想那么早找老婆。如果我们得分配了,就不用种地。”

DGC:“我最喜欢做‘魔公’,因为做‘魔公’有肉吃,有酒喝。”

JGY:“想当科学家。”

JGJ:“想当研究家。”

DCB(9 岁):“想做教师。”

ZGY:“现在还没想过。”

(2000 年 8 月广西凌云县泗城镇铭金保瑶族村调查资料)

个案 7－5:扶贫项目中妇女们关注的问题

融水县安太乡小桑村妇女座谈会上,妇女们积极发言,而且表现出了和男子不同的见解。她们普遍关注孩子的读书问题,认为小孩子读书成问题,就是能读书,家里也供不起。所以她们认为关于贫困的表现在于吃得起饭,但是没有钱读书。龙胜县泗水乡潘内村红瑶妇女座谈会上,妇女们表现出了对农村科技培训的渴望,她们希望能够有接受科技培训的机会。有妇女反映,丈夫每天就是串门聊天,也不管家里的事情,让丈夫去参加培训也没有用,也不会去发展自家的家庭经济,自己文化水平又低,很多事情也不敢去做,如果能有参加培训的机会,她一定会去参加的。[①]

---

① 中山大学中国族群研究中心:《世界银行四期扶贫项目广西区社会评估报告》,广州,2004 年。

五、未来的策略

不可否认的是,在现代知识的强势背景下,地方性知识在逐渐消失,地方差异性也愈来愈小。这就要求我们在未来采取更加谨慎和灵活的态度,来维护地方性知识的持续性。幸运的是,在人类学的发展中,许多学者都从各自的立场提出了不少良好的文化主张。如马林诺夫斯基和拉德克利夫—布朗从功能论观点出发,认为一切文化都是有功能的,同样,土著的氏族部落的社会规范、组织也有其功能。殖民者应该发挥其功能、利用它来为自己的殖民统治服务。殖民者只要进行"间接统治",便可坐享其成,避免殖民危机的发生。再如文化相对论者认为,一种文化的特征,尽管在各民族中所表现的形式不同,但其本质是一致的,都是为自己的群体服务,因而都是有价值的;一切文化的价值都是相对的,对该群体所起的作用都是相同的,文化谈不上进步或落后;应抛弃欧美中心主义和民族中心主义的文化论调,充分尊重每个民族的文化,反对用暴力干涉落后民族及其文化。

综合学者们的看法,笔者认为应从以下三方面着力:

第一,承认文化的差异性和多元性,并给予各类文化和知识以应有的尊重与宽容。2001 年 11 月 2 日在联合国教科文组织第 31 届大会上通过的《联合国教科文组织文化多样性宣言》中提出:"文化在不同的时代和不同的地方具有各种不同的表现方式。文化多样性对人类来讲就像生物多样性对维持生物平衡那样必不可少,从这个意义上说,文化多样性是人类的共同遗产,应该从当代人和子孙后代的利益考虑予以承认和肯定。"但是,人们必须清醒地认识到,要实现这一目标并不容易。

在这里，相互理解是非常重要的。“理解促进宽容，理应如此。人类学家所提供的关于当地制度和信仰的知识，在有些情况下，促使管理别人行为的人们在处理事件时，不采用以前那种严厉和固执的态度。如跳舞和入会仪式在以前常常是被禁止的，现在欧洲来的管理者知道这两个习俗对社区生活极有帮助，如果加以禁止，会极大地扰乱社会生活。”[①]依此来看，人类学家的神圣目标之一便是通过各种各样的手段，千方百计地解释多种多样的文化，说明不同的知识系统的重要意义，从而促进人们之间的相互理解，尊重差异，求得宽容。同时，对那些有碍于宽容的言论和行为给予批驳，并引导社会朝着正确的方向努力。

第二，对地方性知识采取特殊手段加以保护。除了把对地方性知识的保护纳入法制范畴等手段之外，还必须将一些传统节日或民族节日提升为公共节日。因为节日消费及其本身的文化蕴涵，都与地方性知识相关，因而也就很有利于地方性知识的保护。

如在中国西南各少数民族中流传两千多年的以铜鼓为载体的铜鼓文化，由于在大炼钢铁和“文化大革命”中遭到严重的破坏和摧残，曾一度消歇。1991 年第四届全国民族运动会后，地方政府承认过去做了对不起群众的事，向群众主动道了歉，老百姓这才把手里的铜鼓拿出来，参与政府组织的活动。前些年，广西河池市政府还精心打造了“铜鼓山歌艺术节”，目前该节已发展成为一个集中展示河池铜鼓及民间文化的平台，成为融民族性、艺术性、群众性、综合性为一体的知名品牌，成了与南宁国际民歌艺术节、桂林山水旅游节齐名的广西“三节”之一。政府的这些举措对保护、传

① [英]雷蒙德·弗思著、费孝通译：《人文类型》，华夏出版社 2002 年版。

承和发展铜鼓文化有着积极的意义，它使老百姓消除了对铜鼓文化的疑虑、恐惧心理，不仅对铜鼓文化有了科学的认识，而且激发了他们自觉保护的意识。因此，近年来民间又恢复了使用铜鼓的传统习俗，在闹年迎春、节日庆典、婚丧礼仪、祭祀聚众等场合敲打铜鼓，还出现了不少铜鼓专家和收藏家。学术界也开始对已经不全或失传的铜鼓歌谣、舞蹈、曲谱（鼓点）及铜鼓铸造技术进行整理、恢复。

第三，倡导保护与发展并举的原则。在充分肯定地方性知识价值的同时，人们必须清醒地看到，地方文化的价值总是有限的。尤其是要认识到，一些地方性知识已成为当地社会发展的阻力。因而，假如过分地强调地方性知识的价值，强调地方特色，必会排斥先进，拒绝变革，阻碍社会进步，形成地方文化霸权。到头来不仅不能保护传统文化，而且使得特定的民族、群体永远成为强势群体的“文化玩赏物”或“文化附属物”。这不只是有违于公平，而且可能还是别有用心。

案例 7－6：传统的生活习俗阻碍着农民的脱贫

广西居住着壮族、侗族、瑶族、苗族、仫佬族、毛南族等多个少数民族，他们的居住习俗很难改变，住泥砖结构、木楼结构房屋的习惯仍在延续，人畜混住现象还很普遍，洪灾、火灾造成房崖倒塌人员伤亡的事件还时有发生。不少村寨农民群众饮用水困难而且不卫生，几年以来，各级政府推行的改厕改水，至今仍未能全面铺开，传统的不卫生的生活陋习根深蒂固。贫困人口的个人素质低，陈旧的观念、不良的生活习俗等也阻碍着贫困村经济发展和农民解决温饱问题。

如对付各类疾病的一般不是先找医生，而是先找仙婆来念经，等念几天经还不见好，才会来找医生。医生治好后，他们也会讲是仙婆医好的。他们有病宁愿花钱请仙婆，也不愿先让医生看。再如室内环境较差，主要原因是当地人长年四季烧柴火，做饭、烧水、取暖都靠一堆火，所以厅堂里的地火终年不熄，加之房屋低矮，通风、通气条件差，所以，房内墙壁都是黑糊糊的。

一些年轻的女孩，虽然获得了外出工作或是读书的机会，但是由于传统的观念和自身文化的限制，最后又甘于退回到狭小的交往圈中。如村民 YFY 的大女儿，三江县同乐乡高色村人，今年 21 岁，前年曾经和村子里的一些年轻人一起到过广东南海打工，但是只会苗语，听不懂也不会讲普通话，所以也没有办法和别人交往，在南海打工时平时交往的人也就是同村的老乡。2002 年，她嫁给了同去打工的本村人，现在又回到了高色村，也不打算再出去，现在平时的交往活动也就是回回娘家。

还有红瑶妇女。红瑶的习惯上不让女孩子上学，所以在红瑶女童班之前，能上学的女孩子寥寥无几。因为没文化，各种技能都很低，尤其是现代技能和生产技能方面，如用电时用火钳夹电线、听不懂普通话等。[①]

因而，对地方性知识价值的评判、运用一定要慎之又慎，做到科学、准确。应倡导保护与发展并举的原则，尊重乡村人的发展权及发展的自由权。“对文化霸权的反叛最重要的不是争得话语权、

① 中山大学中国族群研究中心：《世界银行四期扶贫项目广西区社会评估报告》，广州，2004 年。

解释权，而是平等的发展权、进步权，对文化冲突的最好消解不在于‘观念’上的平起平坐，而在于真正使弱势群体的发展赶上强势群体。因此，应该说，与其他人类学的消解方式相比较，发展人类学的消解方式是最理想的，也是最有效的。”①

基于此，本研究将以布努瑶和壮族的村落为例，来分析当地人的态度和做法，以期为更合理地把握乡村社会的未来提供个案经验。

第二节　现代科技、生计模式与乡村文化变迁：布努瑶的例子

文化变迁具有“连锁反应效应”，即文化的一个部分发生变迁，必然引起整体中互相关联的部分的反应，最先改变的起着决定性的制约作用。不过，人类学家对于文化的哪一个部分更容易引起变迁则有着不同的说法，如怀特等人认为技术先于意识形态，而有的人则认为意识形态更为根本。② 但实质上，究竟文化的哪一个部分最先变迁，与研究对象所处的具体历史时期以及研究者的视角密切相关。近年来，一些学者侧重于探讨某一民族的“生计模式”及其文化结构之间的相关性。如罗素玫的《性别区辨、阶序与社会：都阑阿美族的小米周期仪式》，研究了台湾台东县阿美族1920～1930 年还存在的小米种植形成以小米周期仪式为核心的

① 周大鸣、秦红增：《人类学视野中的文化冲突及其消解》，《民族研究》2002 年第 4 期。

② 黄淑娉、龚佩华：《文化人类学理论研究方法》，广东高等教育出版社 1998 年版，第 214～215 页。

阿美族的年度周期仪式，以及在此过程中特殊的男女性别区辨和阶序制度对社会的构建。① 又如黄应贵的《作物、经济与社会：东埔社布农人的例子》，论述了台湾东埔社布农人的主要作物在1920～1990年间从小米到水稻到西红柿再到茶的转变过程中，呈现出不同时代的社会性质，并且经由原有*hanido*信仰与人观来理解、转变乃至创造有关新作物的活动及其文化意义等。② 之所以从生计模式入手来对文化变迁进行研究，是因为每个民族在其生存的过程中都有一种主要的用以维持其生活的方式，以实现其最基本的生存以及更进一步的发展。因此，某个民族生计模式的变化是导致该民族文化变迁的基本因素。

人类学家孔恩用"适应策略"一词来描述一个群体的经济生产体系。他将社会类型划分为五种适应策略：搜食、粗耕、农耕、畜牧、工业化。③ 由于经济生产体系的不同，每个社会在其生产技术、生活方式、社会组织、宗教信仰等方面表现出各自的文化特色。如畜牧业民族以畜牧养殖为生计模式，他们逐水草而居，有自己的一套畜牧技术和生活方式，具有很强的流动性；而耕作民族以经济作物种植为生计模式，因为有固定的土地用于耕作因此有固定的村落、家等，也有自己的一套耕种技术和生活方式，相对稳定。而且即使是同一种适应策略，但由于地理环境、知识技术、种植或饲养的品种有所差别，每个地区每个民族也会有自己的文化特色，而

---

① 罗素玫：《性别区辨、阶序与社会：都阑阿美族的小米周期仪式》，《台湾人类学刊》2005年第1期。

② 黄应贵：《作物、经济与社会：东埔社布农人的例子》，《广西民族学院学报（哲社版）》2005年第6期。

③ ［美］科塔克（Conrad Phillip Kottak）著、徐雨村译：《文化人类学——文化多样性的探索》，台北麦格罗希尔2005年版，第171页。

一旦这个群体原有的经济生产体系、生计模式发生了改变，必将导致其相应的新的文化的形成。导致某一民族生计模式发生变化的因素包括农产品种类的变更、生产的知识和技术引进更新或社会组织发生改变等。自改革开放以来，在中国农村尤其是少数民族边远地区，各类政府和非政府组织实施了一系列如科技下乡、参与式发展等扶贫或发展项目，一些新的种植和养殖技术、农作物和家畜便随之进入这些地方且业已普遍化，当地农民与外界、与现代科技知识的接触和交流越来越频繁，生存思路和活动范围不断扩大，生计模式也逐步由传统转向现代。准确地把握生计转型和文化变迁的态势，寻找其中的内在规律，可以更好地促进民族地区农村的发展与和谐社会的建设。这里拟通过广西大化县七百弄乡布努瑶族生计转型前后所种养的一些主要农产品玉米和猪、黑山羊、金银花等，以及所形成的定居与流动文化特质，来探索民族地区的生计转型与文化变迁的相关性问题。

一、调查地概况

广西大化瑶族自治县是布努瑶重要的聚居地之一，总人口41.35万，其中瑶族人口占21.68%。七百弄乡(弄，是瑶语对洼地的称呼；七百弄，泛指很多的洼地，布努瑶寨即分布于各个弄)是1987年大化瑶族自治县成立时划分的一个瑶族聚居乡，位于县西北部，距县城约95公里。区内全部是大石山，耕地少，石漠化严重。本次调查选取了七百弄乡政府所在地弄合村的弄南屯为调查点。该屯由上南屯和下南屯两个屯组成。共有住户50户，其中上南屯22户，下南屯28户。总人口350多人，其中上南屯130人左右，下南屯220人左右。两屯居民全部为布努瑶，共有3个姓氏。

蒙姓最多，45 户，韦姓 3 户，蓝姓 2 户。现在屯里约有 40%的年轻人外出打工，中老年人在家干农活。种植方面，弄南屯的主要农作物是玉米，其他还有黄豆和红薯等。近年来随着政府“退耕还林”政策的实施，弄南屯已将山坡上种植玉米的土地改为种植砍头树和金银花。养殖方面，农户主要养猪、山羊和牛。其中养猪最为普遍，家家都养。目前全屯的人均收入不足 100 元，主要来源是养猪、山羊和种植金银花，还有就是外出打工所赚的钱。

二、玉米与布努瑶的定居及其耕作文化

玉米传入中国大致为 16 世纪上半叶，[①]而瑶族开始种植玉米距今约 300 年左右，在种植玉米之前，仅以小米和粒子（亦称麦粒和鸭脚薯）为主要的粮食。[②] 玉米之所以在布努瑶社区得以推广并成为其主要生计来源，有两方面原因。首先，布努瑶族居住的地方如七百弄乡自然条件恶劣，水利条件差，耕地很少，人均仅为 0.30 亩，农作物只能种在山腰、山顶、峒场甚至是石头缝中间，玉米因其耐旱性，生存能力较强，适合在这些地方种植。其次，玉米种植属于粗耕，技术含量低，在耕作、灌溉、管理方面没有过高的要求，基本上是下种后就等着收获。这与玉米传入中国早期，出现在不能开展其他地区普遍推行的农业方式的西南省份和周围发展缓慢的山区和丘陵地区的历史情形也是一致的。[③] 玉米种植为布努

---

① ［美］阿图洛·瓦尔曼著、谷晓静译：《玉米与资本主义——一个实现了全球霸权的植物杂种的故事》，华东师范大学出版社 2005 年版，第 44 页。

② 中国科学院民族研究所广西少数民族社会历史调查组编：《广西都安瑶族自治县七百弄、文华区瑶族社会历史调查报告》，1964 年。

③ ［美］阿图洛·瓦尔曼、谷晓静译：《玉米与资本主义——一个实现了全球霸权的植物杂种的故事》，华东师范大学出版社 2005 年版，第 44 页。

瑶提供了较为稳定的食物来源，解决了在极其恶劣的环境中的生存问题。也正是基于此，布努瑶人才能够在大石山区安全避过其他强势民族的侵袭，停止长时期的迁徙，立寨建屋，逐渐形成一整套与玉米紧密相关的、以定居为特质的耕作文化。①

1.玉米与布努瑶的耕作文化

(1)关于玉米种植的传说。有关玉米的种植，瑶族有这样一个传说：瑶族的老祖宗密洛陀生有几个孩子，分家那天，兄弟们都早起，有些分得农具，有些分得家禽等。老满布努瑶的祖先起晚了，东西已分完。密洛陀老祖就给了他一个袋子，里面有两颗金黄的玉米种子，老祖宗嘱咐不能吃掉，要翻过山去种，于是玉米就成了布努瑶最主要的粮食作物。当地人也习惯亲切地将玉米叫做“米”。另外的传说还有，据瑶族 MYM 的母亲（约 100 岁）说：在 300 年前瑶族祖公到七百弄时，到处是一片荒凉的地方，森林茂密，无人居住。当时吃的是小米和粒子，后来过了五六年，祖公射得一只飞鸟，从鸟肚中得到两粒黄玉米，次年再种，因此越种越多。（中国科学院民族研究所广西少数民族社会历史调查组编：《广西都安瑶族自治县七百弄、文华区瑶族社会历史调查报告》，1964 年，第 8 页。）

(2)以种植玉米为核心的生产活动。布努瑶人每年主要的农事活动是，头年的十一二月份是翻地时间，到当年的 2 月开始播种玉米。先刨个坑儿，放入一些农家肥，随后放入五粒左右的种子，而后盖土。玉米种植是行对行、棵对棵，都为一尺七到一尺八左右间距。十二三天后玉米发芽（天热一般为八九天就可以发芽了），

① 张有隽：《瑶族历史与文化》，广西人民出版社 2001 年版，第 76 页。

15 天就开始拔苗、培土。拔苗即把发芽出来的多余苗拔掉，留下两株，然后培土。拔苗的同时要施肥。一亩地需要施 100 斤尿素。放完化肥后再把周围的新土一起壅到玉米苗上。一个月后重复一次。到 6 月时，玉米开花可达到 99%，8 月中旬玉米就可以收获了，9 月中旬基本收完。玉米是边收边晒边脱粒。太阳好的日子晒 7 天，太阳不好要晒 12 天左右。待玉米晒好后，就放进玉米柜或玉米仓里储存。收完玉米后种黄豆等。黄豆收完后到十一二月就除草整地，备耕次年。由于七百弄乡特殊的地形使光照不足，玉米只能每年种一次。玉米在收获时比较忙，于是实行几家合作。一般是五六家带亲戚关系的组成一个合作小组，商量好哪天收哪家，然后按顺序逐家收完。如果在本村没有亲戚，也可以一起搭伙。轮到哪家是主家，其家庭成员都会一起去收玉米，而合作组的其他家庭只用每家出一个人手就可以了。在合作小组里帮助收玉米是不用付工钱的，只是在每天收玉米之前一起到主家吃早饭，然后同主家一起去干活，收工后一起吃晚饭。一般一家全部收完需要两天时间。收完一家后再按顺序帮剩下的家庭收。这种互助合作既解决了人手不够的问题，又充分体现了合作的精神。

(3)玉米在布努瑶生活中的重要性。玉米在布努瑶生活中占有极其重要的地位。玉米是他们主要的口粮，平常吃的是玉米饭，喝的是用玉米酿制的玉米酒，玉米秆和玉米叶用来喂牲口，或用来当做柴烧、做肥料。玉米糊的做法是：先将干玉米粒磨细筛糠去杂得精粉，然后把水烧开，锅下保持猛火，用筛子把玉米精粉筛撒入锅，边撒边搅，撒完后继续充分搅拌，熟后改用文火续煮半小时即成。玉米粉干饭的做法是：用锅或砂罐把水烧开，倒入玉米精粉，盖上锅盖，文火煮约半小时，开盖，充分搅拌，再盖上锅盖，续焖一小时左右即成。玉米酒的制作方法是:先把玉米剥成颗粒晒干,然后拿来煮(也可以磨成粉了以后再煮)。软了以后,再放到席子上面晒干。凉到10多度就可以了。放入酒饼,搅拌合适后,放在一口缸里。不封口,等发好了,有了香味,就抓一点来尝下,是甜的话就是成功了,酸的话就说明没有成功。然后封闭起来让它们不通气,过上十几天,把酒储存在缸里面就行了。

(4)玉米与布努瑶的家屋结构。弄南屯多是依山而建的干栏式两层房屋。下层为猪、牛、羊栏舍,上层住人。房屋只开大门,不开窗。边围竹篱,可透些光线,室内不大明亮。卧室、厨房、仓库储存一般没有分开。现在建砖房时都喜欢把楼顶建平,用于晒玉米。以前没有专门晒坪时候,就把玉米秆和玉米叶铺在地上,然后再铺上竹编的席子,玉米就晒在席子上。玉米粒是装在玉米柜或玉米仓里储存的。玉米柜为木制,可容纳700～1000斤的玉米。此外也有用铁制的玉米仓或缸来装储存玉米。玉米柜或玉米仓有的放置在灶台上,一是因为那里比较干燥,有利于保存;二是因为比较方便取食。也有的家庭是放置在木板楼上,那里比较高,防止老鼠偷吃,而且比较热,可以烘干玉米。还有放置在进门正房主人卧床的床头的。

2.布努瑶族定居耕作文化的特点

玉米以及黄豆、红薯等山地杂粮使得布努瑶族能够在大石山区定居、繁衍下来,并建构起自己独特的耕作文化。但是,由于土地狭窄、水资源缺乏等生存环境恶劣的缘故,玉米的产量都较低,仅仅勉强够吃,这就使得布努瑶族丧失了与外部进行交换和自我发展的能力,所形成的耕作文化,与汉族、壮族的耕作文化相比,有着超常的稳定性和发展的不充分性等特点,这也是那些长期处在发展边缘的民族所共有的文化特征。

(1)超常的稳定性。以农作物种植为主要生计来源的农耕文化如汉族,都有着超稳定性结构,如绵延几百年的耕作技术和知识,家族或宗族的组织制度,耕读传家、孝悌为本、教化为先等观念,但是在这些超稳定性的背后,也有着其丰富的变动性。如仅从耕具来说,就经历了耜耕、犁耕,从直辕长辕犁到曲辕犁的发展过程。与汉族农耕文化这种超稳定性相比,布努瑶族的定居文化有着超常的稳定性,如玉米种植的技术、生产的安排以及家屋结构、传说信仰等,基本上都是一代一代传下去,没什么变化,这表明其文化的创新性弱。

(2)发展的不充分性。布努瑶虽然在玉米种植的基础上建立起自身以定居为特质的农耕文化,但在文化的形式和内容上都要简单得多,甚至缺少一些重要的文化特质,比如土地崇拜。土地由于是农耕民族依赖的基本资源之一,因而几乎在每一个农耕民族中,都有土地神的崇拜习俗。如汉民族对土地神的崇拜,从夏代就流行了。及至周代,对土地神的自然崇拜逐渐转化为拟人化的土地神,地神被俗称为“社神”或“社主”。东汉应劭《风俗通义·祀典》引《考纬经》曰:“社者,土地之主。土地广博,不可遍敬,故封土以为社而祀之,报功也。”再如彝族认为,他们所种的粮食、瓜果、麻类等农作物,都是从地上长出,而当农作物生长不理想或是遭受病虫害伤害,都是因土地神不悦所致,所以族人必须对土地神加以祭拜。彝族人除正月初一要祭拜地母外,每逢农历二月插秧时还要携带腊肉、猪心、酒、饭等祭品到秧田边撒祭。海南黎族人在开犁、开播、开始插秧前也都有祭地仪式。另外,锡伯族、哈尼族、土家族、壮族,贵州布依族、侗族、毛南族……都有信奉土地神并有祭神的仪式。但是不仅仅是弄南屯，整个七百弄乡的瑶族村落都没有土地庙的存在，祭祀土地的活动更没有。但这并不表示布努瑶不珍惜土地，不依靠土地。对“九分石头一分土地”的七百弄乡来说，在这个大石山区，每一寸耕地对他们来说都是很重要很珍贵的。即使是在石头之间有一块巴掌大的土地，都会种上一株或几株玉米。

（3）生产或庆贺丰收的仪式。在农耕文化里，在农作物种植、生长、收获等环节，都有着各式各样的仪式，在信奉者的观念和行为中，掌握或遵守这些仪式乃是比耕作还重要的活动。如侗族的傩文化，风调雨顺丰收时要还傩愿、人神同乐；天灾人祸、害虫横行、天旱水灾时要请愿，也要表演傩戏，之后要还愿；景颇族的祭祀活动有祭官庙（一年一度的破土仪式）、吃新谷、献谷堆、叫谷魂等，大多与农业生产有关；再如普米族的“尝新节”，苗族的“新禾节”，人们用新粮酿酒、煮饭，祭祀祖先，宴请亲友，庆祝丰收，如此等等。但是，布努瑶在玉米的播种和收成时都没有举行仪式的习惯。

另外，布努瑶虽以玉米为主食，但吃法除玉米糊或玉米饭两种外，其余并不多见，这与汉族的“面食”相比，有着较大的差别。以山西人为例，仅是煮制面食类就有扯面、龙须面、刀削面、转盘剔尖、刀拨面，包皮皮等，更不用论及蒸制面食和烹制面食了。[①] 还有在耕作文化的其他方面，如种植、灌溉技术，时令、节气的掌握等，布努瑶族都是较缺乏的。

三、布努瑶族的流动及其耕作文化

自 20 世纪 80 年代以来，在外界各类组织的扶持和推动下，布

① 李镇西：《魂系山西》，中国科学技术出版社 1995 年版。

努瑶族农民打破了当地过去以种植玉米为主的自给自足的生计方式与传统的耕作模式，普遍种养了猪、羊和金银花等经济作物，与外界的商品交换以及人员、技术、信息等接触、交流也变得越来越频繁、密切，从而引发了其农耕文化特质从定居到流动的转变。

1. 布努瑶经济作物的种养与流动

以调查地弄南屯为例。在政府的号召之下，该村实施了“退耕还林”的政策，灌木、草场得到了很大程度的恢复，再加上农作物副产品资源，如玉米秸秆、黄豆秆等，猪、黑山羊的养殖和金银花的种植已初具规模。这不仅给家庭带来了一定的经济收入，解决了人口不断增加所造成的人多地少的矛盾，而且形成了科技、市场、产业等在当地的流动。

(1)科技流动。弄南屯农民在养猪、养黑山羊和种植金银花的过程中，政府等外界组织都给予了技术上的支持，如开展技术培训、科技人员下乡进行指导、定点示范等，现代农业科学技术由此进入当地，并成为农民增产增收的主要动力。以养殖黑山羊为例。当地政府实施了如“波尔山羊繁育技术示范”、“广西石山地区山羊舍饲技术研究与示范推广”、“广西大化县 2003 年种草圈养山羊示范”等项目。其中种草圈养山羊示范项目，内容包括种植多种优质牧草；开发利用当地的农作物秸秆等农副产品和其他饲料来源；引进优质的良种公羊和羊的冷冻精液，开展品种杂交；改善羊舍环境条件，改建不合格的栏舍；改善饲养管理条件，推广补饲技术和良种良法，提高山羊的出栏率；推广防疫保健技术，提高成活率等，目的是通过利用种植的多种优质高产牧草和补料保健技术来圈养羊，达到恢复石山生态，发展山羊产业，提高养羊效益，促进农民增收。项目实施后，农民既丰富了石山区养羊的经验，也增强了科技致富的意识。再如通过科技培训和示范，当地农民已掌握了给猪打针、阉割、人工授精和繁殖小猪，以及金银花的种植等技术，并购买了玉米优质新品种，改变了自留玉米种的传统做法等等，都表明了布努瑶族农民拥有了相当程度的现代农业科学技术知识和技能，形成了借助科技媒介与外界的良好互动。

个案7-7：弄南村村民MXF，女，38岁，家里养有三头猪、两头牛和一只羊。她说因为自己比较喜欢养殖，2002年1月，乡里就组织了一批人去南宁学习养殖技术，包吃包住差不多一个月。主要是示范性学习，由当地的技术人员手把手地教他们。内容主要有看猪得了什么病，该怎么用药、打针，以及如何对公猪进行采精，给母猪授精等等。然后又到养鸡场学习，学习的内容有怎么样孵小鸡、给小鸡打预防针、对公鸡采精、给母鸡受精等。回来之后向当地群众传授了所学到的技术，村上有的猪得了病的也会请她帮打针的。另外，家里还种有五亩金银花，她说金银花喜欢生长在山地，依山坡往上爬，多管就多好点。一般自己都会加工。用炭烧硫磺烟熏金银花，熏黄后就拿去晒，晒一天就行了。

(2)市场流动。猪、羊、金银花等经济作物的种养及外销，使得弄南屯农民的生产中有了商品交换的需求，这就把现代市场引入了当地，当地农民也借助市场媒介与外界形成了互动。基于市场信息、流通渠道等多种因素，弄南屯当地的农副产品一般都是外面的人进来收购的。这些人都是来自其他较为富裕乡镇的壮族，他们对当地养有猪、黑山羊的农户比较熟悉，知道大概在什么时候就可以进村来收购了。收购猪的一般不再转手第二个老板，即收购了就自己宰杀以猪肉的形式卖出。而贩卖黑山羊则扮演的是二手老板的角色，即先以较低的价格收购瑶族群众的黑山羊，然后再以比较高的价格将其转卖给广东等外省的大老板，赚取其中的差价。金银花晒好后，大化的土特产公司会有专门的人员来收。但由于弄南乡地处偏僻的山区，交通很不方便，而且金银花尚未形成大规模，所以他们不经常来。只有农户在晒好后跟他们联系了他们才来收。外地老板也有要的，但价格压得很低。那些与外界联系不广的村民，就以低价格卖给那些老板。这也就表明，现代市场销售网络虽进入了布努瑶族地区，但还处在初级水平，机制上还有待完善，当地农民的商品经济意识还需加强。不过，总体来讲，现代市场的进入，对布努瑶族的传统形成了强有力的冲击，也产生了良好的经济、社会效益。

个案 7－8：MGL，男，54 岁。他说，要羊的老板都是自己找上门来的。他们多是来自都安那边的人。但他们都是做小老板而已，他们买了羊后，一般都转手卖给广东老板。买羊的时候一般都是两三个老板一起来，给的价格都是 5 元/斤左右，价格偏低时，他一般不卖给他们，因为不得钱，一般要到价格在 6 元/斤左右再卖。山羊通常需要三年的时间养到 120～150 斤左右才卖一次，但是很多时候为了补贴家用，他也会在山羊只有 50 多斤的时候就卖掉了。

他还说，猪是养了，但是没有固定的销售地方。有时猪可以卖了又没有人来收，猪还不能卖的时候老板又来了。大化的土特产公司是要收金银花的，政府也应该多帮点。如果能帮助联系专门的收购公司，把产和销连起来的话就好多了。

(3)产业流动。在传统种植条件下，布努瑶族的产业有着单一性。而种养了经济作物后，其产业从单一趋向多样。首先，从农业产业方面来看，猪、黑山羊的养殖和金银花的种植，既增加了农民的作物种植种类，同时在当地也兴起了养殖业、林业等产业。其次，随着农业产业结构的多样化，一些与之密切相关的销售业、屠宰业、饮食业、羊肉羊毛、金银花等加工业在布努瑶聚居地也逐渐出现，其中尤以羊肉的饮食行业最具代表性。现在无论是在县城还是大城市，已经有了很多的黑山羊羊肉店，形成了一定的品牌和影响。新兴产业使得布努瑶族农民的生产活动日趋复杂、多样，同时也促使一些人转行到从事这些新型产业中来，如在山羊饮食馆当厨师、服务人员等。

2. 布努瑶流动耕作文化的特征

猪、黑山羊、金银花的普遍种养，增强了布努瑶族与外部进行交换和自我发展的能力，尽管目前还处在相对贫困的生存状态，但伴随科技、市场、产业等因素的进入与作用，布努瑶族的耕作文化已从定居走向流动，呈现出一些新的特征。

(1)开放性。基于自给自足的生产方式，保守性和封闭性通常被界定为农耕文化的核心特征。只是到了现代工业、市场及新兴农业产业全面侵入乡村后，交换性的生产和劳动成为农民必要性的付出，并有一定专业化的分工，农耕文化由封闭逐步趋向开放。布努瑶族也不例外。虽然其发展仍受到土地规模、灌溉等诸多条件的限制，但是由于大石山居住地能够为其提供种养猪、黑山羊，种植金银花等，政府等外部组织又为其提供了技术、资金上的保障，新的产业便在当地日渐兴盛，布努瑶族的耕作文化也便衍生出开放性特点。

(2)科学知识性。自20世纪中期以来，借助“二分法”思维方式来描述人类的文化或知识体系已成为某种时尚，如大传统与小传统、精英与大众(俗民)、现代性与地方性等等,而农民所处的乡土社会由于是"前工业社会",往往被看成是传统知识的代表。[①]而且,从对中国乡村社区的研究来看,已有的探讨都很少触及现代农业科学技术知识在乡村社区中的文化意义。但实际上,在全球化的大背景下,伴随着新的经济作物的引入和规模化种养,现代农业科技已通过各式各样的"科技下乡"活动被输送、引进、应用到乡村社会中,且在当地已产生了相应的知识变革,以及组织、制度等文化上的系列变迁,[②]因此,科学知识性便成为农民文化的突出性特征,这一点也清楚地反映在布努瑶族现代的种养活动中。

(3)相对丰富性。某一文化的丰富性不只是表现在作物、器具及其相关的知识、职业等方面,而且更为重要地表现在信仰、仪式等层面。布努瑶族随着作物种养种类的增多和生计模式的转型,其文化内容也越来越丰富。如与新的经济作物种养的相关知识和技能、销售网络的建立和组织、新的产业和职业的兴起等。另外,风俗习惯上也有了些变化。如宰羊已经表示了一种富贵和地位的象征,一般是在比较尊贵的亲戚或者朋友到来时,以及在庆祝"达努节"时才杀,"达努"是瑶语,意为"不要忘记"。达努节,又叫"祖娘节",是为纪念创世女神密洛陀而过的节日,日期为农历五月二十九日。平时多数是养来卖的,因为羊肉对于当地人来讲还是奢侈品,一只羊的收入可以换很多的粮食。

个案 7-9:村民蒙某(男,35 岁)说:"在遇到节日、红白喜事或是客人来的时候,我们也会杀羊招待。家里如果有人出

① 庄孔韶:《中国乡村人类学的研究进程》,《广西民族学院学报》2004 年第 1 期。

② 秦红增:《桂村科技:科技下乡中的乡村社会研究》,民族出版社 2005 年版,第1～18 页。

嫁，其兄弟有羊的话也有把羊作为嫁妆的。自己的孩子出去工作回来或带朋友来的话也有杀羊的。”

四、结果与讨论

通过对布努瑶的研究可以看出，现代科技、生计模式与乡村文化的共变规则表现在以下三个层面：

第一，经济发展是文化发展的必要前提。斯图尔德曾以国家、社区和家庭三级为例来说明社会文化整合水平层次的高低。虽然他并没有明确提出经济与文化之间的正相关性，但是通过他对几种文化类型实例的分析，以及提出的“较简单的文化比先进的文化更多地受环境的直接制约”等观点，还是能够感受到其中的隐含。[①] 布努瑶的文化变迁历程也清楚地反映出这一特点。

第二，作物种植或养殖的多样性和生计方式交换性是经济发展的重要标志。其中的原因在于，作物的多样性将会导致生产方式的交换性，而商品交易的产生，则说明劳动已有了剩余和社会价值，也就有可能积聚更多的财富。这一规则不仅体现在布努瑶族的生计转型中，而且与人类整体的发展相一致，如自近代以来，烟草、甘蔗、棉花、茶、罂粟、金鸡纳树、橡胶树等作物的种植，对贸易交换、经济发展和世界格局都产生了极为重要的影响。[②]

第三，现代科学技术在民族乡村社会发展中起着重要的作用。基于全球化的负面影响，有的学者对现代科学技术表现出了强烈的不满，认为“公路、电力、制度化的学校教育成为对传统文明的三

---

① 黄淑娉、龚佩华：《文化人类学理论研究方法》，广东高等教育出版社 1998 年版，第 214～215 页。

② 蒋锌薇：《植物改变世界》，《中国青年报》2005 年 11 月 9 日。

大破坏因素”,“假如要保护传统文明的话,就要阻止现代化的侵蚀,即以不发展来求发展”等,[①]但是,正如我们在布努瑶社区所看到的,假如没有现代科学技术进入的话,其生存状况可想而知。

总结起来说,倡导、力促文化多样性和多元化是新时期人类学面临的重要课题,也是历史赋予学科的使命之一,不过,学者们在研究中,却常常陷于理想与实际的矛盾之中。其中的原因究竟在于当地人,还是在于学者本身?简单的主位、客位观点似乎不能够解答复杂的现实问题。基本的事实在于,对于那些长期以来处在发展边缘而导致其文化贫乏的群体来讲,借助现代科学技术来发展自己,同时也是对自身文化的丰富,对人类文化的丰富。尽管全球化进程对于人类保护文化的多样性提出了严峻的挑战,但对于具体的民族和群体来讲,人们应做出更为辩证的分析,这也将会使得人类学在乡村社区和民族研究方面,有效地避免空泛的流弊。

第三节 乡土知识、现代科技与新型农庄经济:柳江成团壮族的例子

近年来,随着中国农业产业化程度的不断提高,新型的乡村产业“农庄经济”已悄然形成。也就是说,在坚持土地集体所有制的前提下,在整体上稳定农民家庭承包经营制的同时,适应农业发展的要求,打破所有制界限、区域界限、身份界限,由多元投资主体采取承包、租赁等方式,获取具有一定规模的农村土地经营使用权,通过建立庄园开展种植、养殖、加工、销售等经济活动,实行雇工经

① 秦红增:《论乡村社会两类知识体系的冲突》,《开放时代》2005年第3期。

营。具体到实践层面，各种称谓都有，如生态农庄、休闲农庄、假日农庄等，都充分体现出了生态、环保、天然、和谐的新理念，成为人们日常消费或旅游休闲的主要目的地之一。将乡土知识与现代科技融为一体的经营策略，不仅有效地提升了人们的生活质量，而且有效地形成了传统文化的"复兴"。本研究拟通过桂中柳江成团壮族"农庄经济"里焢土窑工艺和草莓、葡萄等现代农业科学种植技术有机结合的例证，加以分析和讨论，以求证明乡土知识与现代科技的和谐或关联性。

一、调查地概况

焢土窑工艺是中国岭南地区和台湾地区的一项民间传统工艺，当地人们用精心烧制的土窑石或泥块搭建土窑，来烤土窑红薯、土窑芋头、土窑鱼、土窑猪脚、土窑鸡鸭等食品。焢土窑烤出来的食品味道独特，色香味俱全，在传统饮食中独具一格。

广西柳江县成团镇是岭南地区壮族焢土窑工艺发展的典型代表，选取这里作为研究的调查点，是出于以下的考虑：第一，成团镇位于广西柳州市柳江县城西面8公里，是壮族的聚居区之一，壮族人口占88%，而柳江流域又是壮族世居的中心之一。选择这样一个区域作为调查点，对于研究壮族传统工艺有一定的代表性。第二，成团镇是柳州市辖范围内有名的焢土窑工艺之乡，其生产的土窑鸡、土窑鸭、土窑猪脚等，以风味独特著称，并且有着较长的发展历史。第三，该镇以焢土窑产品作为亮点，以游客采摘草莓、葡萄为主要内容的体验式休闲旅游，推广现代农业科技，推销地方农产品。现该镇在市场推动下，建起众多休闲农庄，形成一定的规模，产品辐射范围达桂林、柳州、南宁一带，高科技农业产品远销全国各地。第四，传统技艺与现代科技的结合，技艺与乡村休闲旅游相互促进，互动发展，在这里具有代表性。成团一带历来以发展粮食作物为主，经济收入单一，土窑技术在这里已中断颇久，由于依靠当地传统的焢制工艺等地方特色招商引资，大力兴办以田园农庄为主的旅游业和服务业，促进了土窑技术的回归、复兴及发展。这极大地拓展了当地农民的收入来源，已成为该镇的重要经济支柱，这为少数民族农村地区充分挖掘其特有传统工艺的经济和社会文化功能，促进当下民族地区和谐乡村建设提供了一个典型的成功个案。

二、焢土窑传统工艺：土窑鸡

据传焢土窑工艺源自于土窑鸡，这涉及一个广为流传的民间传说。“土窑鸡”又名“叫花鸡”、“富贵鸡”，传说发源于明末清初岭南一带，与乾隆皇帝微服私访事件有关。传说一名叫花子在野外讨饭，偶得鸡一只，无工具无配料，忽灵机一动，去河塘里采来荷叶，把鸡包上，然后用黄泥巴连鸡毛一起包裹住，挖了个小土窑放在窑火里煨，片刻之后从火中取出，打开荷叶，剥掉泥巴，泥巴带毛脱落，一尝，此鸡竟异香扑鼻，肉质更是香滑可口，味道尤胜过家常做法。此后，此一做法逐渐传开，“叫花鸡”的名声也不胫而走，并成为酒楼食肆的一道风味名菜。据传当年乾隆皇帝下江南时曾尝过此菜，觉得风味不错，但觉得“叫花鸡”名字不雅，便把它改称“富贵鸡”，又由于鸡焢制于土窑中，当地人也称为“土窑鸡”。

经过多年的焢制工艺发展和改良，现在“土窑鸡”的做法已是非常考究，一般都由专职厨师在专门的作坊中秘制而成，可依据食客们各自的口味，提供的配料的风味也是多种多样，有中药材的、盐焗的、咸香的等。

土鸡是焢制土窑鸡的主要材料，因土鸡营养丰富，肉质鲜美，肥而不腻，而且绿色健康，无人工饲料添加成分，广受城市外来客人们的欢迎。当地农庄在制作土窑选取土鸡时相当讲究，要求严格。按照制作师傅的要求，所用土鸡的体重一般在两斤左右，不能超过三斤。鸡必须是放养的，饲养时间一般在一年左右，没有下蛋的母鸡为首选。从农庄土鸡的供货来源来看，少部分农庄采取自己养殖方式，绝大部分采用外包方式收购农户家庭自养土鸡。农庄一般都与当地农户建立了长期的供求关系。

选好鸡以后，再宰鸡，拔毛，掏内脏。这一过程和其他制作鸡的前期过程一样，没有特别之处。只是与土窑鸡最初的制作方式不同，最初只是掏出内脏后连毛一起用泥巴裹包，现在工艺需要把它拔毛洗净，再腌鸡。

土窑的场所没有特别要求，最初是在平地挖一个坑或者选择一个小土坡就坡而建。现在的焢土窑对场所的要求有些变化，一般选址在交通便利、土地平整的地方。成团镇的焢土窑，以前也是在野外，数量也少，先只是一家农户制作经营。经过一段时间的发展，为了避免天气的影响，满足更多顾客的需求，迎合旅游产业的发展，现在都采取商业模式运行，集约生产。焢土窑建造场所都在石棉瓦和水泥砖搭建的户外大棚内。大棚中的灶台的建造数量跟农庄的规模和棚的面积有关，一般每个棚内约有 20 个土窑。

焢鸡是制作土窑鸡整个过程中最重要的一个环节，而时间控制又在这一环节中起着关键作用。焢的时间过长，鸡会“聋”（当地话中聋即为过火、烤焦的意思），时间过短则不会熟透，就没有土窑鸡的原真味道。对此，笔者通过观察发现每个焢制的大棚里会挂一个大钟，厨师在焢鸡之前，都会按先行估算的焢制的时间设定闹钟，对于几个窑在不同的时段一起焢制时，该大钟可设置多个定时的闹点(图 7－1)。

首先，厨师先用铁铲从灶台口伸入窑底，将燃烧过的火炭掏出一部分，就地堆放在灶门外，灶里留一部分火炭以此保持灶底的高

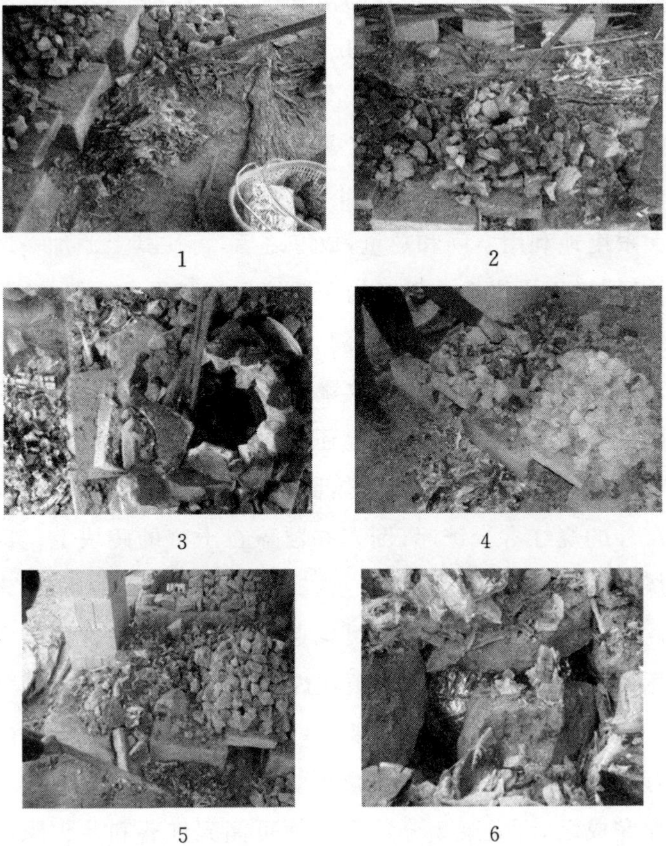

图 7－1　焢鸡的流程

1. 铲出炭火　2. 顶口卸窑　3. 置入食物　4. 放入包鸡　5. 掩埋　6. 焢制

温，并用铁铲将这一部分燃过的木炭铺平，作为窑底底层，为焢制各类食物做好准备。铺平木炭既可扩大窑底的受热面积，同时也可以使焢制物受热均衡。其次，用特制长度的火钳(约50厘米)将窑顶部的被烧红的土块一块一块地逐层地轻轻取下，逐个从窑口放入已铺平的木屑之上。或者当拆至窑顶出现一个小洞之后，用火钳轻轻地推动，让土砖块自动落到窑底。这些掉落的土块也需要保持铺平，在窑底铺成均匀的一层，这样才能有足够的空间放置备焢的食物，也是为保持窑底温度和上面温度一致，使食物受热均匀。接下来，将先前准备好的红薯和芋头投进窑中，每个之间需要间隔一定的距离，不能叠放，也不能放在太边缘的位置，否则就不能最大限度地利用空间和热量，放好之后，再往其上添加一层高温土砖块，同样用火钳拨动烫炙的土砖块保持其平整。紧接着，用火钳夹住早已用锡箔纸包好的整鸡，平稳地放入窑中。可以根据顾客的需要和口味，在鸡的旁边放置几个芋头和红薯，使鸡在窑中更加稳固。下一步，用火钳将窑上还剩余的高温土砖块盖住或填埋鸡与芋头，不留大的缝隙，防止热量散开。然后用铁铲将先前铲出存放窑外的烧红木炭铲起，倒入并覆盖在土窑的砖块上。这样可以使烧红的土砖块的缝隙填满，热量不容易散发。最后，将未曾烧过的泥粉末盖在最上面，这些可以起到防止热气过快散出和保温的作用，以便置于其中的食物更快焢熟。

一般而言，这些步骤只需要10分钟即可完成，当然完成得越快越好，这样可以最大限度地减少烧窑后土砖块的热量散失。掩盖工作完成之后，大概5分钟左右便可闻到红薯和芋头飘出的香味；至15分钟时，侧耳近窑可隐约听到窑中有鸡肉的油炸声；到25分钟左右时，鸡便能熟透。

另外，在柳江成团农庄，有两三家农庄不烧制土窑，而采用取自周围石料厂的碎石来垒窑。垒成的石窑大小不一，有的高度和一般土窑差不多，而有的石窑垒的高度则可达 1.5 米至 2 米（图 7－2）。

图 7－2　成型的石头窑

通过与当地从业师傅交谈得知，该农庄开始用石头垒窑那是几年前的事情了。在 2006 年一天，某一外地商人看中了成团镇的一座石山，于是投资在当地兴办了一家采石场，当然也雇用了当地的一些村民协助采石工作。在工作闲暇时，工人们累了，想找点美食填肚子，发现被炸开的石头有好多和垒土窑所用的砖石大小相差不大，于是有人就干脆用石头垒窑来焅制鸡吃。刚开始的时候，由于石头较重，在垒窑时不好把握力度，难以控制小石块的本身平衡，因而很不容易垒成。到后来，随着垒窑的次数和数量越来越多，垒石窑的技术也日趋熟练，并逐渐在成团镇的各农庄推广开来。由于石头垒的窑比土窑更加坚固，不怕风雨的侵蚀，同时石窑可达到一定的高度，扩宽其内部的存放的空间，大的石窑一次可焅制的鸡最高可达到 7 只。而且相比之下，石窑鸡在制作工艺上，可以说是对土砖窑制鸡技术的进一步改良与发展，于是其制作方法慢慢地开始被一些农庄引进。

个案 7－10：石龙水上漂是当地的一家休闲农庄，沿该镇中的小溪搭建，共有七八间敞开式的木棚房，在当地规模最大，也是该镇首家引入石窑的农庄。该庄的老板姓张，人称“老张”，男，48 岁，成团镇人，小学文化。他说在两年前，成团镇还没有石窑鸡，由于他开办的农庄相对较晚，发现很难找到长久经得住焢烤的老土砖块，所以他决定改变垒窑的材料，用石头来砌。他通过观察农民闲时垒制的石窑，自己对石头垒建的方法技巧进行摸索，加之他又是当地人从小就会垒窑，所以很快地掌握了垒石窑的手艺，于是将用石窑焢食物引入了农庄。该农庄以石窑焢制为特色，主打石窑鸡等为主要的农家休闲食品。

个案 7－11：LCZ，男，37 岁，初中文化，球仔农庄的庄主。他说看见镇上有用石头垒窑的农庄，一到周末、节假日生意都很好，便将石头窑也引入了自己的农庄，这项垒石窑的技术并不难，在尝试几次后便获得成功。现在在他的农庄，石窑和土窑都能为客人提供，依客人需要而定窑，生意明显比以前更红火了。

用来垒石头窑的石块都是在采石场遗弃的废料采集，形状没有特别严格的要求，只需要扁平且质地较硬即可，同时石头的选择最好呈不规则的三角状，这样有利于石头窑初步框架的垒建。一般来讲，每 300 块石块大约就可以垒砌 10 个石头窑。

垒窑、烧窑、腌鸡、包鸡、焢鸡的过程和土窑没有很严格的差别。但在烧窑阶段，两者在火候时间控制上有些差别，土窑烧红一般需要 35 分钟左右，而石头窑只需要半个钟头；焢熟一只鸡，土窑需要 25 分钟，石头窑只需 20 分钟即可。可见石窑在焢制速率方面较土窑要快。

由此可见，焢窑材料的改变，是石窑鸡与土窑鸡的主要区别，但是这也导致了整个焢制工艺的变迁。经过品尝发现，用石头窑焢熟的鸡比土窑焢熟的鸡味道更鲜更美，肉质更松软可口，更入味。

三、焢土窑传统工艺与现代科技的契合：新型农业产业链和农庄经济的形成

在当地，“土窑鸡”以前只是一种典型的传统的食物，而少有作为商品对外销售。直到近几年，随着柳江旅游业和生态农业等的发展，“土窑鸡”作为农业产业链中的重要环节才慢慢发展起来。

“石龙水上漂”就是第一家以“农家乐”为主题的休闲农庄，其经营范围以摘草莓、土窑鸡、烤红薯、腊肠等农家特色菜品尝为主的休闲旅游。后来，当地较富裕的村民也陆续办起了农庄。除此之外，外地商人路经该地时，发现休闲观光旅游产业有利可图，发现该地农家特色产业辐射范围逐步扩大，特别在周末或晴朗天气时，顾客来来往往，各家农庄供不应求，于是纷纷来投资，租赁沿公路周边农民的田地，开办农庄和栽种草莓，并就地雇用农民。至今，成团镇已有了 20 家大小农庄，本地人开办有 12 家，外地资金引入开办的有 8 家。但是，外商投资的农庄规模一般比本地农庄规模要大，而且服务层次也相对较高。

在 20 世纪 90 年代初，科技新品种的草莓和葡萄还未引入成团镇时，当地农民的收入来源仅靠种植稻谷和甘蔗，年人均收入还不足 500 元，处在当时全国乡镇中的贫困水平。直至 90 年代中后期，随着新经济种植产品的引入，以及农业栽种技术的推广，成团

人均收入呈大幅增加，该镇人均收入在2000年达到了1000元，取得了历史性的突破。随后，农业观光业在成团镇兴起，依托以草莓和葡萄园为主题的乡村休闲农庄陆续开办，焢土窑工艺的恢复，使得当地农民将土地承包给外商经营，自己以一种新的双重身份参与到经济活动中来。既作为土地的所有者和承包者，收取租金，又作为农庄的工人为庄主务工，拥有工资收入。这样，通过现代科技的引入及对传统焢制工艺的挖掘与复兴，扩宽了农民的经济来源，使得当地农民人均纯收入不断攀升。在2005年达到2883.5元，高于所在县人均收入水平。可见，焢土窑工艺自身就具有较高的经济价值，能非常好地融入现代农业旅游产业链之中，通过积极开发，可以扩大就业，有效地提高村民经济收入。

随着成团镇农业产业的转型，政府逐步加大了对当地农业科技的投入，基础设施不断完善，现代科技农产品的科研基地开始建立。乡村观光旅游的开发与发展，市场需求的推动，成团镇把土窑鸡作为旅游的一个品牌和因子，积极推进农业产品多样化、特色化、循环化发展。现在成团镇的休闲农庄大都与当地的农民联合发展，农庄负责提供饮食和娱乐服务，农民则提供特色农场品观光、采摘、出售。政府负责宣传和农业科技服务，建起了许多现代科技农业基地，葡萄园里套种西红柿、草莓、辣椒等。

成团镇农业产品实现了循环发展，产业链逐步形成。春季种水稻、草莓、甘蔗、葡萄，秋季水稻收获后种植土豆和西红柿；葡萄架下套种植周期短的其他经济作物；水稻田里养鱼；夏天摘葡萄，秋冬摘草莓，冬天采摘二季鲁比葡萄和现代科技西红柿。现在的成团农庄休闲旅游，实现每季都有新鲜水果采摘。土窑和石窑产品不仅有土窑鸡，还有土窑猪脚、烤红薯、腊肠、腊鱼等农家私房菜等。

烃土窑推进了乡村第三产业的发展，拓宽了当地农民的增收渠道，改善了乡村社区生产生活环境等。这样，原本只是一种民俗文化的烃土窑，被转化为市场经济下农民一个正式合理的经济收入。

在促进经济增长的同时，烃土窑也促进了农村剩余劳动力的转移。烃土窑属于餐饮业，餐饮与娱乐、交通、建筑、食品、旅游工艺品等产业密切相关，这就意味着它为该地区提供了一定的就业机会，适量的剩余劳动力可以得到很好的转移，尤其是部分妇女从农业劳动中脱离出来，当地农民的就业问题在一定程度上得到了缓解。总的来说，成团镇的"土窑鸡"结合农业产业结构已经发展出了一条科学合理的农业经济产业链。

个案 7－12：ZXJ，男，40 岁，中专文化，县农业局经济作物站干部。他说成团镇的草莓种植最初是在 1996 年由浙商投资引进的。在当时，浙商们租赁了大概十几亩土地，就地雇佣当地农民进行栽培并对其进行栽种技术培训。苗种由浙商从外地运进来，被雇佣的农民仅负责栽种。按当时价格来算，一亩地可获得两三万元的收入，而当时一般干部的年收入不到 4000 元。草莓种植的高利润极大地吸引了当地人的眼光。不过，当时的品种少，产量低，亩产不到 600 斤。随着国内草莓种植的增多，相对利润下降，浙商们种了不到三年就改投另外更高收益的产业去了。浙商走后，由于种植草莓依然有利可图，成团镇的农民开始利用这几年学来的种植技术开始慢慢地自己摸索，镇政府组织人员到浙江去考察，弄清草莓苗种的进货渠道，并不断地引进草莓的新品种。现在亩产可以达到几千斤。县农科所也积极地为农民提供新品种的引进、现代栽种技术的指导等帮助。

个案 7－13：LXM，女，50 岁，小学文化，成团镇草莓种植户主。她说现在的草莓有十几个品种，这些品种的苗一般从浙江、台湾引进过来，而浙江也是引进日本、美国等国的新品种。成团镇当前栽种的草莓品种色泽鲜艳，个头较大，产量高，易于保存；而先前栽种的品种味道好，但是不容易保鲜。

个案 7－14：覃师傅，男，45 岁，小学文化，天裕农庄的工人。他说自己原是靠种地为生，一年纯收入不到 3000 元。天裕农庄老板看到在当地开办农庄很火很赚钱，于是找到他，租赁他种的十几亩农田改为栽种草莓和开办农庄，每年付给他租金 1 万元，并同时以每月工资 1200 元雇用其为工人来打理农庄。据他说，草莓种植确实需要农业技术的支持，他以前曾受过培训，有这方面的经验。草莓较大规模的栽种吸引了途经此地的人们驻足观光，由此宣传和扩散，带动了周边县市丰富的游客资源。这里逐渐自发形成了以采摘草莓为主的乡村休闲旅游。后来游客来这里摘草莓，到了中午，提出解决吃饭问题要求，来自城市的游客对饮食要求是“最土就最好”。为了解决游客的吃饭问题，满足游客要求，传统的焢土窑便被引入了农庄，逐渐成为当地农庄吸引顾客的一大农家风味特色。

个案 7－15：HCH，女，36 岁，天裕农庄的股东之一。她说很多客人就是冲着咱们成团镇有草莓来的。为了表达咱们成团人的热情，凡有客人进庄休闲，她都会亲自下到地里头摘一大篮子新鲜草莓让客人们尝尝。如果喜欢，客人们可以换上配备好的胶鞋下田摘草莓，充分享受田园的气息和乐趣。

同时，她又提到大多数初次来的客人并不知道成团镇农庄里有一排排垒制的土窑，当他们看见后很是好奇。在得知他们说吃的食物是从窑里焢制后，有些客人就非要自己动手垒窑焢制，以此来找回当年孩童时玩耍的乐趣。

四、焢土窑乡土文化“复兴”的启示

焢土窑之所以能够复兴，是在一定的社会经济背景下进行的。它既作为当地农庄经济产业链中的一个要素，本身又作为一种民间工艺文化，成团镇乡村休闲旅游的重要组成部分，以独特的民俗文化为基础，为生活在城市的游客提供特色食物与休闲方式的同时，自身作为一种传统文化也得到了保护。

焢土窑具有悠久的历史，尤其是关于土窑鸡的传说甚多。除了前面讲到的土窑鸡的来源，从烹饪史上看，用黄泥包裹动物原料进行烧烤是古已有之的事。如周代“八珍”之一的“炮豚”就是用黏土将乳猪包裹起来，加以烧烤，然后再进一步加工而成的菜。在北魏的《齐民要求》中，有一叫“胡炮肉”的菜，是将灌满羊肉、羊油、多种调料的羊肚放在地坑中，用灰火埋起来烤熟的，据说其味“香美异常”。仔细比较，应当承认，土窑鸡的做法正是和炮豚、胡炮肉一脉相承的，仅仅是原料不同罢了。至清朝，文献上已出现了关于用黄泥包鸡烧烤的记载，名叫“荷叶包鸡”：将子鸡收拾干净，切成骨牌块，加好作料，配以香菇、鲜笋、火腿等辅料，用豆腐皮包裹好，再用鲜荷叶包紧，外面用湿黄泥团团包裹住，放在糠火中煨。等到香气外透，这道菜就算做好了。临吃时，去掉泥壳、荷叶，揭下豆腐皮，将鸡块放在大瓷盘中供食，大有真味。这种“荷叶包鸡”和如今的土窑鸡在制法上没有多少差别，仅仅是在把鸡切成块上有一些不同而已。

在成团镇，年龄在40岁以上的男性基本上都会制作土窑鸡，天裕农庄的厨师覃师傅表明自己这一辈几乎是从小就会这种技术，作为一种休闲资源来吸引旅客是在五年前。开始的时候，土窑鸡制作的工艺很简单，味道很一般，后来不断吸收来往的客人提供的建议和焢鸡经验，慢慢地在焢制的过程中增加了多道工艺。比如在包扎鸡工序上，原先用湿泥土包裹鸡，后来用荷叶来裹，之后发展为在荷叶外在加一层锡箔纸；在上菜配料上，为了迎合不同口味的食客，提供咸淡不一的香卤汁等等。同时，在用餐服务方面也做了较大的改进，比如一次性消毒餐具的推广使用，免费为顾客提供的剥烤红薯用的一次性塑料手套；提供印有农庄特色风味的卫生餐纸，这有助于客人更加了解农庄特色，加深对产品和服务的印象等。

从流程上看，这种工艺在不断嬗变，从地上挖洞制作到砌土砖做土窑焢鸡，再到现在用石头窑制鸡，外包用品和调味作料也不断改变，鸡的品种也随着市场逐渐改变。总之在市场的推动下，土窑无论在技术上，还是在原料上都在不断革新。但是，无论这种工艺如何发展，始终都是在传承传统焢制工艺的基础上创新的结果。

焢土窑工艺重新发展起来后，学者的参与、政府的推介、旅游者的选择，都给人们造成一种意识上的觉悟，即认为这是自己民族的文化，应该得到重视。同时，媒体的宣传，也营造了一种良好的环境，使更多的人参与到传统文化的保护中来。尤其是当地政府已经意识到传统技艺在发展当地旅游经济中的重要作用，土窑鸡是当地乡村休闲旅游形式的一个引子，具有不可替代性。政府的宣传、市场力量的驱动，为这一传统技艺的发展和传播增加了主体的力量。与此同时，当地农民的思想观念也在悄然发生着变化，他们对传统乡土知识的认同度日渐提高。

首先，烇土窑从一种传统工艺演变为一种经济资源后，随着旅游的发展、游客的增多，村民的思想观念也开始发生变化，从保守、传统转为开放、现代。游客直接把外来文化带进村里，村民则以开放的心态迎接外来的都市文明，游客和村民之间的鸿沟逐渐缩小，成团镇逐渐成为城市和乡村的融合区，现代科技与传统技艺、都市前卫与乡村淳朴在这里交汇共荣。

个案 7－16：CMJ，女，46 岁，小学文化，镇上归田园农庄老板娘。她是成团本地人，开办农庄已有五六年了。她说城里的客人很注重环境卫生，刚开始办农庄时由于没经验吃过亏。直至后来，才从与客人们的交谈建议中慢慢地意识到这个问题。比如，农庄垃圾不能就地堆放，要定期找人运走处理；购买消毒柜，保证餐具清洁卫生；引进了马桶，方便腿脚不方便的旅客等。她说在本地人以前根本没有这方面的意识，这些都是从外面城市人学来的。

个案 7－17：石龙水上漂老板"老张"，他有两个儿子，大儿子在省城一所大专读书，明年就毕业了，小儿子还在读中学。他说现在大学生就业很困难，与其让大儿子留在大城市打工，还不如让他凭借自己这几年所学的知识来帮自己料理农庄，并有意让大儿子将来接他的班。说这话时，他的大儿子也在场，大儿子说在外面城市就业压力很大，市场竞争太激烈了，单凭大专学历找份好工作已经很难，他愿意在毕业后帮家里人做事。

在与自然环境相联系的方面，不仅体现了人们善用自然之物，也可以通过这项传统工艺提升村民的环保观念。焢土窑工艺中垒窑所用的土砖、石头，烧窑所用的木柴，焢制品的养殖等都是对自然资源的优化利用。烧制过的土砖化为灰烬后，村民也会经过处理，另作他用。而且，随着休闲旅游的开发，来成团镇的客人越来越多，尤其是城里来的顾客对卫生条件有比较严格的要求，这也自觉不自觉地提升了村民们的环保观念，整个村容村貌都得到了改善。例如杀鸡后，顾客当然不愿意鸡血鸡毛随处可见，村民一改以前房前屋后杀鸡的习惯，而是用特制的器具将垃圾处理，保证了休闲环境的整洁卫生。

其次，培养了村民的合作精神。要开设一家以焢土窑为主打项目的农庄，需要投入较大的成本，除了资金，还包括土地、住房、配套设施等。一般农户无法独立承担这些成本，合作成了积累资本的最主要方式。有的农庄是几户农民合作经营，有部分是外地商人来到成团镇租用农民的土地，聘请被租用土地的农民或者请当地其他擅长制作土窑鸡的村民作为厨师，来共同经营农庄。这对于农民来讲，除了可以靠出租土地获得经济来源外，同时可以拥有一份工作。这份工作既离家近，又可以方便照顾家庭，同时在休闲旅游淡季可以耕种自己的土地，保证田地不被荒废。耕种田地期间，还可以根据农庄的需要，选择适合农庄销售的蔬菜、水果，例如时令菜、玉米、草莓、葡萄等。这种形式的合作，大大增加了农民的收入。农民以前靠种植草莓带动了土窑鸡的发展，现在随着旅游的发展，旅客人数增多，旅游又推动了农业的发展。土窑技艺的发展在很大程度上，促进了村民合作意识和协作精神的提高。

个案 7－18：镇上福哥农庄在最近两年才建成，该庄的老板以前是在柳江县拉堡镇上经营一个游泳池，经营了六年时间。后来看到成团镇的商机，就转行开始投资农庄生意。跟当地的村民租用三亩地，每年租金1万多元，投资建成了厨房、包厢、停车场，搭了专门的棚，可以容纳20个土窑，请三个长期的工人，每个工人月工资在1000元左右。客源多数来自于经营游泳池时的老顾客，一般会给来过的客人发名片，从而带来更多的客源，回头客比较多。开设农庄所用的红薯芋头等都是到柳州批发，老板娘说本地的红薯烤得不好吃，皮太薄，熟时容易粘到泥土。所以他们一般是到柳州批发广东的红薯，这种红薯皮比较厚，容易拿到手上剥且不易粘到泥土。虽然他家没有自己的草莓地，但是也可以起到中介作用，带着游客下地采摘草莓，每家的草莓价钱都一样，一般10元一斤。

第三，焢土窑带动了当地生活方式的变化。村民与来此食用土窑制品的游客频繁接触，受外界的影响，他们的生活方式也迅速转变，主要体现在吃、住、行方面的改变。

除了饮食逐步迎合游客的口味外，外卖食品业慢慢进入到农户家中。在服饰上，农民的穿着也在改变，越来越接近流行趋势，不仅有质量和档次的提升，款式也越来越新颖、丰富。在厨房用品方面，液化气逐渐代替了木柴，这样也有利于环境的保护。交通工具也在改变，当地农户摩托车基本普及，少数部分农民都已经购置了小汽车或微型汽车来代步。住房也有很大变化，不仅体现在修建面积的扩大，而且体现在住房的档次和建筑风格上，部分村民私房建筑风格借鉴城市高档别墅风格设计，现代化的高档家具、电器等，一应俱全。

有的村民为了吸引游客，选择了修建传统中式建筑，如"天外府休闲农庄"建起了几栋类似宫殿外观的干栏式房子，这在一定程度上又促进了传统建筑技术的发展。虽然村民依旧生活在原来的社区,但是生活质量却在不断提高,当地人也在游客的带动下丰富了自己的休闲活动。

总而言之,在时下乡村旅游、民族旅游方兴未艾,新型农庄经济日益兴盛的大背景下,其尽管导致乡土知识趋于商品化、资本化、表演化,更多地受利益驱动,以致难免生发文化意义上的"偏差",从而引发人们相关文化真实性、原生性等问题的讨论。但一个不可争辩的事实是,正如我们在本研究个案中所看到的,本来已濒临消失的乡土知识、传统工艺,在新的历史条件下,能够及时"变通",与现代科技联姻,从而有了新的价值和"复兴"。这也就启示我们,乡土知识和现代科技并不总是有着不可调和的矛盾与冲突,如果方法得当,两者都可在民族地区和谐乡村建设中发挥出"合力"作用。此外,相关文化多样性或传统文化的保护,我们并不能一味地排斥现代科技,事实上,有了现代科技的融入,乡土知识才有无穷的生命力。

第八章　文化多样与民族地区的乡村和谐

第一节　研究的主要结论

1. 人与自然、人与社会、人与文化之间的和谐，是民族地区和谐乡村建设的核心和目标。惟有如此，人们才可看到一个山水秀美、祥和安宁的乡村景观。因此，在内容上民族地区和谐乡村建设包含和谐乡村生态建设、社会建设和文化建设三个方面。

2. 文化农民是民族地区和谐乡村建设的根本力量。在此，需要特别说明的是，"文化农民"是农村人对"能人"的称谓，即通常所说的"有文化"的人，因而有着特定的内涵。本研究之所以采用这一叫法，不只是相合于人类学的"主位"研究，即采用当地人的叫法（了解中国的人都知道，乡村俗语里面把有本事的人都叫做"有文化"的人），更重要的是对长期以来，或者准确地来讲近代中国以来，甚至时至今日，在西方文化的挤压、强占，城市文明的挤兑、蚕食之下，中国传统农耕文化退缩之时，人们对农村人的"刻板印象"的颠覆。或者讲，想为农村人撑个头，因而并无意在农村人中划分出一些人"有文化"，另一些人"没有文化"。如果这么理解的话，的确是对这一称谓和本研究的误读。

3. 关于民族地区和谐乡村生态建设包含田园与家园生态建设两个方面，去除工业化等乡村的外部污染源以外，根本之处还在于乡村社会维持自身内部人与环境的交换与平衡，即来于自然又回归于自然，其参照点在于中国传统农耕文化精髓。尽管我们现在不可能回归到自给自足的小农经济，但是在传统的农耕文化里面，农业生产、人们的生活是一个动态平衡的自循环过程，无论是生产还是生活既没有过多的中间环节介入，也没有过剩的东西。但现在不一样了，从生产到生活，都渗入了过多的工业产品，如化肥、农药、种子、塑料制品等，无不充斥着整个乡村社会。因此，在讲求食品安全、倡导生态农业、加强新型农村医疗合作社的同时，也绝不能忽视乡村的垃圾处理与公共卫生。

4. 民族地区和谐乡村社会建设包含两个层面：一是促进民族地区乡村社会整体协调发展，以实现中国社会和谐；二是缩小区域内农民群体差别，以实现民族地区乡村社会内部和谐。而社会和谐说到底是人的和谐。这就需要农民的"文化自觉"。事实上在时下的乡村社会，越来越多的农民已通过科技学习、外出务工、企业培训等各种形式正在实现着自身角色的转换，借助老乡、同学、企业等地缘、学缘、业缘等渠道构建起自己新的社会关系网络和社会资本。但是必须清醒地看到，乡村社会的异质性也不断显现，农民的发展也有着非均衡性，这就要求我们一方面继续提升农民的自我发展能力，加强村落公共基础设施建设，架构起村民社区认同的平台；另一方面强化弱势群体关怀，妥善、有序地处理好乡村面临的养老、儿童教育、妇女发展、贫困户致富等问题。

5. 民族地区和谐乡村文化建设的目标有二：一是为现代的科

学技术知识和技能及生活方式在农村的传播、应用、接受提供完善的软硬件设施和渠道;二是承担起传承民族特色文化、保护和维持人类文化多样性的时代重任。就前一个目标而言,基于现代科技文化在乡村生产、生活中的巨大作用力,以及乡村外来发展干预者的推动作用等合力,解决起来相对容易。但相对于后者,问题则要复杂得多。尽管民族旅游、乡村生态旅游等的方兴未艾,为民族文化、乡村文化的保护提供了平台和便捷,但是随之而来的利益分配、文化传承等问题却必须正视。

6. 总体来讲,在根本意义上,目前中国民族地区和谐乡村建设体现出传统与现代、全球与地方、科技与习俗等因素的交汇与融合。这些因素不仅表达着彼此之间的冲突与对立,而且更为重要的是统一与和谐。其中的原因不只是本研究所持的"一元论"视角,更重要的是当地人通过他们自己的智慧,在发展中将两者有机地结合在一起,正如我们在龙胜大寨红瑶和柳江成团镇所看到的那样。相信研究个案中的经验可以为类似乡村的发展提供借鉴。

第二节　民族地区和谐乡村建设中农民专业合作组织研究

民族地区和谐乡村建设的根本前提在于民族地区农村经济的发展与繁荣。十一届三中全会以来实施的家庭联产承包责任制,虽在特定时期内极大地解放了农村生产力,但随着现代农业产业化发展,已适应不了新的发展要求,主要表现在:(1)"块田均占法"的土地承包形式及土地流转机制的不顺畅,制约了农业生产的规模化;(2)农户分散经营由于在资金、技术、自动化等方面的弱势,制约了农业生产的集约化，并难以形成标准化和市场竞争力，导致农业综合效益下降；(3)大量农村青壮年劳动力涌入城市，不仅使农村出现抛田、荒田等现象，而且由于主要劳动力的缺乏，使得农业生产的新技术难以推广应用，使农业发展失去了持续性；(4)更进一步来说，随着民族文化产业化的兴盛，在相当数量的少数民族乡村，如果任由民族风情、民族手工艺等这些地方的基本生产资料处于分散经营状态，不仅难以收到预期的发展效果，而且会对民族文化多样性的持续传承形成损伤。因此，农民只有加强彼此之间的合作，实现自身的生产功能延伸或扩展，以及组织性、规范性、协同性，才能妥善解决这些问题，求得农村经济更好地发展。

农民专业合作组织是农民自愿参加的，以农户经营为基础，以某一产业或产品为纽带，以增加成员收入为目的，实行资金、技术、生产、购销、加工等互助合作的经济组织。就时下民族地区和谐乡村建设的实际而言，在政府等外来乡村发展机构的引导下，农民也纷纷行动起来，成立了各种专业合作组织，如养鱼协会、水利协会等专业协会；民族风情表演、民族手工艺产品开发等民族文化专业合作社；“龙头企业＋基地＋农户”式的股份合作社。对农民而言，这些专业合作组织增强了他们的归属感，使农民之间由竞争对手关系转变为竞争—伙伴关系。因此，加强民族地区农民专业合作组织研究，促进其健康发展，以最大限度地发挥它们在民族地区和谐乡村建设中的作用，是摆在人们面前的重要课题。

围绕农民专业合作组织，学术界已从类型、基本现状、功能、农户参与意愿和程度、发展机制、制度变迁等方面进行了大量的研究。这些研究虽在规范研究和定性分析取得了一定的进展，但存在以下几方面的不足：一是实证研究不足，令人信服的案例较少，多数学者提出的理论观点没经过实证检验，科学性和合理性都值得怀疑；二是在基本现状研究上，多数集中在农业合作化程度较高的东部沿海地区，而对于欠发达的少数民族乡村则关注较少；三是在类别研究上，过多集中在农业产业化方面，对少数民族地区民族文化专业合作组织的研究则很少涉及；四是在功能研究视角上，过多地考量了农民专业合作组织的经济效益，而忽略了其对乡村社会与文化的影响，如乡村社区内部的组织性、公平性，以及民族文化传承与保护的自觉性等。因此，进行民族地区和谐乡村建设中农民专业合作组织研究，一方面能够深化学术界相关农民组织的研究水平，提高民族学、人类学等学科关于少数民族乡村社会的认知程度；另一方面，能够促进民族地区农民专业合作经济组织的健康发展，加快民族地区和谐乡村建设进程。

因此，新的研究应包括以下内容：(1)民族地区农民专业合作组织的发展现状研究。从数量、类型、组织建构及成员等方面，对调查地的农民专业合作组织进行统计分析，并在此基础上，对其区域性发展程度做出定性把握。(2)民族地区农民专业合作组织主体研究。核心成员研究，即选择部分农民合作组织的领导者或主持者进行个案分析，如他们的知识水平、组织能力、个人素养、社会关系网络等；农民与合作组织的关系研究，即分析农民对于组织的信任度、依靠度等，以探求农民专业合作经济组织健康发展的群众基础。(3)民族地区农民专业合作组织的经济—文化功能分析。目前学术界已就农民专业合作组织的经济功能，如加快农村土地流转、提高农产品质量、降低农户销售费用和稳定价格等进行了肯定性的研究，但事实上，民族地区农民专业合作组织在促进农村经济持续发展的同时，也为民族文化的传承与保护奠定了人力、物力和财力基础。(4)民族地区农民专业合作组织的社会功能分析。一是农村弱势群体与合作组织的关系研究。农民专业合作组织建立的目标之一就是将处在市场竞争中弱势地位的农民组织起来，以保证农民的各种权益。其中农村弱势群体能否受益将是衡量农民专业合作组织是否健康发展的重要标准。因而此问题的研究将会最大限度地保证全体农民的受益，以避免农民合作组织变成少数人操作下的"俱乐部"。二是分析民族地区农民专业合作组织在提高农民组织性、规范性、协同性以及社区凝聚力方面的功能，从而将农民专业合作组织研究提升到和谐乡村建设的高度。

其中农民专业合作组织与民族乡村社区的整合模式与效果分析是重点和关键。少数民族乡村有其独特的民间组织和文化传统，如寨佬制、侗款、打老同等，在漫长的历史进程中，这些传统组织在民族乡村事务中发挥着重要作用，已成为民族传统的组成部分。而农民专业合作组织，作为新生的现代组织形式，通过什么样的途径和方式与民族乡村社区进行有机整合，以发挥出其在乡村事务中的经济、社会与文化功能，应是民族地区和谐乡村建设中的焦点问题。

第三节 文化多样与民族地区的乡村和谐

在全球化、市场化、城市化浪潮席卷而来的情势之下，乡村未来似乎也难以摆脱"被全球化"、"被城市化"的命运。尽管这令许多怀有"乡愁"的人在情感上难以接受，但却是不争的事实。尤其是在时下的中国，对土地、矿山、森林等资源的争夺，已使许多农民成为“失地农民”，也迫使这部分人不得不“市民化”。当然，在这一过程中，也有农民的“主动”放弃，如进城务工后想定居在城市、迫切需要“市民待遇”等因素。但试设想，如果真的那一天到来的话，这可能不只是部分怀有“乡愁”人的悲剧，而且将会是全人类的悲剧。因此从人类关怀的角度来讲，我们需要的是文化多样，而不是文化单一的乡村和谐；是合理地将现代与传统、都市与田野、全球与地方等有机相合，从而塑造出独特、多样且具有时代气息的新型乡土文化，而不是单纯地“城市化”让城市吞并农村；是每个民族寻找到自己生存与发展的位置和贡献，而不是强势民族或国家的独裁与霸权。这一点对当下中国民族地区和谐乡村建设尤其重要。换言之，文化多样是民族地区和谐乡村建设的统领，民族地区的乡村和谐必须也必然体现出文化多样性。那么，这一前景何以可能呢？本研究从必要性、可能性和现实性三方面做出简要回答。

首先，从必要性来讲，人类需要文化多样性。正如 2001 年联合国教科文组织第 31 届全体大会上发表的《文化多样性宣言》里所说：“文化在不同的时代和不同的地方具有各种不同的表现形式。这种多样性的具体表现是构成人类的各群体和各社会的特性所具有的独特性和多样化。文化多样性是交流、革新和创作的源泉，对人类来讲就像生物多样性对维持生物平衡那样必不可少。从这个意义上讲，文化多样性是人类的共同遗产，应当从当代人和子孙后代的利益考虑予以承认和肯定。”具体到本研究，乡村与城市则是文化在不同地方的各异表现，两者之间的互为需要也同样必不可少。从市场化角度讲，买与卖是个对立统一的整体。乡村如果与城市有着高度的同质性，必然被城市所取代；反之，不仅不能被取代，而且在保护人类文化多样性方面，更是有着独特的贡献。问题的另一面，城市对乡村的需要，不仅是清新的空气、纯净的泉水、绿色的食品等物质需要，而且更重要的是情感依赖和精神归宿，这对于中国这个有着几千年农耕文化的国家，尤其如此。城市如果“消灭”了乡村，人们不仅难以享受到科技进步的成果，而且也同时丧失了自己的精神家园。毋庸讳言，相对于汉民族，少数民族乡村的文化多样性表现更为突显。因此，我们在民族地区和谐乡村建设中，更不能简单地陷入先进与落后、中心与边缘等机械式的区分，而是应把少数民族乡村所承载的文化作为一面镜子，映射出城市文明的优势与不足，以期更好地为人类文化多样性的持续发展做出贡献。这一点，诚如王铭铭与萨林斯对话时所言：“我有一次问萨林斯为什么选择人类学的道路，他的回答是：这主要因为他是一个边缘的犹太人。作为这样一个人，他与其他移民到美国的人一样，想了解自身在主体社会中的文化位置。选择人类学，无非使自己通过一个世界性的边缘文化的研究，来获得对自身文化地位的认定。……这样的思考，正是他的人类学的主要特征：通过边缘来理解中心的缺失。”[①]在此我们暂且不论中心与边缘如何区分，但毋庸置疑的是，两者的确是互相依存，互为一体。

其次，从可能性来看，关于人类文化多样性前景，美国人类学家萨林斯抱着非常乐观的态度，笔者也有同感。[②] 虽说人类明白“人类需要文化多样性”的道理晚了些，且在全球化、工业化、城市化占绝对优势的大背景下，实施起来也困难得多，但确是迈出了一大步，毕竟人类具有了理解、欣赏、保护自我和“他者”文化的意识

---

① ［美］马歇尔·萨林期著，王铭铭、胡宗泽译：《甜蜜的悲哀》，生活·读书·新知三联书店 2000 年版。

② 秦红增：《论乡村社会两类知识体系的冲突》，《开放时代》2005 年第 3 期。

和行动。正如我们在本研究个案中所看到的，农村人不再是保守、封闭的代名词，他们能够以开放的心态顺应时代发展的潮流，乐于接受新科技，并将其运用到现实的生产生活中。与此同时，越来越多的城里人也因现代城市带来的各种弊端而将乡下当做自己的"后花园"，这一点从城市周边越开越多的农家乐、牧家乐、渔家乐、农业生态园便可看出。在其中，民族旅游无疑是最绚丽多彩的奇葩。

再者，从现实性来看，在和谐乡村建设中，农民已形成了文化自觉，他们不仅能够自然而然地将传统与现代相结合，而且具有了很强的乡村、地方或民族文化的保护意识。以民族旅游发展为例，如今可说是方兴未艾，其带来经济收入的同时，也促进当地人自觉传承并不断创新本民族文化的意识与行动。一些先天条件不足的乡村，也在假借各式各样的传说、故事来想方设法"打造"文化，找寻先祖，恢复传统。

诚然，这必然会引来关于文化"真实"的诸多讨论。但在笔者看来，这些文化复兴运动，是当地人在全球化时代再正常不过的文化反应。这不仅仅是文化上的创新，而且更重要的是他们在新的历史时期的情感和精神的表达，是他们神圣的权力。"文化多样性是发展的动力之一，它不仅是促进经济增长的因素，而且还是个人和群体享有更加令人满意的智力、情感和道德精神生活的手段。捍卫文化的多样性与尊重人的尊严是密不可分的。每个人都有权利用自己选择的语言，特别是用自己的母语来表达思想，进行创作和传播自己的作品。"[①]这或许是我们这个时代最值得期待和拥有的。

① 联合国教科文组织：《文化多样性宣言》，2001年。

后　　记

感谢商务印书馆谢仲礼先生的大力扶持与帮助，本书得以问世，借此机会，我对多年来关心课题研究、投入课题研究的人表示衷心感谢。

感谢南宁市农业局原办公室主任、现南宁市蔬菜研究所所长韦星光同志。跟他认识大约是在八年前的一个聚会上。当时我还在念博士，想做乡村社会研究。韦星光同志从广西民族大学毕业后，曾任过乡长等职，时任南宁市农业局办公室主任，长期战斗在农业第一线。记得我俩当时是为了农村土地流转或别的什么问题争执起来，不过这正应验了古人所说的"不打不相识"，在后来的研究中，韦星光同志对我们的调查研究帮助很大，尤其是在南宁市周边乡村所做的调查，他更是提供尽其所能之方便，在百忙之中亲临田野点，从而使调查能够顺利完成。在此，在向韦星光同志表示感谢的同时，也对在许多田野点配合我们调查工作的地方领导、村干部、农民朋友及上林县剿丝厂、隆安县公路局、百色电力公司、南宁市桂西公路局、柳江县农业局、龙州县文体局等单位的同志一并致谢。

感谢我指导的2005届至2008届硕士研究生，他们现在已步入新的工作岗位。在学期间，他们能够不辞辛苦，利用节假日跟我一起下乡调研，有的还是只身前往田野点。在此，希望他们在新的工作岗位上能够做出新的成绩。

感谢广西民族大学学报编辑部的同仁。文章千古事，编辑出版工作来不得半点马虎。在我从事课题研究忙碌的时候，他们能够主动替我承担一定的工作，保证了学报按质按时出版。同时感谢广西民族大学领导及其他单位的协作，感谢家人的理解和支持，感谢中山大学周大鸣教授为本书作序。

最后，衷心祝愿我们这个社会越来越美好。

秦红增

2012 年 3 月 10 日

于广西民族大学相思湖畔